Retrospect and
Reflection on the Ten Years
after the Crisis

危机十年回顾与反思

程伟力 著

经济管理出版社

图书在版编目（CIP）数据

危机十年回顾与反思/程伟力著. —北京：经济管理出版社，2019.10
ISBN 978-7-5096-6876-4

Ⅰ.①危… Ⅱ.①程… Ⅲ.①金融危机—研究—世界 Ⅳ.①F831.59

中国版本图书馆 CIP 数据核字（2019）第 181597 号

组稿编辑：胡　茜
责任编辑：任爱清
责任印制：黄章平
责任校对：陈　颖

出版发行：经济管理出版社
（北京市海淀区北蜂窝 8 号中雅大厦 A 座 11 层　100038）
网　　址：www.E-mp.com.cn
电　　话：（010）51915602
印　　刷：北京晨旭印刷厂
经　　销：新华书店
开　　本：720mm×1000mm /16
印　　张：16.5
字　　数：305 千字
版　　次：2019 年 12 月第 1 版　2019 年 12 月第 1 次印刷
书　　号：ISBN 978-7-5096-6876-4
定　　价：88.00 元

·版权所有　翻印必究·

凡购本社图书，如有印装错误，由本社读者服务部负责调换。
联系地址：北京阜外月坛北小街 2 号
电话：（010）68022974　　邮编：100836

序　言

2007年初春，世界经济呈现鲜花着锦、烈火烹油般的繁荣，殊不知，一场现代人从未经历过的危机正在悄然走来。2008年中秋，次贷危机全面爆发，国际金融市场骤现"忽喇喇似大厦倾"的悲壮，西方经济逐渐陷入"昏惨惨似灯将尽"的凄凉。2018年元月，应朋友之邀在北京西城月坛南街一间普通办公室里，做了一场《危机十年回顾与反思》的报告，虽然参会人数只有十几人，但大家热情高涨，会议原定于晚上九点结束，但讨论延续到深夜。漫步在月坛南街十字街头的灯光下，我的心中平添无限感慨。往事如烟，但并未消散，思绪不由得回到十多年之前。

预测危机

2006年7月，我毕业后进入国家信息中心经济预测部工作，当年我国经济增速高达12.7%，消费者价格指数涨幅只有1.5%，舆论普遍认为，中国经济出现了高增长、低通胀并存的现象。2007年9月4日，我在《中国证券报》上发表了《采取综合措施缓解通胀压力》，指出以GDP平减指数衡量，2006年通货膨胀率达到3.7%，并不存在高增长、低通胀并存的现象。同时强调，刘易斯拐点已经出现，但存在可逆性，一旦世界经济萧条，将出现大量农民工失业的现象，通货膨胀率自然降低。这一预言于次年年底不幸变为现实，众所周知，国际金融危机爆发不久，我国出现了大量农名工提前返乡现象。

通货膨胀是金融危机的先行指标，在对通货膨胀的研究告一段落之后我将研究重心转向了危机。2007年底完成了近万字的研究报告《从"二战"后全球经济的两次扩张看世界经济发展趋势及我国对策》，2008年2月全文发表于国务院发展研究中心主办的《经济要参》。2008年2月18日，文章主要观点和结论以《世界经济将面临三十年来最严峻形势》一文发表于《中国证券报》，换言之，一场全球性的危机随时可能来临。半年之后，也就是2008年9月15日，以雷曼兄弟公司申请破产保护为标志，国际金融危机全面爆发。

化危为机

位卑未敢忘忧国。危机之于学者恰如战争之于士兵，如何抗击危机成为经济工作者不可推卸的历史使命。2008年底，我有幸查阅到中国社会科学院杨家荣先生等老一辈学者所著的《苏联怎样利用西方经济危机》。这本1984年出版、纸张完全泛黄的陈年旧书在沉寂24年之后遇到了最能体现其价值的时机，在借鉴其成果的基础上，我以激动的心情撰写了《苏联利用西方经济危机的经验及启示》。这篇文章在2009年1月13日刊登于国家信息中心内部刊物《经济预测分析》，10天后也就是2009年1月23日，由国务院研究室改编后上报，并收入原国务院研究室主任、现中国社会科学院院长谢伏瞻主编的《政策研究与决策咨询：国务院研究室调研成果选（2010）》一书。

谢伏瞻院长在序言中指出，"大家深入开展调查研究，撰写了一批优秀的调研报告，许多获得国务院领导的重要批示，为成功应对国际金融危机的冲击、做好政府工作，起到了参谋作用。本书选编的调研成果就是2008年我室部分优秀调研成果"。也就是说，我初出茅庐的习作也忝列其中。

行文至此，又想起一位领导的教诲。入职不久在食堂吃早饭时，国家信息中心徐长明副主任的一句话让我永志不忘："踏踏实实干上三年，你就会感到不一样啦！"有什么不一样呢？借用田汉谱写的《毕业歌》歌词："今天我们是桃李芬芳，明天我们是社会的栋梁。"我绝非社会栋梁，但在毕业后的第三个年头，我初步具备了以专业知识报效国家、为国分忧、服务社会的能力，这种能力在随后的岁月若隐若现。

再论通货膨胀

2010年初，全球经济开始复苏，我开始准备出版危机前后的论文集。在编辑通货膨胀文章时意识到，影响物价上涨的结构性因素并未消失，如果不采取有力措施，新一轮通货膨胀将更为严重。于是我果断中断了书稿的整理工作，而将所有的精力投入通货膨胀研究，研究成果最后通过全国哲学社会科学规划办公室的《成果要报》上报中央。

秋天是收获的季节。2010年9月20日，全国哲学社会科学规划办公室发出了《关于国家信息中心程伟力同志研究成果受到有关领导和部门重视的通报》（以下简称《通报》），《通报》指出："近期，我办《成果要报》编发了国家信息中心程伟力同志研究成果《影响物价上涨的结构性因素及对策建议》，文中提出的重要观点和对策建议受到国家有关部门负责同志的重视。作为哲学社会科学研究工作者，程伟力同志坚持正确导向，自觉关注现实问题，深入开展调查研究，努力推出高质量研究成果，体现了较强的责任感和使命感，为国家社科基金更好服务党和国家工作大局作出了贡献。"

粮食预警

在研究通货膨胀的过程中，我发现粮食安全存在巨大隐患，粮食供求即将出现新的拐点，于是很快撰写了一篇题为《关于提高"十二五"粮食增速的对策建议》的报告，这篇报告再次通过《成果要报》上报中央。2010年12月16日，全国哲学社会科学规划办公室和上次一样又发来了一份通报，除了研究成果名称之外，通报的内容和上次完全相同。

2011年全球粮食市场似乎风平浪静，我的预测似乎失灵，但2012年风起云涌，国际粮价飙升，我国进口激增，两年前的预测全部变成现实。应全国哲学社会科学规划办公室成果处之约，我又撰写了一篇题为《警惕粮食自给率下降及相关对策建议》的报告。

2012年8月17日，全国哲学社会科学规划办公室发出了《关于程伟力副研究员研究成果受到中央领导同志和有关部门重视的通报》，和之前两次显著不同的是，标题中出现了"中央领导同志"六个字。四个月之后，也就是2012年12月，中央经济工作会议强调："只有把饭碗牢牢端在自己手中，才能保持社会大局稳定。"2018年开始，中美出现严重贸易摩擦。试想，如果这两年我们的饭碗牢牢端在别人手中，又是如何一种场景？

方法探讨

通过上文所述可以看出，本人对危机前后重大经济现象的研究均有一定前瞻性，提出的政策建议也能得到决策部门的重视，主要原因在于继承和发扬了经济学大师熊彼特的研究方法。熊彼特认为，研究经济需要三种方法，经济理论、经济统计和经济史。熊彼特更偏爱经济史，他说如果只能选择一种方法，将毫不犹豫地选择经济史。

在熊彼特的时代，计量经济学还不够流行，市场调查也没那么方便。因此，本人传承熊彼特的研究方法时做了与时俱进的发展。结合十几年的研究，我的经验是:"以经济理论为指导,以统计数据和调研为依据,以历史规律为参照,以正确的数学模型为辅助,经济发展中的重大问题都是可以预测的。"在本书中,我也结合具体论文做了介绍和分析。

前瞻性研究有什么意义?2019年,华为公司也许给出了最好的回答。正因早就预测到有这么一天,才能够在众多供货商断供时从容不迫、游刃有余。

伯南克的启示

2000年,伯南克出版了《大萧条》,此时距离1929年已经过去71年;8年之后,在他任美联储主席时恰好遇到了次贷危机,可以自然而然地将研究成果应用于实践。可以预见,五十年乃至一百年之后必将有不少学者研究2008年爆发的金融危机以及危机前后的经济现象。作为这一历史时期的见证人和研究人员,为后人提供史料和研究素材责无旁贷,遂决定出版本书。

本书分为四篇:第一篇是本人事前对危机和重大经济问题的预测判断;第二篇是危机爆发后有关化危为机的理论研究和政策建议;第三篇是对粮食安全和通货膨胀的研究,通货膨胀领先于危机,农产品价格上涨往往出现在通货膨胀初期,两者均和危机存在千丝万缕的关联;第四篇是危机前后国际合作问题的研究及我国发展前景的展望。

本书所选文章大多在公开出版物上刊登,除文字问题之外,对原文结论和预测结果不作调整。为说明写作背景、检验预测效果、探讨研究方法及今后研究方向,成书时每篇文章都添加了简短的评论,这些评论也是我对过去十几年经济研究的反思。

从当前情况来看,国内外经济形势的复杂性和不确定性将会继续增大,如何提高预测的准确性、政策的前瞻性,做到"为之于未有,治之于未乱"乃至化危为机,是当代经济学者面临的重要课题,希望本书的出版能够起到抛砖引玉的作用。

文章千古事,得失寸心知。由于本人才疏学浅,对经济现象的认识尚处于盲人摸象阶段,谬误之处在所难免,恳请读者斧正。

是为文,以纪念我上下求索的艰辛岁月。

程伟力
2019年仲夏于北京

目录

第一篇　预测危机篇 ·· 1

1. 2007年国际金融市场疑影重重 ························ 3
2. 流动性过剩原因、影响与化解措施 ··················· 6
3. 农产品涨价是诱发通胀的元凶吗 ······················ 12
4. 对我国当前物价上涨成因及趋势的分析 ············· 16
5. 采取综合措施缓解通胀压力 ··························· 27
6. 新兴市场国家物价上涨原因、治理措施及其启示 ··· 31
7. 新兴市场经济体：经济快速增长，金融风险需要防范 ··· 36
8. 从"二战"后全球经济的两次扩张看世界经济发展趋势及我国对策 ····································· 46
9. 世界经济将面临三十年来最严峻形势 ················ 55

第二篇　化危为机篇 ·· 59

10. 当前世界经济困境成因、发展趋势及我国政策取向分析 ··· 61
11. 从美苏经济崛起看次贷危机背景下中非合作前景 ········ 70
12. 中国经济周期研究及应对周期调整的方案 ············ 81
13. 苏联利用西方经济危机的经验及启示 ················ 109
14. 危机转化为机遇的国际经验及启示 ··················· 116
15. 世界经济格局演变及我国政策取向 ··················· 122
16. 新兴市场经济体在全球经济衰退中继续保持增长 ···· 132
17. 当前国际直接投资特点及我国政策建议 ·············· 139
18. 设备投资的国际经验及对供给侧结构改革的启示 ···· 145

第三篇　粮食安全与通货膨胀篇 ……………………………… 151
19. 关于提高"十二五"粮食产量增速的对策建议 ……… 153
20. 警惕我国粮食自给率下降及相关对策建议 …………… 157
21. 结构性通货膨胀理论及其对我国的借鉴意义 ………… 162
22. 通胀的历史溯源和前瞻：货币、商品及资产价格 …… 170
23. 新兴市场经济国家劳动力有效供给不足 ……………… 180
24. 不宜以人民币升值抑通胀 ……………………………… 183

第四篇　国际合作与中国前景篇 ……………………………… 187
25. 从危机后美国产业兴衰看贸易战终极目标及我国对策 … 189
26. 美国银行股东背景及启示 ……………………………… 206
27. 国际评级机构存在的问题及治理措施 ………………… 212
28. 货币升值的理论分析和国际经验 ……………………… 218
29. 使用外汇储备对外投资应注意的问题 ………………… 228
30. 当前跨国公司在华发展战略及其影响分析 …………… 233
31. 坚持独立自主发展道路，开创改革开放新局面 ……… 242
32. 新供给新需求　为世界经济增长提供新动力 ………… 251

参考文献 ………………………………………………………… 253

第一篇

预测危机篇

1. 2007 年国际金融市场疑影重重

历史经验表明，金融危机爆发之前宏观经济总是表现出欣欣向荣的景象，危机到来总是出乎绝大多数经济学家预料。1929 年 10 月 22 日，20 世纪前期美国最负盛名的经济学家、耶鲁大学经济学教授——欧文·费雪在《纽约时报》头条明确表示："我认为股票价格还很低！"不无讽刺意味的是，没过几天股市泡沫就开始破裂，一场空前的金融危机从此爆发，尽管政界、工商界、金融界的头面人物纷纷出面表示对经济的信心，摩根银行也试图托市，然而这一切都无法阻止这一金融危机迅速演化为席卷整个资本主义世界的经济危机。因而，居安思危、提高对国际金融风险的警惕具有重要意义。

一、经济增长引擎房地产化的巨大隐患

新经济泡沫成分破灭之后，美联储为避免经济衰退，持续下调利率。在低成本资金的推动下，美国房价不断上涨，房价上涨的财富效应促进了消费，从而拉动经济持续增长。在这种情况下，房地产客观上成为美国经济增长的引擎。目前，对美国 2007 年经济走势主要有两种判断：一是房地产继续降温，美国经济继续受到伤害；二是房地产即将回暖，美国经济又将得到呵护。由此可见，美国经济可谓兴亦地产、衰亦地产，美国乃至全球缺乏新的经济增长点已是不争的事实。

美国是世界经济的火车头，同时考虑到 2006 年全球房价全面上涨，因而"全球经济增长引擎房地产化"的提法并不过分。众所周知，几乎所有的金融危机都和房地产有着密切的联系，经济增长引擎房地产化构成了当今国际金融市场的巨大隐患。上次金融危机的教训让韩国政府刻骨铭心，自 2003 年 5 月以来不断推出房地产调控措施，然而到目前为止收效甚微，建设部三位高官引咎辞职，房地产过热问题自然坐上了"2006 年韩国十大经济新闻"头把交椅，央行把它作为影响经济安全的最大风险。

二、新兴市场经济的脆弱性

新兴市场国家日益融入全球经济、金融一体化格局当中,在自身经济快速增长的同时也对世界经济发展做出了重大贡献。但是,由于多数新兴市场国家的金融市场、金融工具、交易与监管制度尚处于发展阶段,在全球金融市场一体化中,时刻面对游资的冲击,新兴市场的脆弱性因此而凸显。游资的流入或流出,往往与大国的经济政策调整、各国经济的波动密切相关。以印度为例,2006年前11个月商品贸易赤字为461亿美元,同期外汇储备反而增加了383亿美元,由于印度吸收FDI不过100多亿美元,大量的外汇储备主要来自于短期资本。2006年5~6月,发达国家加息引发热钱撤离新兴市场、转而投向发达国家的固定收益资产,导致大多数新兴市场经济国家证券市场遭受重创,印度孟买SENSEX 30指数下跌近30%,政府被迫通过国家控股的人寿保险公司干预市场,否则,金融危机在所难免。

三、期货市场上对冲基金的炒作与投机

有关数据显示,全球对冲基金管理的资产已经达到1.5万亿美元,其他各方热钱总计数万亿之巨,这些资本的逐利性促使它们不断寻找炒作机会,在全球金融市场兴风作浪。近年来纽约商品期货交易所和伦敦金属期货频频出现这些资本的身影,在石油和金属价格上涨的过程中起到了推波助澜的作用。预计2007年游资将炒作粮食期货。

联合国粮农组织最新发表的《粮食展望》指出,2006年粮食比2005年减产2.7%,而使用量将比产量高3.3%,预计世界粮食库存将继续下滑,其中小麦库存将降至1981年以来的最低水平。小麦短缺的问题或许可以在一个生产周期内解决,但玉米却不可能这样,原因在于美国已经超过巴西成为全球最大的玉米乙醇生产国。2005年8月美国颁布的《能源法》规定,2012年美国的乙醇产量必须达到75亿加仑以上,随着乙醇产量的逐年攀升,玉米的需求随之增加,但2006~2007年美国的玉米库存预计比上一年度减少一半,全球的玉米库存也将滑落到近20年来的最低水平。因此,2007年玉米乃至所有粮食的价格都有可能上涨,农产品将变成与石油息息相关的战略商品,对冲基金极有可能冲击粮食期货市场,从而进一步推动粮食价格的上扬。

食品在各国消费者价格指数中都占有较高权重,粮价上涨无疑会加剧通货膨

胀，导致利率上升，经济增长放缓甚至衰退。覆巢之下，岂有完卵？经济增长放缓对国际金融市场的影响是不言而喻的。

四、全球经济失衡中蕴藏的重大风险

美国巨额财政赤字和贸易赤字造成了全球经济严重失衡，在失衡的情况下全球经济依然保持增长，原因之一在于美元的特殊地位。只有美国债券才是大多数国家最重要的外汇储备，对美国贸易顺差国的美元被迫回到美国债券市场，使债券收益率维持在低位；走低的债券收益率又导致美国消费者借钱消费，从而带来更高的贸易赤字，然后外国的美元重新回到美国，进入下一轮循环，全球经济在这样一种恶性循环中得以维持。然而，这种循环的任何一个环节一旦崩溃，美国金融危机将无法避免。

目前，石油输出国有减少对美国投资、增加对发展中国家投资的迹象，伊朗公然宣布减持美元、增加欧元外汇储备，俄罗斯卢布 2006 年 7 月开始自由兑换、并筹建以卢布为结算手段的石油交易所，这些现象可能是打破上述循环的前兆。

五、结束语

通过上述分析可以看出，2007 年国际金融市场难保太平。因而深入对国际金融市场的研究，同时审视国内经济存在的问题，"为之于未有，治之于未乱"，对于防范国内外金融风险具有重要意义。

评注：本文 2007 年 1 月刊登于国家信息中心内部刊物《世经要参》，是 2006 年底的一篇随笔，只是提出了几个值得研究的问题，并没有展开论述，而这几个问题恰恰成了我们 2007 年的研究重点，预测危机的工作也从这里开始。十几年的时间过去了，经济增长引擎房地产化的隐患犹存，如何化解这一矛盾仍需社会各界的智慧。

2. 流动性过剩原因、影响与化解措施

本文认为，当前流动性过剩由多方面的原因形成，流动性过剩必将导致通货膨胀、资产泡沫最终会被刺破，因而必须采取综合措施予以治理。

一、原因

1. 低利率是流动性过剩的温床

从国际形势来看，美国网络泡沫破灭之后，为了促进经济复苏，美联储不断降息，日本则长期执行零利率政策，其他主要经济体也一直执行较低的利率。尽管最近一年多来主要发达国家都开始加息，但全球性流动性泛滥已经形成，我国自然受其影响。从国内情况来看，今年（2007年）以来我国一直处于负利率状态，这必然导致大量资金流入持续上涨的股市和房地产市场，从而导致流动性过剩。

2. 人民币升值、房价与股价上涨预期是流动性过剩的直接推动力

随着我国国际贸易多年持续巨额顺差，2003年以来国际社会对人民币升值预期不断提高，随着时间推移这种预期不断变成现实，这反过来进一步加剧了人民币升值预期，在这种情况下，国际资本借助各种渠道进入国内市场，直接导致了流动性过剩。但国际资本不会满足于人民币升值收益，大量的资本流入了房地产业，并在一定程度上导致房价上涨。由于房价上涨预期比人民币升值预期更为强烈，而且这一预期同样不断变成现实，因而有实际住房需求者和国内外投机客纷纷加入抢购队伍，导致了大量资金流入房地产业。2006年下半年以来，股价持续上涨，股民形成了前所未有的股价上涨预期，各种资金不断涌入股市，为股市提供了稳定的资金来源，股市流动性不断膨胀。

3. 外商直接投资（FDI）从两方面加剧了流动性过剩

2006年我国实际利用FDI为630.2亿美元，占当年新增外汇储备的25.5%。更为关键的是，目前我国累计吸收FDI已超过6000亿美元，这直接导致了贸易顺差快速增长。一方面，增加了我国的出口，如果按"属民"原则计算的话FDI

企业的出口不应计入我国出口；另一方面，减少了我国的进口，FDI 企业对我国企业的销售按"属民"原则应算我国的进口，但按"属地"原则就算国内贸易，两者相结合导致我国贸易顺差急剧上升，外汇储备水涨船高。

尽管我国已经取消了对 FDI 的所得税优惠，但很多地区免收 FDI 土地使用税的政策并没有改变，同时考虑到我国巨大的发展潜力，FDI 在我国依然有增无减，前四个月增速仍然超过 10%。

4. 企业储蓄流入股市是当前流动性过剩的重要原因

自 1995 年以来，随着消费信贷的启动，尤其是信贷买房、买车，居民储蓄占国民储蓄的比重是稳中趋降的。但企业储蓄所占比重则快速增长，以央企为例，随着国企改制，企业把大量的包袱给了社会和政府，改制后的国企有了更高的盈利能力，2004 年央企利润 4907 亿元，2005 年 6276 亿元，2006 年 7546 亿元，增幅很大，但由于历史原因国企并不分红，一般的上市公司也很少分红，这样造成了企业储蓄的快速增长。在牛市思维的影响下，企业存款大量流入股市，从而导致流动性过剩。央行上海总部 2007 年 5 月报告显示，5 月中资金融机构人民币企业存款减少 544 亿元，同比多减 821.7 亿元，尤其是企业定期存款，当月减少 410.1 亿元，央行认为这些资金进入了股市。

5. 现有金融体系的缺陷是流动性过剩的制度因素

我国以银行信贷为主的融资体系决定了制造业和基础设施发达，而科技产业和服务业相对落后。企业必须拥有足够的固定资产甚至存货作抵押，以及足够的现金流以确保还本付息，才能从银行借到钱。制造业和基础设施可满足这两个条件，所以我国相对于印度而言这方面比较发达。普通制造业在我国早已产能过剩，因此，企业必须出口，从而造成贸易顺差加大，人民币面临升值压力和预期，升值预期进一步导致国际游资的流入，流动性加剧。而科技企业既没有多少固定资产，创业初期也没有现金流；服务业有现金流，但缺少固定资产，因而它们很难从银行得到贷款。我国服务业占 GDP 的比重长期在 40% 左右徘徊，从 2002 年以来呈下降趋势，而印度的服务业 2005 年占 GDP 的 52%，并且仍在持续上升。因而，我国流动性过剩并不意味着国家、企业和居民资金使用上的绝对富余。

二、流动性过剩的影响

流动性过剩并非完全是坏事。首先，房地产业的流动性过剩在很大程度上化解了银行流动性过剩，2003 年以来，不论是对房地产企业的固定资产投资贷款还是对有实际需求普通居民的购房贷款、甚至炒房者的贷款都成了银行的优质资产,从而成为银行重要的利润增长点;其次,流动性过剩唤醒了居民的投资意识,为发展直接融资、调整居民资产结构、促进金融创新、繁荣第三产业提供了良好的契机。因此,如果能够恰当地引导流动性过剩,它将为我国经济的健康发展做出重要贡献;如任其自然发展,其负面影响将非常严重。

1. 股市流动性过剩已开始让银行流动性捉襟见肘

自2007年以来,由于股价持续上涨,银行存款不断涌入股票市场。央行数据显示,存款继4月减少1674亿元、创历史月度最大降幅后,5月减少数额再度刷新历史纪录至2784亿元;5月末金融机构人民币各项存款余额同比增长14.63%,增幅比2006年末减缓2.19个百分点,比4月减少1.03个百分点,这一增速创下2002年4月以来的最低纪录,表明因股市流动性过剩,银行流动性过剩正逐步转化为流动性紧缩。另外,进入股市的企业或居民通常将定期存款转化为活期存款,虽然没有减少银行的存款总量,但他们随时会动用这部分资金,使银行资金的稳定性大大降低。2007年5月15日,我国存款最多的银行——中国工商银行在同业拆借市场发出借入信号,说明上述两种因素已经让银行流动性捉襟见肘,中国工商银行尚且如此,存款来源有限的中小银行,其困境不言而喻。如果这种情况继续恶化,银行将没有办法正常发放贷款,银行乃至实体经济体最终将遭受沉重打击。

2. 流动性过剩必将导致通货膨胀、资产泡沫最终会被刺破

2006年经济出现了高增长、低通货膨胀的局面,很多经济学者对此欢欣鼓舞,而且认为这一现象将会继续,笔者对这一观点不敢苟同。2006年低通货膨胀的原因是过剩的流动性没有进入消费领域,不可能对CPI发生直接影响,同时由于时滞效应对CPI的间接影响也不明显,但随着时间的推移,流动性过剩对通胀的影响将逐渐显现。

流动性过剩必然导致以房地产和股票为主的资产价格上涨,资产价格的上涨迟早导致通胀。首先,房价上涨将直接导致企业生产成本的提高,尤其以租赁为主的服务业,企业将不得不通过提高价格的手段将成本转嫁给消费者,从而形成成本推动型的通胀;其次,在南方早已出现民工荒的情况下,房地产的非理性繁荣使该产业链条上的绝大多数企业有能力支付更高的工资,全社会工资水平随之提高,工资成本必然上升;最后,资产价格上涨的财富效应带来更大的需求,从而形成需求拉动的通胀。

西方一些经济学家对主要发达国家的研究显示,资产价格快速上涨的时期也是经济周期处于高增长、低通货膨胀的阶段,但随着通货膨胀的出现,央行不得不加息，最终资产价格泡沫破灭。以日本为例，20 世纪 80 年代资产价格大幅上升，1986 年由通货紧缩转向通货膨胀，当时央行非但没有加息，反而以宽松的货币政策冲销日元升值对企业的压力，通货膨胀逐渐上升，1989 年接近 4%，这时央行才开始加息，在不到两年的时间里将利率提高了约 2 个百分点，最终刺破资产价格泡沫，股市和楼市的损失变成银行和保险公司的坏账，而金融体系的瘫痪将日本经济拖入萧条。因而，我们应当充分重视由流动性过剩导致的资产泡沫，做到"为之于未有，治之于未乱。"

3. 国际游资造成的流动性过剩给金融稳定带来很大压力

国际上历次金融危机经验表明，流动性极强、以套利投机为目的的国际游资的涌入，不仅会引发国内流动性泛滥，而且加大了我国金融稳定的压力，国际游资一旦获利外逃，流动性过剩自然消失，只不过将会卷走大量的社会财富，潜在的金融风险可能变成现实的金融危机。

三、化解措施

时任总理温家宝在 2007 年 6 月 13 日召开的国务院常务会议上指出，综合运用金融、财税等手段，引导和调控资金流动，拓宽外汇使用和资本流出的渠道，发展多层次资本市场体系，努力缓解流动性过剩的矛盾。根据上述指导思想，本文提出如下建议：

1. 加强财政政策的作用

由于发达市场经济国家税制比较成熟完善，很难发现它们利用财政手段控制流动性过剩和资产价格上涨。我国的税制没有完全与国际接轨，通过财政手段减缓流动性过剩还有很大空间。

首先，可以通过征收房地产税和房地产增值税降低房地产的投资收益预期。我国的政策是房地产开发商一次性缴纳土地使用税之后，便不需再缴纳房地产税，这样做不论是对开发商还是对投机者的房屋持有成本都不会再增加，从而在很大程度上导致了囤货居奇现象。美国 50 个州都已开征房地产税，税率一般为 1%~3%。州政府相关部门每年定期对房地产价值进行评估，以此作为征收房地产税的依据，房价上涨意味着个人必须缴纳的税款增加。针对房屋购买和出售时的差价，美国一些州政府还专门征收房地产增值税，并规定自住房住满两年以上出售时可以享受较大幅度增值税减免优惠，而出售投资性房屋则不能享受相应的优惠。

其次，可以考虑征收资本利得税。目前美国对投资股票的资本利得的最高税率是28%；德国为25%，加上团结税和宗教税也达到28%；日本为10%，这些发达市场经济国家的经验可资借鉴。征收资本利得税使得资本市场上所有的投资者都必须申报交易的品种和数量，有利于监管部门掌握国内外尤其是海外游资在境内的交易情况，从而对资本市场引发的金融风险有较好的把握和认识。

再次，可以考虑免缴利息税，从而增加投资于股票的机会成本，减缓股票市场流动性过剩。

最后，继续取消或下调出口退税。我国已宣布从2007年7月1日起，取消553项产品的出口退税，降低2268项容易引起贸易摩擦的商品的出口退税率，两项合计约占海关税则中全部商品总数的40%，笔者认为仍有较大的下调空间。

2. 形成稳定的加息预期

目前美国加息17次，印度2006年以来加息6次，上调存款准备金率3次，它们都成功地将通货膨胀控制在目标范围之内，借鉴发达国家和发展中国家的经验，在负利率时代我们应该形成稳定的加息预期，从而抑制流动性过剩。

3. 大力发展资本市场，拓宽融资渠道

大力发展资本市场，包括A股快速扩容、大力发展公司债、企业债，都是资金可以寻求的投资渠道，同时也是吸收流动性的最有效手段。另外，我们还应该大力发展风险投资公司、贷款担保公司等非银行金融机构，健全资本市场。

4. 实施股票T+3交易

目前我国股票交易实行的是T+1交易，也就是说，当天购买的股票下一个交易日即可出售，这种交易制度容易导致过度投机、加剧流动性过剩。而发达市场经济国家，例如，美国、德国、英国等多为T+3交易甚至T+5交易。为了我国资本市场的长期健康发展，建议适时推出T+3交易制度，这既能鼓励长期投资、倡导价值投资理念、降低股票交易的换手率，同时也能打击坐庄等投机行为，从而维护股票市场的健康发展。

5. 积极实施"走出去"战略

我国成为贸易顺差大国的时间尚未持续很长，而德国和日本一直是贸易顺差大国，其国际收支并没有成为显著的问题，关键是其对外投资很发达且活跃。因而，我们应该积极实施"走出去"战略，这不仅有助于接近资源和市场，还能够避免贸易摩擦、平衡国际收支、有效地控制流动性过剩。

6. 明确利用FDI的目的、继续调整FDI政策

改革开放初期我们利用外资的目的是明确的，一是为了获取资金，二是市场换技术。但目前我国早已成为净资本输出国，虽然失去了市场但并没有得到核心与关键技术，当下又造成了流动性过剩。笔者认为，我国利用FDI的目的不够明确，因而我们应当进一步研究利用FDI的目的和途径，进一步调整外资政策。"物有本末，事有终始"，现在到终止市场换技术的做法，开始走自主创新之路的时候了。

评注：本文2007年6月26日刊登于《世经要参》，2007年9月发表于《科学决策》。现在看来，"流动性过剩必将导致通货膨胀、资产泡沫最终会被刺破"这句话是一语成谶，但在当时则属危言耸听或荒诞不经的论调。本文的初稿形成于2007年"五一"长假，假期过后猪肉价格率先上涨，农产品价格上涨成了诱发通胀的罪魁祸首，果真如此吗？请看下文：农产品涨价是诱发通胀的元凶吗？

3. 农产品涨价是诱发通胀的元凶吗

2007年1~7月，我国居民消费者价格指数（CPI）累计上涨3.5%，7月达到5.6%的水平，由于以猪肉为代表的农产品价格上涨迅猛，在不少媒体报道中，农产品便成了诱发通货膨胀的罪魁祸首，似乎只要将农产品价格打压下去，便无通货膨胀之虞。果真如此吗？石油和电力公司要求涨价同农产品并无直接关系，近期家具和洗涤用品涨价亦非它们以粮食或猪肉为原料。笔者认为，当前通货膨胀现象是在国内外复杂经济环境下的必然产物，农产品涨价是通胀的结果和表现形式，我们需要找到通胀的真正原因。

一、2006年真的是"高增长、低通货膨胀"吗

为了搞清楚这个问题我们必须从基本概念出发，明白什么叫通货膨胀、如何测度。通货膨胀经典的定义是商品和劳务总体价格水平上升。测度通胀的方法之一是CPI，它同人们日常生活息息相关，而且可以提供每月、每周甚至每天的数据，所以被广泛使用。但它能衡量我国"总体"价格水平吗？根据2007年《中国统计摘要》的数据计算，2006年我国居民消费支出占GDP的比重仅仅为36.4%，即使重新核算也很难超过40%。因而，上述问题的答案是不言而喻的。

最能全面反映总体价格水平变化的是GDP平减指数，世界银行以及国际货币基金组织都用它来反映各国通货膨胀水平，但该指标时效性较差，我国不公布该指标，但可以通过统计年鉴、景气月报以及国家统计局公报很方便地计算出来。2006年我国GDP平减指数是3.7%，第一产业是2.1%、第二产业是4.9%、第三产业是2.6%。显然，2006年我国真实的通货膨胀水平已经超过3%的警戒线，达到了相对较高的水平，尤其是第二产业。在这一分析框架下，2006年我国"高增长、低通货膨胀"的现象并不存在。

二、什么力量推动了 2006 年通货膨胀

什么力量推动了 2006 年通货膨胀？目前的通货膨胀有中国特色吗？西方主流经济理论是否可以解释我国通货膨胀？为回答这些问题我们需要重温一下通货膨胀理论。西方经济学中有多种理论可以解释经济为什么会出现通货膨胀。第一种是需求推动理论；第二种是成本推动理论，该理论认为，劳动力成本和原材料成本上升将引起通胀；第三种解释涉及政府赤字，政府支出过大导致财政赤字，扩大了总需求，从而导致通货膨胀；第四种解释是货币数量理论，该理论认为，货币供给过多是通货膨胀的原因，只要货币供应增长快于实际 GDP 增长，通货膨胀必然要发生。参照上述分析框架，不难看出我国的通货膨胀并不具备中国特色，西方主流经济学仍然可以解释当前通货膨胀现象。

第一，我国在住房、金融服务、公共交通服务、文化教育、医疗卫生服务等方面存在着严重的供不应求，这些需求是推动通货膨胀的重要力量。众所周知，房地产是产业链条最长的产业，也是各国的支柱产业（包括现在的美国，否则次级贷款问题便不会引起世人的恐慌），住房的供不应求必然导致该产业链条的各环节出现涨价现象，钢铁、有色金属、其他建筑材料、木材家具甚至石油价格上涨都或多或少受到住房需求供不应求的影响。由于金融服务产品供给不足，居民和企业只有投资于股票市场，股票市场的财富效应不可避免地刺激了投资和消费需求，从而推动物价上涨。由于缺乏像日本那样高效的公共交通服务，一些人不得不购买汽车从而导致汽车需求旺盛，该产业链条的长度仅次于房地产。由此可见，需求推动仍然是导致我国通货膨胀的首要原因。

第二，劳动力成本和原材料成本上升同样引起了我国通货膨胀。在南方早已出现民工荒的情况下，房地产的繁荣使该产业链条上的绝大多数企业有能力支付更高的工资，全社会工资水平随之提高，工资成本必然上升。根据 2007 年《中国统计摘要》的数据计算，2006 年我国职工平均工资上涨 14.4%、实际上涨 12.7%，超过 GDP 增长速度。农业部的调查则表明，2006 年到本村以外从事生产经营活动的农民工，人均月工资为 953 元，较上年增长 11.5%。另外，原油、铁矿石等原材料价格上升对通胀的影响是不言而喻的，本文不再赘述。

第三，政府支出对我国通胀也有一定影响。根据《中国统计摘要》的数据计算，2006 年政府消费支出 3 万亿元，占 GDP 的 13.7%，占总消费支出的 27.3%，而且比重在逐年提高。尽管 2006 年财政收入高达 38730.6 亿元，但财政支出也达到 40213.2 亿元，财政赤字 1483 亿元，同时背负着 35015.3 亿元的

国债。显然，财政赤字对通货膨胀的影响也不容忽视。

第四，多年来我国货币供应量增速一直高于GDP，根据通货膨胀是"过多货币追逐过少商品"这一定义，通货膨胀是迟早要发生的。

第五，最为重要的是我国这次通货膨胀同国际经济环境有着密不可分的联系。美国网络泡沫破灭之后，为了促进经济复苏，美联储不断降息，日本则长期执行零利率政策，其他主要经济体也一直执行较低的利率，直接导致全球流动性过剩。同时，发达国家为降低投资成本纷纷将部分产业转移到发展中国家，一方面，为发达国家节约了成本从而增加了本国的流动性；另一方面，增加了东道国的外贸顺差和外汇储备，最终导致东道国的流动性过剩。我国的流动性过剩就是在这一国际背景下产生的。流动性过剩会有什么不良后果？它将导致通货膨胀，资产泡沫最终会被刺破。2007年8月8日人民银行发布的第二季度货币政策执行报告中提到："考虑到国际收支顺差矛盾持续积累后有向物价上涨扩散的趋势，综合国内外因素判断，当前物价上涨并非仅受偶发或临时性因素影响，通货膨胀风险趋于上升。"基于以上分析，笔者有充分的理由相信，正是为了解决外汇储备增加导致流动性过剩这一棘手难题，同年8月13日，国家外汇管理局发布《关于境内机构自行保留经常项目外汇收入的通知》，取消境内机构经常项目外汇账户限额，境内机构可自行保留其经常项目外汇收入。

三、2007年通胀有什么变化

2007年上半年，GDP平减指数仍然为3.7%，没有发生什么变化，但结构变化很大，三次产业依次为9.9%、2.9%和3.3%，第一产业迅速上升、第二产业回落、第三产业略有上升。第二产业涨幅下调容易理解，国际石油价格下调和原材料价格涨幅下降是主要原因。

第一产业上升的原因是什么呢？以美国为首的国家用粮食生产乙醇导致粮价上涨从而诱发农产品价格全面上涨是国际因素，瘟疫是国内偶然因素，除此之外还有什么必然性原因吗？笔者认为，经济快速增长导致农村劳动力转化为非农劳动力是农产品价格上涨的根本原因。我国的生猪养殖以散养为主，不论肉价是涨还是跌，这种生产模式都很难成为农民致富的途径。那么为什么还要养猪呢？一是生产绿肥，二是零存整取，三是在无工可打时机会成本为零。当打工、经商或创业能够挣钱时人们自然会放弃养猪，生猪供给减少，价格自然上升。留守老人和儿童不能充当养猪人的角色，提起一桶猪食对他们来讲并不容易，但他们可以放牛羊，所以牛羊肉价格并没有大幅上升。水产品生产必须要专业化、规模化，放弃鱼塘的代价是很大的,所以从事水产品生产的农民或渔民很少转移到其他生产部门,因而水产品价格涨幅不大。另外,农业生产服务价格上升的因素也不可小觑,2007年1~6月该指数为12.5%,其中2月高达14.3%,然而这一指标很少受到关注。

第三产业平减指数为什么上升呢?房价上升是有目共睹的。另外一个比较直观的解释是2006年第二产业价格上涨必然在今年向第三产业传导。值得警惕的是,生产性服务价格的上涨同样会反馈到第二产业,这种联动机制值得高度警惕。

四、通货膨胀问题容易控制吗

目前我国通货膨胀成因是复杂的,不能简单地通过抑制农产品涨价的办法解决。例如,目前通货膨胀原因之一在于流动性过剩,降低流动性过剩的办法之一是调整外资政策,尽管笔者一再强调调整的必要性,但深知真正调整起来并不容易,在近期甚至是不可行的,这些问题并非一篇短文能够回答的。本文的目的在于抛砖引玉,希望得到同行对目前通货膨胀原因更为深刻的认识和更为有效的化解通货膨胀的政策建议。

五、结束语

"通货膨胀是什么?"美国总统胡佛答非所问地说:"它比斯大林还要坏。"古人云:"积善之家,必有余庆;积不善之家,必有余殃。"如果对目前的通货膨胀深层因素不作为,20世纪80年代日本对低CPI、高增长和资产价格上涨熟视无睹的教训可谓殷鉴不远。

评注:本文2007年8月14日刊登于《世经要参》,三年之后再回味这篇文章时感慨万千。在读数学系一年级时,老师极力反对我们做难题而强调对基本概念的理解和逻辑关系的训练,至今仍记得当年傅珏生老师课堂上要求每一位同学书面回答"极限"定义的情形。现在深感违师友规训之德,治学欠严谨,本文在写作时忽略了结构性通货膨胀这一重要概念,而这一概念在已故经济学家高鸿业先生主编的教科书中给出了明确定义,自己当年也在此概念下划上重点符号,只不过使用时则归还给老师。有关结构性通货膨胀理论本书第三部分将继续讨论,本轮通货膨胀成因究竟是什么?发展趋势如何?通货膨胀会以何种形式结束?请看《对我国当前物价上涨成因及趋势的分析》。

4. 对我国当前物价上涨成因及趋势的分析

虽然2006年中国CPI仅上涨1.5%，但如果以GDP平减指数衡量，则不能得出我国2006年低通货膨胀的结论。笔者认为，我国始于2006年的通货膨胀是由国内外多种因素引起的。全球宽松货币政策导致的流动性过剩以及2003年以来世界经济的繁荣是中国通货膨胀产生的国际背景；而出口激增、外汇储备大幅增加、资产价格上涨、财政支出膨胀是推动通货膨胀的需求因素；能源以及大宗商品、粮食价格和劳动力价格的上升则是推动通货膨胀的成本因素；此外，心理预期在一定程度上已经而且将会继续给通货膨胀造成压力。决策部门应该尽快出台措施，化解通货膨胀压力，以避免通货膨胀的加剧与恶化。

一、2006年GDP平减指数为3.7%，通货膨胀压力初露端倪

2006年，中国的消费物价（CPI）上涨1.5%，不少媒体报道乃至分析报告以此数据代表我国的通胀水平，并由此得出我国2006年低通胀的结论。2006年我国是否真的出现了"高增长、低通胀"现象，为了搞清楚这个问题我们必须从基本概念出发，明确通货膨胀的定义和测度指标。通货膨胀经典的定义是商品和劳务总体价格水平上升。测度通货膨胀的指标之一是CPI，由于它同人们的日常生活息息相关，而且可以提供每月、每周甚至每天的数据，所以被广泛使用。但它并不能衡量我国的总体价格水平。根据2007年《中国统计摘要》的数据计算，2006年我国居民消费支出占GDP的比重仅仅为36.4%，即使重新核算也很难超过40%。因而，以CPI来衡量或反映一国物价总体水平并不合适。

最能全面反映总体价格水平变化的是GDP平减指数（Deflator），世界银行以及国际货币基金组织都用它来反映各国通货膨胀水平，但该指标时效性较差，我国不公布该指标，但可以通过统计年鉴、景气月报以及国家统计局公报很容易地计算出来。2006年我国GDP平减指数是3.7%，第一产业是2.1%、第二产业是4.9%、第三产业是2.6%。显然，2006年我国实际的通货膨胀水平已经超过3%

的警戒线，第二产业还达到了相对较高的水平。在这一分析框架下，2006年我国"高增长、低通货膨胀"并存的现象并不存在。

和主要发达国家相比，我国2006年总体的通货膨胀也处于较高水平。2006年美国、欧元区的平减指数分别为2.9%和1.7%，主要先进经济体为1.9%。在消费价格方面，中国仅上涨1.5%，确实比大多数的发达国家低，美国消费物价为3.2%；更远低于不包括中国和印度在内的亚洲发展中国家，他们的通货膨胀率高达8.5%。正因为CPI和GDP平减指数在不同的年度有可能存在相当大的差异，因此，在衡量一国年度通货膨胀或总体价格水平的时候，应该使用GDP平减指数，以避免结论失真。

要对我国2006年以来的通货膨胀作一较为彻底的分析，需要综合考察国内外经济因素及经济主体的心理预期。

二、国内外诸多因素共同推动通货膨胀

笔者认为，我国2006年开始的通货膨胀有其复杂的国际背景和国内因素。在全球流动性过剩和经济繁荣的这一国际背景下，我国出口快速增长，引发了能源、原材料、劳动力等要素成本的上升，再加上国内外农产品的涨价，共同推动了2006年以来总体价格水平的上升。此外，人们的心理预期也对通货膨胀起到了一定的推动作用。

1. 国际背景

（1）多年宽松的货币政策诱发了全球流动性过剩。从2004年开始显现的流动性过剩是个全球性问题，其实质在于主要经济体多年宽松的货币政策，这个问题的产生可以追溯至2001年。当年美国纳斯达克从5000点跌至1000点，作为美国支柱行业的IT业步入萧条意味着美国经济进入了一个下滑周期。同年发生的"9·11"事件，更是让美国和全球经济雪上加霜。从2001年开始，美联储连续降息，从7.5%降到1%。宽松的货币政策为后来的全球流动性过剩和资产价格泡沫埋下了伏笔。2004年日本经济开始从衰退中复苏，2006年7月日本放弃零利率政策，但此前多年低利率乃至零利率的政策，造成日元的流动性空前增长。欧洲央行直到2005年才对保持了5年之久的2%的欧元利率提高25个基点。全球三大经济体长时间的宽松货币政策，是全球流动性得以产生的土壤。在此政策基础上，全球经济的复苏和繁荣则对流动性的扩张起到了推波助澜的作用。

（2）世界经济的复苏与繁荣扩大了总需求。从2003年开始，全球进入新一轮经济上涨周期。2003年以来，世界经济连续保持4%以上的增长率，增长速度

之快、持续时间之长、范围之广,为20多年来所罕见。2006年,世界经济的扩张更为强劲,全球经济增长率达到5.4%。美国保持了2005年的增长势头,2006年GDP增长3.3%,比2005年高0.1个百分点。欧元区国家商业信心持续恢复,GDP增长率达到2.6%,几乎是2005年的两倍,为6年来最高水平。同时欧元区失业率降至7.6%,为15年来最低水平;劳动力市场的改善对内需的扩大起到了积极的促进作用。以中国和印度为代表的新兴市场经济国家也呈现出快速发展势头,印度的增长率上年达到9.3%。中东石油出口国2006年经济稳定增长,石油收入迅速增长,经常账户和财政收支出现大量盈余。以俄罗斯为首的独联体国家在油价上涨和国内需求旺盛两方面的带动下,也实现了较快增长。

(3) 新兴市场国家外汇储备增长加大了通货膨胀压力。在发达国家低利率政策和全球经济增长的刺激下,新兴市场国家外汇储备迭创新高。从2002年开始,新兴市场国家的储备增长很快,新增外汇储备占GDP的比例已经高达5%。根据国际货币基金组织公布的数据,截至2007年2月末,全球外汇储备规模达5.23万亿美元,是1995年的3.76倍。其中,发展中国家储备增长远快于发达国家,占全球的比重从20世纪90年代初的1/3提高到约70%,亚洲新兴市场国家的储备增长尤为显著。外汇储备对通货膨胀造成的压力下文将进一步论述。

(4) 国际产业转移加大了我国对欧美国家的贸易顺差。自20世纪90年代以来,经济全球化和信息技术的创新与变革给世界经济发展带来了巨大变化,从而形成新的产业转移浪潮。我国在承接国际产业转移的同时,也承接了来自周边国家和地区对欧美的大量顺差。一方面,日本、韩国、东南亚大量的元器件到我国来加工、组装以后向欧美出口;另一方面,欧美等发达国家直接到我国设立工厂,生产产品之后回流到欧美等地区。在这两方面的综合作用下,我国对日本、韩国等亚洲国家出现贸易逆差,而对欧美则有很大的顺差。在这种全球产业分工格局之下,我国对欧美的顺差实际上是亚洲发达经济体以及欧美自身的制造业向我国转移的结果。

2. 国内因素

(1) 出口增长导致外汇储备剧增,货币供应失控。自20世纪90年代中期以来,在国际产业转移的大趋势下,我国每年吸引外商直接投资净流入超过400亿美元。这些FDI以"绿地投资"为主,利用我国劳动力成本的优势,把中国作为国际产业转移的承接地,发展加工制造业,然后再出口。2002~2006年,外商投资企业出口年均增长35%,较全国平均水平高出3.6个百分点;外商投资企业进出口顺差累计1807亿美元,相当于总顺差的49.1%。

得益于世界经济繁荣带来的强劲外部需求,2003年以来,我国出口快速增长,贸易顺差持续扩大,由此导致的外汇储备增长给央行控制货币供给造成了很大压力。在开放经济中,外汇储备(FX)、国内银行信贷(DC)和货币供应(MS)存在如下关系:

$$FX + DC = MS$$

即货币供给等于中央银行持有的外汇储备加上银行提供的国内信贷。换言之,一国货币供给的变化等于外汇储备的变动加上国内信贷的变动。下面我们看看近年来我国外汇储备和银行信贷是如何影响货币供应量从而作用于物价水平的。

1)外汇储备。在原有的强制结售汇体制下,企业出口创汇收入必须要出售给商业银行,获得相应的人民币收入,形成企业在商业银行的存款(一般情况下划归M2),从而扩大了商行信贷扩张的能力,同时由于商行在央行的存款准备金增加,也造成基础货币扩张。央行为了冲销这部分新增的基础货币,可以通过向商行出售央行票据回笼资金。而商行持有的央行票据虽然也是商行资产的一部分,但是和央行存款准备金不同,央行票据并不是基础货币,也不具备乘数扩大的功能。通过冲销操作,虽然央行回笼了部分基础货币,但是,企业外汇收入转换成的人民币收入(即企业存款)作为商业银行的负债,却已进入经济体系中。这一部分资金是无法通过央行的操作予以消除的。

2)信贷扩张。对于商业银行的信贷,中央银行不能像过去一样直接下达计划指标,只能通过上调存款准备金率、窗口指导等方式进行调控。但是,从2006年开始,商业银行信贷规模迅速膨胀。2007年上半年金融机构人民币贷款增加2.54万亿元,同比多增3681亿元,这已接近全年央行调控目标2.9万亿元的90%。6月金融机构人民币新增贷款高达4515亿元,远远超过了5月的2473亿元,创出2007年新高。这些数据说明,在外汇储备增长带来的流动性过剩经济环境中,中央银行对商业银行的信贷规模的调控能力大大下降。

因此,我们的结论是,即使央行的操作可以在相当大的程度上控制基础货币,但是无论外汇储备还是国内银行信贷,都是央行难以掌控的。

2007年8月8日人民银行发布的第二季度货币政策执行报告中提到:"考虑到国际收支顺差矛盾持续积累后有向物价上涨扩散的趋势,综合国内外因素判断,当前物价上涨并非仅受偶发或临时性因素影响,通货膨胀风险趋于上升。"基于以上分析,笔者有充分的理由相信,正是为了解决外汇储备大幅增加给货币供应造成巨大压力这一棘手难题,8月13日,国家外汇管理局发布《关于境内机构自行保留经常项目外汇收入的通知》,取消境内机构经常项目外汇账户限额,境内机构可自行保留其经常项目外汇收入。

(2) 粮食等农产品价格上涨。2006 年，我国小麦、玉米、食用油等农产品普遍涨价。面粉等价格上涨，主要是由于 2006 年全球小麦主产国由于严重干旱等原因导致大幅减产，国际市场小麦价格走高势必影响国内小麦价格上涨。而玉米价格上涨，主要是由于国际原油价格持续上涨，玉米乙醇被用作燃料替代品具有广阔的前景，从而导致玉米价格一路走高。食用油价格上涨主要是受国际期货市场转基因大豆价格上涨的影响。

2007 年 5 月以来，猪肉价格上涨成了农产品价格上涨的主要因素。粮价上涨是成本因素，瘟疫是偶然因素，除此之外，笔者认为，经济快速增长导致农村劳动力转化为非农劳动力是猪肉价格上涨的重要原因。我国的生猪养殖以散养为主，不论肉价是涨还是跌，这种生产模式都很难成为农民致富的途径。那么为什么还要养猪呢？一是生产绿肥，二是零存整取，三是无工可打时机会成本为零。当打工、经商或创业能够挣钱时人们自然会放弃养猪，生猪供给减少、价格自然上升。留守老人和儿童不能充当养猪人的角色，提起一桶猪食对他们来讲并不容易。水产品生产必须要专业化、规模化，放弃鱼塘的代价是很大的，所以从事水产品生产的农民或渔民很少转移到其他生产部门，因而水产品价格涨幅不大。由于牧场也是规模化经营的，同时养牛放羊不一定需要强壮的体力，留守老人也可以做到，所以牛羊肉涨价幅度远不如猪肉。

(3) 能源、原材料价格大涨推动生产成本上升。2006 年石油价格震荡加剧，总水平大幅上涨。全年 WTI、布伦特原油期货价格分别为每桶 66.2 美元和 66.1 美元，分别比 2005 年上涨 9.7 美元和 11 美元，涨幅分别为 17.1% 和 20%。在国际市场油价持续走高的情况下，2006 年 3 月 26 日国家出台了石油综合配套调价方案，并于 3 月和 5 月两次提高了国内成品油价格。汽油、柴油、航空煤油价格每吨累计分别提高了 800 元、700 元和 800 元，提价幅度分别为 18.2%、18.1% 和 16.9%。

2002 年前，铁矿石市场长期供大于求，价格在低位徘徊。2002 年后，由于我国钢铁产量快速增长和国际钢材价格的上扬，国际铁矿石价格迅速抬升，2005 年比 2002 年价格累计涨幅达 121.67%，2005 年一年就上涨了 71.5%。2006 年，国际铁矿石供应商再次将价格上涨 19%。铁矿石价格上涨后，势必影响钢铁的价格。建筑业和制造业对钢铁的依赖性最大，这两个行业增加值在 GDP 中占的份额都很大，因此铁矿石价格的上涨对我国商品价格造成的压力不言而喻。与铁矿石情况相类似，2006 年国际铜价上升至历史高位，铝价创下 17 年新高，受此影响，国内现货市场电解铜、电解铝平均价格上升为每吨 62239 元和 20392 元，同比上涨 74.6% 和 20.8%。

（4）农民工工资上涨。在经济快速增长的形势下，随着农村劳动力不断向非农产业转移，农村青壮年劳动力正在逐步向供不应求转变。事实上这是与国际产业转移以及房地产业的繁荣紧密相关的。前者无需赘言。而后者涉及的产业链条最长，涉及钢铁、有色金属、建筑材料、木材加工、家具制造等多个环节。随着房地产的繁荣，该链条上相关企业对农民工的需求随之大幅增加，从而使多年来富余的农村劳动力供给开始日益紧张。2006年国务院发展研究中心对农村劳动力利用状况进行了一次全面调查，覆盖17个省、自治区的2749个行政村。从调查来看，74.3%的村庄认为本村能够外出打工的青年劳动力都已经外出务工，只有1/4的村庄认为本村还有青壮年劳动力可转移。

农业部全国农村固定观察点系统2003～2006年的调查数据表明，近年的农民工工资呈现出明显上涨的趋势，且速度加快。2003～2006年，到本村以外从事生产经营活动的农民工，人均月工资由781元增加到953元。2004年农民工人均月工资增长2.8%，2005年增长6.5%，2006年增长11.5%，增速逐年加快。另外，国家统计局2007年7月25日发布的最新统计显示，农民的工资性收入和出售农产品收入增长较快，分别同比增长19.3%和17.3%，这表明由"民工荒"引发的工资上涨已从沿海地区蔓延到全国各地。劳动工资水平上升再加上社会保障体系覆盖面的扩大，一方面，将直接抬高企业成本和产品成本，诱发成本推动型通胀；另一方面，将提高城乡居民的消费能力，导致需求推动型通胀。

发展经济学理论中的劳动力剩余模型可以很好地解释这一现象。在发展初期，大量农村劳动力剩余的存在，使工业（制造业）部门支付略高于维持生存水平的工资，在这一相对固定的工资水平上，就可以无限雇用农村劳动力。但是，随着经济的发展，在剩余劳动被现代化部门全部吸收之后，劳动力的供给曲线出现转折，在此转折点上，农村劳动力成为稀缺的生产要素；如果需求进一步增长，就必须提高农民工实际工资。在2004年之前农民工工资长年不动，但随后连年上涨的事实面前，无法否认农民工的供给曲线已由过去的水平线转变为向右上方倾斜的标准的供给曲线形式，即农村劳动力供给已出现转折，或说刘易斯拐点提前出现。

（5）资产价格上涨的财富效应。以房价和股价为代表的资产价格上涨给部分居民带来了财富的增加。中国股市以往的财富效应影响并不显著，但本次牛市行情产生的影响与以往不同，原因是居民这次在参与股市投资方面范围更广泛、程度也更深入，散户投资者人数急剧上升。因此，这次A股市场连续20个月的上升行情所产生积极的财富效应可能比以往更为明显，财富增加的程度非常可观。其中部分增加的财富会用来消费或购置房产，前者会直接推动通货膨胀，后者则会进一步推高房产的价格。虽然对于央行是否应该调控资产价格一直存在争议，但是没有任何一个国家的央行会漠视资产价格的上涨及资产泡沫的破灭。美国次级贷款危机发生后，欧美日等国的央行无不投入巨资挽救市场信心。

（6）财政支出膨胀。近几年来，全国财政收入一年一个新台阶，继2003年突破2万亿元，2005年突破3万亿元，2006年接近4万亿元后，2007年又保持了较快增长态势。上半年，全国财政收入达到26117.8亿元，比2006年同期增长30.6%，财政收入增收额创近几年同期最高。各月收入规模均在3000亿元以上，增幅均在20%以上。在经济繁荣时期，财政收入提高原属正常，但是从财政政策具有的反周期特点看，繁荣时期财政支出应该有所缩减，收支相抵后应该出现财政盈余，但我国的情况并非如此。

2005年全国财政支出33930.28亿元，增长19.1%；全国财政收支相抵，支出大于收入2280.99亿元。2006年全国财政收入达到39373.2亿元，比2006年增长24.4%，但全国财政支出40422.73亿元，增长仍为19.1%，支出大于收入1049.53亿元。显然，财政支出增长速度远远超过经济增长，这无疑扩大了总需求。根据《中国统计摘要》的数据计算，2006年政府消费支出3万亿元，占GDP的13.7%，占总消费支出的27.3%，而且比重在逐年提高。同时2006年底国债存量为35015.3亿元。显然，财政支出大幅扩张对通胀的影响也不容忽视。

综上所述，出口激增导致的外汇储备大幅增加、资产价格上涨、财政支出膨胀是推动通胀的需求因素；能源以及大宗商品、粮食价格和劳动力价格的上升则是推动通胀的成本因素。他们从需求和供给两方面直接促成了中国通货膨胀的发生。

3. 心理预期

（1）人民币升值与资产价格上涨预期吸引国际游资大量涌入。进入中国的游资数额可以大致从国际收支平衡表上看出来。2007年6月末，国家外汇储备余额为13326亿美元，同比增长41.6%，其中上半年增加2663亿美元，同比多增1440亿美元，半年增量已超过2006年全年2473亿美元的增量。但是其中贸易顺差和新增FDI合计只有1446亿美元，两者相差1217亿美元，月均高达203.1亿美元，这与2006年全年差额7.33亿元、月均0.61亿美元的情况形成极大反差，这种现象早在2007年第一季度就已非常明显。游资的大量涌入表明境外资金对人民币升值和资产价格上涨具有很强的预期，这种预期的不断实现又加速了游资的涌入。

（2）城镇居民和企业家预期物价进一步上涨。2007年7月人民银行发布的第二季度全国城镇储户问卷调查结果显示，城镇居民当期物价满意指数降到历史最低，半数居民预计下个季度物价趋升。人民银行还进行了2007年第二季度企业家问卷调查。调查报告显示，第二季度企业家对生产资料价格上涨反映较为强烈，生产资料价格景气指数快速攀升至29.5%，是近两年来的最高水平。其中，原材料购进价格景气指数达到31.9%，比第一季度提高6.3个百分点，增幅是近5年来最大的一次。原材料价格的快速上涨，导致下游最终产品销售价格上升压力迅速增大，第二季度下游行业销售价格景气指数比上季度提高2.9个百分点，创2004年以来的最高增幅。这说明上游行业产品成本升高向下游的传导作用在逐渐增大，预计下季度将继续保持这种上升态势，下游行业下季度销售价格预期指数为3.9%，再创历史新高。

（3）新生代农民工预期工资大幅增加。2007年6月21日，中国青少年研究中心公布了《中国新生代农民工发展状况及代际对比研究报告》，"80后"新生代农民工的预期月收入远高于1000元，而他们目前月收入大多居于700～1000元。因此可以预计，如果企业对农民工的需求增加，作为未来农民工劳动力供应主体的这一民工群体的工资收入必将呈上升趋势。

国内外经济主体已经形成的心理预期加大了调控物价的难度。决策当局应该尽快出台措施，释放流动性，化解通货膨胀压力。

三、趋势判断及政策建议

1. 通胀趋势判断

基于前面的分析，笔者认为，粗略看来，只要实际GDP保持10%以上的增长速度，由于原材料、劳动力供给的短缺，这些投入要素的价格尤其是农民工的工资势必上升。

发展经济学中的农村劳动力供给曲线"转折点"是否可逆，对于中国这样一个大国，教科书上并没有提供现成的答案。笔者认为，中国农民工工资变化趋势如何，取决于中国经济的增长模式和增长速度。①以目前投资和出口驱动的经济增长模式，则增长率达到10%以上时，农民工成为稀缺要素，工资呈上涨趋势；反之，当增速回落至10%以下（如世界经济萧条引起的外部需求动力不足，尤其是当欧美这两大经济体作为中国最重要的贸易顺差来源步入萧条时），农民工的工资有可能下调甚至重新出现大量农民工失业现象。②改变增长模式，增强城乡居民消费能力，真正扩大内需，则在平稳的经济增长中，城乡居民均可分享经济成长，农民工乃至农民的收入才能够长期持续改善。这需要在财政税收政策方面着手解决，如完善养老、医疗保险等社会保障体系，降低工资收入的个人所得税征收标准，实现藏富于民。

在未来较长的时间内，出口收入的增加对经济中所有的商品和服务都会产生更多的需求。其中，某些出口激增的新需求将导向国内生产或提供的商品或服务，即非贸易品。他们包括交通、建筑、电力、公共设施和服务等。由于非贸易品的供给是有限的，较高的需求会导致较高的非贸易商品的价格，中国房价的上涨有目共睹。目前通货膨胀有向非贸易部门转移的趋势，比较有说服力的是农业生产服务价格不断上涨，《中国经济景气月报》数据显示，2006年6月同比增长9.1%，之后始终以10%以上的速度上涨，2007年1~6月上涨12.5%，其中2月高达14.3%。另外，贸易部门同样需要非贸易部门提供的服务尤其是生产性服务，这种联动机制也是值得高度警惕的。

如果政策处理得当，2008年物价涨幅相对于2007年增速有可能放缓。但是即使如此，中国的物价水平已经上升至一个较高的水平，而且难以扭转。近来，美国市场上中国进口商品的价格正在以2003年美国设立分项数据以来前所未有的速度大幅上涨，在过去三个月中上涨了1%，折合年率涨幅达到4.1%。如果不能尽快出台有力措施，不排除出现两位数通胀的可能。

2. 政策建议

长期而言，降低工薪阶层个人所得税负担、完善社会保障体系有助于增加城乡居民实际收入、扩大内需，在长期价格水平缓慢上涨的同时，城乡居民的收入和消费能够稳步增长，从而实现我国经济、社会的长期可持续发展，但针对目前的流动性过剩和已经出现的通胀压力，我们需要采取以下措施以避免经济的剧烈波动：

（1）形成稳定的加息预期。目前美国加息17次，印度2006年以来加息6次，上调存款准备金率4次，它们都成功地将通货膨胀控制在目标范围之内，借鉴发达国家和发展中国家的经验，在负利率时代我们应该形成稳定的加息预期，尤其是居民存款的加息。至于利息所得税，在当前的经济环境下，可以考虑完全取消。

（2）以税收手段调节资产价格。笔者不赞成以行政手段控制房地产的价格，而应通过征收房地产税和房地产增值税降低房地产的投资收益预期，从而降低房地产投机需求。目前我国的政策是房地产开发商一次性缴纳土地使用税之后，无需再缴纳房地产税，这样不论是开发商还是投机者的房屋持有成本都不会再增加，从而在很大程度上导致了囤货居奇现象。美国50个州都已开征房地产税，税率一般为1%~3%。州政府相关部门每年定期对房地产价值进行评估，以此作为征收房地产税的依据，房价上涨意味着个人必须缴纳的税款增加。针对房屋购买和出售时的差价，美国一些州政府还专门征收房地产增值税，并规定自住房住满两年以上出售时可以享受较大幅度增值税减免优惠，而出售投资性房屋则不能享受相应的优惠。

另外，可以考虑征收资本利得税。目前美国对投资股票的资本利得的最高税率是28%；德国为25%，加上团结税和宗教税也达到28%；日本为10%，这些发达市场经济国家的经验可资借鉴。征收资本利得税使得资本市场上所有的投资者都必须申报交易的品种和数量，有利于监管部门掌握国内外尤其是海外游资在境内的交易情况，从而对资本市场引发的金融风险有较好的把握和认识。

（3）取消鼓励出口的政策。对于普通商品的出口，取消鼓励或刺激出口的政策，如出口退税等。我国已宣布从2007年7月1日起，取消553项产品的出口退税，降低2268项容易引起贸易摩擦的商品的出口退税率，两项合计约占海关税则中全部商品总数的40%，笔者认为，仍有较大的下调空间。

（4）积极实施"走出去"战略。"走出去"应该包括企业走出去参与对外投资、国际并购和个人走出去参与国际证券市场投资。我国成为贸易顺差大国的时间尚未持续很长，而德国和日本一直是贸易顺差大国，其国际收支并没有成为显著的问题，关键是其对外投资很发达且活跃。因而，我们应该积极实施"走出去"战略，这不仅有助于接近资源和市场，还能够避免贸易摩擦、平衡国际收支、有效地控制流动性过剩，以避免给通货膨胀造成更大压力。取消强制结汇后，国内企业在用汇上有了更大的自由度，大大提高了境外投资的效率。居民个人直接参与国际资本市场，在化解国内流动性过剩的同时，也有利于优化其投资组合，降低系统风险，分享各国经济增长。

（5）继续调整FDI政策。改革开放初期利用外资的目的是明确的，一是为了获取资金，二是希望能以市场换技术。但目前我国早已成为净资本输出国，而且20多年的经验表明失去市场的同时并没有得到核心与关键技术（胡锦涛总书记在2006年全国科学技术大会上明确指出："真正的核心技术、关键技术是买不来的，必须依靠自主创新"），还造成了流动性过剩。笔者认为，尽管我们已经实施了两税合并，但仍然有必要进一步调整外资政策，避免外资过度流入。

（6）实施反周期的财政政策。当前我国财政收入较为宽裕，将部分财政收入用于建设和完善养老、医疗保险等社会保障体系、以转移支付的形式支持农村义务教育，对于稳定城乡居民预期、扩大消费能力和意愿、提高国民及未来劳动力的素质，大有裨益。但是，财政政策作为反经济周期的重要手段，在经济处于高速增长阶段应减少用于投资、消费等方面的支出以避免总需求进一步膨胀，从而减轻通胀压力；在经济处于低迷时期则应做相反的操作。如前所述，今年上半年每个月财政收入的增速都高达20%以上，如果不注意控制支出规模，势必加剧我国当前的通胀压力。

评注：本文2007年9月16日刊登于国务院发展研究中心刊物《经济要参》，得到编辑部张贵恒老师的肯定和鼓舞，士为知己者死，之后我们总是在第一时间把作品发给张老师。实践是检验真理的唯一标准，时间是检验预测的唯一标准，次年通货膨胀高企、大量农民工返乡的事实说明本文分析所依据的理论、方法和逻辑是成立的。

据新华社报道，2008年1月24日，国务院新闻办公室举行新闻发布会，国家统计局局长谢伏瞻介绍了2007年国民经济运行情况，指出"这一轮的物价上涨既有总量原因，也有结构性的原因；既有国内的因素，也有国际性的因素和影响；既有需求拉动的因素，也有成本推动的影响，还有市场预期和财富效应等，是一种综合影响的结果。"不难看出，本文分框架与之高度一致。

在完成本文的同时，我们意识到一场严重的危机随时可能来临，对于学者而言可能是今生再也不会遇到的研究机会。之后我们几乎断绝了一切人情往来，从不参加亲友的喜庆活动，过着一种家人无法理解的生活。2008年也无暇欣赏盛况空前、精彩绝伦的北京奥运，而将所有业余时间投入到阅读冰冷的文献之中，以期从中汲取战胜危机的力量。

5. 采取综合措施缓解通胀压力

2007年1~7月，我国居民消费者价格指数（CPI）累计上涨3.5%，7月达到5.6%的水平。由于以猪肉为代表的农产品价格上涨迅猛，在不少报道和分析中农产品便成了诱发通货膨胀的罪魁祸首，似乎只要将农产品价格打压下去，便无通货膨胀之虞。但是，石油和电力公司要求涨价同农产品没有直接的关系，近期家具和洗涤用品涨价也不是它们以粮食或猪肉为原料。笔者认为，当前通货膨胀现象是在复杂国内外经济环境下的必然产物，农产品涨价是通胀的表现形式，我们需要找到通胀的其他原因。

通货膨胀经典的定义是商品和劳务总体价格上升。测度通货膨胀的指标之一是CPI，由于它同人们的日常生活息息相关，而且可以提供每月、每周甚至每天的数据，所以被广泛使用。但它并不能衡量我国的总体价格水平。根据2007年《中国统计摘要》的数据计算，2006年我国居民消费支出占GDP的比重仅仅为36.4%，即使重新核算也很难超过40%。因而，以CPI来衡量或反映一国物价总体水平并不合适。

最能全面反映总体价格水平变化的是GDP平减指数（Deflator），它可以通过名义GDP和实际GDP计算出来。名义GDP是以当期物价来计算的社会总产出；实际GDP是以某一基期的物价来计算的总产出，两者之比减去1就是GDP平减指数，它反映当期社会总产出即所有商品和服务的价格上涨幅度。由于这一指标在测度年度通货膨胀水平方面所具有的全面性，世界银行以及国际货币基金组织都用它来反映各国通胀水平，但该指标时效性较差，我国不公布该指标，但可以通过统计年鉴、景气月报以及国家统计局公报很容易计算出来。2006年我国GDP平减指数是3.7%，第一产业是2.1%、第二产业是4.9%、第三产业是2.6%。显然2006年我国实际的通货膨胀水平已经超过3%的警戒线，第二产业还达到了相对较高的水平。在这一分析框架下，2006年我国"高增长、低通胀"并存的现象并不存在。

和主要发达国家相比，中国2006年总体的通货膨胀也处于较高水平。2006

年美国、欧元区的平减指数分别为 2.9% 和 1.7%，主要先进经济体为 1.9%。在消费价格方面，中国仅上涨 1.5%，确实比大多数的发达国家低，美国消费物价为 3.2%；更远低于不包括中国和印度在内的亚洲发展中国家，他们的通胀率高达 8.5%。正因为 CPI 和 GDP 平减指数在不同的年度有可能存在相当大的差异，因此，在衡量一国年度通货膨胀或总体价格水平时，应该使用 GDP 平减指数，以避免结论失真。

要对我国 2006 年以来的通货膨胀作一较为彻底的分析，需要综合考察国内外经济因素及经济主体的心理预期。笔者认为，中国 2006 年开始的通货膨胀有其产生的国际背景。在全球流动性过剩和经济繁荣的这一国际背景下，中国出口快速增长，引发了能源、原材料、劳动力等要素成本的上升，再加上国内外农产品的涨价，共同推动了 2006 年以来总体价格水平的上升。此外，人们的心理预期也对通胀起到了一定的推动作用。

只要实际 GDP 保持 10% 以上的增长速度，由于原材料、劳动力供给的短缺，这些投入要素的价格尤其是农民工的工资势必上升。

发展经济学中的农村劳动力供给曲线"转折点"是否可逆，对于中国这样一个大国，教科书上并没有提供现成的答案。笔者认为，中国农民工工资变化趋势如何，取决于中国经济的增长模式和增长速度。以目前投资和出口驱动的经济增长模式，当增长率达到 10% 以上时，农民工成为稀缺要素，工资呈上涨趋势；反之，当增速回落至 10% 以下（如世界经济萧条引起的外部需求动力不足，尤其是当欧美这两大经济体作为中国最重要的贸易顺差来源步入萧条时），农民工的工资有可能下调甚至重新出现大量农民工失业的现象。改变增长模式，增强城乡居民消费能力，真正扩大内需，则在平稳的经济增长中，城乡居民均可分享经济成长，农民工乃至农民的收入才能够长期持续改善。这需要在财政税收政策方面着手解决，如完善养老、医疗保险等社会保障体系，降低工资收入的个人所得税征收标准，实现藏富于民。

在未来较长的时间内，出口收入的增加对经济中所有的商品和服务都会产生更多的需求。其中，某些出口激增的新需求将导向国内生产或提供的商品或服务，即非贸易品。他们包括交通、建筑、电力、公共设施和服务等。由于非贸易品的供给是有限的，较高的需求会导致较高的不可贸易商品的价格上涨，中国房价的上涨有目共睹。目前通货膨胀有向非贸易部门转移的趋势，比较有说服力的是农业生产服务价格不断上涨，《中国经济景气月报》数据显示，2006 年 6 月同比增长 9.1%，之后始终以 10% 以上的速度上涨，2007 年 1~6 月上涨 12.5%，其中 2 月高达 14.3%。另外，可贸易部门同样需要不可贸易部门提供的服务，尤其是生产性服务，这种联动机制也是值得高度警惕的。

如果政策处理得当，2008年物价涨幅相对于2007年增速有可能放缓。但是即使如此，中国的物价水平已经上升至一个较高的水平，而且难以扭转。近来，美国市场上中国进口商品的价格正在以2003年美国设立分项数据以来前所未有的速度大幅上涨。在过去三个月中，从中国进口的商品价格上涨了1%，折合年率涨幅达到4.1%。如果不能尽快出台有力措施，不排除出现两位数通胀的可能。

长期而言，降低工薪阶层个人所得税负担、完善社会保障体系有助于增加城乡居民实际收入、扩大内需，在长期价格水平缓慢上涨的同时，城乡居民的收入和消费能够稳步增长，从而实现我国经济、社会的长期可持续发展，但针对目前的流动性过剩和已经出现的通货膨胀压力，我们需要采取以下措施以避免经济的剧烈波动：

（1）形成稳定的加息预期。目前美国加息17次，印度2006年以来加息6次，上调存款准备金率4次，它们都成功地将通货膨胀控制在目标范围之内，借鉴发达国家和发展中国家的经验，在负利率时代我们应该形成稳定的加息预期，尤其是居民存款的加息。至于利息所得税，在当前的经济环境下，可以考虑完全取消。

（2）以税收手段调节资产价格。笔者不赞成以行政手段控制房地产的价格，而应通过征收房地产税和房地产增值税降低房地产的投资收益预期，从而降低房地产投机需求。目前我国的政策是房地产开发商一次性缴纳土地使用税之后，无需再缴纳房地产税，这样不论是开发商还是投机者的房屋持有成本都不会再增加，从而在很大程度上导致了囤货居奇现象。美国50个州都已开征房地产税，税率一般为1%~3%。州政府相关部门每年定期对房地产价值进行评估，以此作为征收房地产税的依据，房价上涨意味着个人必须缴纳的税款增加。针对房屋购买和出售时的差价，美国一些州政府还专门征收房地产增值税，并规定自住房住满两年以上出售时可以享受较大幅度增值税减免优惠，而出售投资性房屋则不能享受相应的优惠。

（3）取消鼓励出口的政策。对于普通商品的出口，取消鼓励或刺激出口的政策，如出口退税等。我国已宣布从2007年7月1日起，取消553项产品的出口退税，降低2268项容易引起贸易摩擦的商品的出口退税率，两项合计约占海关税则中全部商品总数的40%。笔者认为，仍有较大的下调空间。

（4）积极实施"走出去"战略。"走出去"应该包括企业走出去参与对外投资、国际并购和个人走出去参与国际证券市场投资。我国成为贸易顺差大国的时间尚未持续很长，而德国和日本一直是贸易顺差大国，其国际收支并没有成为显著的问题，关键是其对外投资很发达且活跃。因而，我们应该积极实施"走出去"战略，这不仅有助于接近资源和市场，还能够避免贸易摩擦、平衡国际收支、有效地控制流动性过剩，以避免给通货膨胀造成更大压力。取消强制结汇后，国内企业在用汇上有了更大的自由度，大大提高了境外投资的效率。居民个人直接参与国际资本市场，在化解国内流动性过剩的同时，也有利于优化其投资组合，降低系统风险，分享各国经济增长。

（5）继续调整 FDI 政策。改革开放初期利用外资的目的是明确的，一是为了获取资金，二是希望能以市场换技术。但目前我国早已成为净资本输出国，而且 20 多年的经验表明失去市场的同时并没有得到核心与关键技术，还造成了流动性过剩。笔者认为，尽管我们已经实施了两税合并，但仍然有必要进一步调整外资政策，避免外资过度流入。

（6）实施反周期的财政政策。当前我国财政收入较为宽裕，将部分财政收入用于建设和完善养老、医疗保险等社会保障体系、以转移支付的形式支持农村义务教育，对于稳定城乡居民预期、扩大消费能力和意愿、提高国民及未来劳动力的素质，大有裨益。

评注：此文 2007 年 9 月 4 日发表于《中国证券报》，对刘易斯拐点的可逆性做了探讨。

6. 新兴市场国家物价上涨原因、治理措施及其启示

物价上涨是当前全球经济面临的重要问题，而新兴市场国家尤甚。2007年12月，越南消费价格指数高达12.6%，为10年来最大涨幅；俄罗斯统计局1月21日公布的正式数据显示，俄罗斯消费价格指数2007年全年上涨11.9%。本文首先分析新兴市场国家物价上涨的共同成因，其次介绍印度、俄罗斯等国的反通胀措施，最后指出对我国的启示。

一、新兴市场国家物价上涨成因

1. 外汇储备激增导致货币供应量被动加速

无论是经常项目严重赤字的欧洲新兴市场国家还是石油美元滚滚流入的俄罗斯抑或是靠原材料出口的巴西，外汇储备激增是所有新兴市场国家的共同特征，外汇储备激增导致货币供应量增长被动加速。俄罗斯中央银行指出，2007年前5个月，流入俄罗斯的净私人资本超过600亿美元，而2006年全年为420亿美元。资本流入以及由此产生的外汇储备的大幅增长导致前5个月货币供应量以20%的速度增长，而上年同期仅为10.7%。货币供应量过快增长终归会导致物价上涨，俄罗斯副总理兼财长库德林明确指出，2007年物价上涨的主要原因正是货币因素。

2. 本币升值预期导致国际资本快速流入

金融理论指出，本币升值可以降低本国通货膨胀率，但在实践中它是一把双刃剑。本币升值的预期导致国际资本快速流入，货币供应量被动增长，从而在很大程度上推动物价上涨。俄罗斯甚至出现了这样一种现象，一些国内银行从国际上借入美元，然后兑换成卢布，从卢布升值、高利率和资产价格上涨中获取利益。

3. 出口快速增长导致非贸易品价格上涨

出口快速增长是新兴市场国家的共同特征。但出口产品的激增增加了对国内其他商品或服务，即非贸易品的需求，这些非贸易品包括交通、建筑、电力、公

共设施和服务等。由于非贸易品的供给是有限的,需求增加必然会导致价格提高。以罗马尼亚为例,经济的快速增长使得建筑业蓬勃发展,该行业需要20万~30万名工人,但建筑公司即使愿付欧盟水平的工资,也很难找到合格的建筑工人。我国也面临类似问题,一类指标是耐用消费品价格指数,2007年11月价格上涨仅为0.9%,但家庭服务及加工维修服务价格上涨9.1%;另一类指标是农业生产服务价格指数,该指数2006年6月同比增长9.1%,之后始终以10%以上的速度上涨,2007年1~11月上涨10%。另外,贸易部门同样需要非贸易部门提供的服务尤其是生产性服务,这种联动机制也将推动物价上涨。

4. 财政支出过快增长扩大了总需求

财政政策作为反经济周期的重要手段,在经济处于高速增长阶段应减少投资等方面的支出以避免总需求进一步通货膨胀,从而减轻通货膨胀压力;在经济处于低迷时期则应反向操作。但在新兴市场国家并非如此,虽然近年来经济增长较快,各国财政支出仍以较快的速度增长并保持高额财政赤字。罗马尼亚政府2007年全年的预算赤字为GDP的2.8%,按照欧委会的预测,2008年将达到3.2%,罗马尼亚国家预测委员会认为这将引发新一轮的通货膨胀。

5. 信贷膨胀导致货币供应量增加

良好的经济增长预期导致新兴市场国家信贷快速膨胀,从而导致货币供应量快速增加,从而推动物价上涨。最近三年印度商业银行贷款额翻了一番,其中2006年房地产行业贷款年均增幅102%,波罗的海国家银行跨国信贷业务发达,宽松的金融环境刺激了消费需求,从而推动了物价上涨。

6. 劳动力有效供给不足导致劳动力成本上升

经济的快速发展已经导致新兴市场国家劳动力有效供给不足。俄罗斯预计2008年需要雇用150万外籍工人,乌克兰面临同样的问题。另外,高失业率并不意味劳动力供给过剩,以波兰为例,2004年加入欧盟后经济情况好转,企业雇佣需求增加,又有大批工人到西方打工,失业率从2004年的19.5%下降到2007年3月的14.4%,但一些行业熟练工人的不足已经导致工资迅速上涨,从而形成成本推动型通货膨胀。而我国在历经多年的高速增长之后,以农村青壮年劳动力为主体的农民工也逐渐稀缺,2004年以来农民工工资快速上涨,在其收入得到较大改善的同时,对企业的生产成本形成一定压力。

7. 消费需求推动物价上涨

经济的快速增长提高了居民收入,促进了消费增长。以俄罗斯为例,按不变价格计算消费品零售总额前三季度同比增长14.8%,是GDP增速的两倍有余,消费的快速增长必然导致物价上涨。

8. 国际能源、粮食以及原材料价格上涨的传导

国际能源、粮食以及原材料价格的上涨是导致全球物价上涨的共同原因，同样会作用于新兴市场。2007年俄罗斯粮食产量为五年来最高水平，但下半年开始的农产品价格上涨却加剧了俄罗斯物价的上涨。这一现象说明，在经济全球化的背景下，各国经济已通过无形之手传导，物价上涨更不能例外。

9. 资产价格上涨掩盖并推迟了物价上涨

流动性过剩是全球现象，但在新兴市场国家更为突出。经验表明，在流动性过剩的背景下长期执行低利率政策，股市和房地产等资产价格必然上涨。由于股市和房市繁荣吸收了经济体中大量的流动性，弱化了货币供应量与通货膨胀的关系，因此，在经济周期的顶峰，往往表现为高增长低通胀和资产价格的急剧抬升，资产价格上涨也就掩盖并推迟了物价上涨。在股市和房地产持续繁荣乃至出现泡沫之后，流动性导致的通胀压力才逐渐体现在其他商品市场上，从而表现为通常意义上的物价上涨。

二、主要国家和地区的反通胀措施

1. 印度采取了综合治理措施

印度以批发价格指数衡量通货膨胀，2006年该指数实际值为5.89%，2007年的调控目标是5%，但1月已接近7%。为抑制通货膨胀，印度采取了综合治理措施。

（1）连续实施紧缩性货币政策。2007年1月31日印度央行上调隔夜贷款利率25个基点至7.5%，这是一年内第五次上调该利率；2月13日，央行又宣布把存款准备金率提高50个基点。3月央行再次将回购利率、存款准备金率分别提高25个和50个基点。

（2）调整外贸和对外借款政策。2007年2月印度政府宣布禁止小麦出口、降低建材进口关税以抑制通胀。为抑制国际游资流入，印度财政部8月7日发布规定：每家印度企业在每个财政年度从海外借贷的资金不得超过2000万美元；而且，进行海外借贷的企业必须向印度央行证明它们所借的资金是进口所需，或是用在与外汇交易有关的开支项目上。

（3）实施紧缩性财政政策。印度财政部数据显示，2007年4~11月财政赤字比2006年同期降低了11%。

上述措施逐步发挥了抑制通胀的效应，2007年全年通货膨胀率下降到3.5%，印度物价调控比较成功，其做法值得借鉴。

2. 俄罗斯主要采取了外贸政策调整、市场干预、增加黄金储备等措施

在外贸政策方面，首先，俄罗斯提高了出口关税，为保障国内市场供给、抑制面包价格上涨，把小麦出口由零关税调至10%，大麦则由零调至30%；其次，降低进口关税，包括奶制品、蔬菜、食用油等；最后，放宽进口，例如，近10年来俄罗斯一直把中国列入限制肉类进口的国家名单，现在允许从中国4家企业进口兔肉。

市场干预主要通过抛售储备粮食，俄罗斯政府在10月和11月抛售储备粮食，具体办法是政府以干预价向各大面粉企业提供小麦，所产面粉则按固定价格供应当地面包生产企业。另外，俄联邦反垄断署已对"蓄意串通涨价"的40家商业企业进行调查；斯维德洛夫斯克州政府做出决议，要求6种食品的生产和经销企业在涨价前必须申报；在农业部提议和联邦反垄断署配合下，10月24日俄罗斯30家大型食品生产和销售企业签署了食品价格冻结协议。

同时，俄罗斯联邦政府和地方政府还积极采取措施帮助弱势消费者，提高养老金，向收入低于当地最低生活水平线的居民发放物价补贴等。

3. 其他国家和地区

为控制通货膨胀，巴西一直保持着较高利率，目前基准利率为11.25%，因此巴西能够在全球通胀中独善其身。拉美国家在控制外汇激增的问题上都采取了积极的措施，例如，哥伦比亚要求投资于证券的外汇的40%储蓄6个月而且不支付利息，阿根廷对普通商品出口所得外汇也采取了类似措施。欧洲新兴市场国家在2008年将实施软着陆的经济措施，如加强银行监管、紧缩货币信贷、实施紧缩性财政政策等。

三、对我国的启示

1. 实施紧缩性货币政策

首先，要加强中央银行的窗口指导功能，加强风险提示，收缩信贷规模，提高贷款质量，降低银行风险；其次，在窗口指导没有达到预期目的的情况下，继续上调存款准备金率；最后，在前两项政策均没有达到预期目的的情况下，尽快加息并形成加息预期。我国利率政策不应过分考虑中美利差因素，游资进入我国并非为了赚取息差收入，而是为了从股市、房地产等资产市场上获利。在资产泡沫形成之初采取加息措施可以在避免泡沫加剧的同时弱化国际游资流入的预期。2007年我国外汇储备急剧增加，但存款尤其是定期存款增幅是下降的、某些月份甚至是负增长的，这说明国际资本并非获取微不足道的存款利息，而是另有所图。

2. 实施反周期的财政政策，优化财政支出结构

预计2008年财政收入增长仍然较快，可以考虑进一步减少长期建设国债与财政赤字规模，降低财政赤字占GDP的比重。同时，优化财政支出结构，对有利于技术升级和优化部门结构的高新技术产业、新兴主导产业以及对于社会总体发展需要的公共产品和部分准公共产品中形成瓶颈制约的基础设施项目继续提供支持；加大对自主创新、基础教育、公共卫生、防灾减灾、公共安全、社会保障、节能降耗、环境保护和生态环境保护的投入。优化财政支出结构从长远来看对经济和社会的发展是有利的，从短期来看也有抑制物价上涨的功效，比如，节能减排支出可以降低企业生产成本，廉租房支出可以抑制房价过快增长。

3. 弱化人民币升值和资产价格上涨预期，加强资本管制

近年来，一种广为流行同时看似合理的观点是人民币应该逐年小幅升值，这种做法实际上是提高了无风险预期收益率，现代金融理论和实践表明，无风险预期收益率的提高必然会吸引过多的投资。炒作资产是国际游资的本性，为了减少国际游资的流入我们应该降低资产价格上涨的预期，同时应加强资本管制，防范游资的流入。

4. 继续调整出口和外资政策，同时积极实施"走出去"战略

货币供应量被动增长是当前货币政策失灵的重要原因，原因在于对出口和外资优惠政策调整的滞后。2007年我国已经出台了一些政策，笔者认为，仍有继续调整的空间，避免外资过度流入和由此诱发的贸易顺差过快增长。

与此同时，我们应该以积极的态度化解外汇储备压力，积极实施以企业为主体的"走出去"战略。美国次贷危机源于家庭、个人和公共部门的过度负债以及金融机构对信贷及其衍生产品的不慎处理，但非金融企业却不存在这样的问题，从上市公司的有关数据看，企业财务状况良好，股本回报率较高，基本面依然健康。因此，在美国股市调整之后，应选择恰当的时机对价值低估、发展潜力强的企业实施并购，建议实务部门进行这方面的研究。

评注：本文2008年3月7日刊登于《经济要参》，2月5日在《中国证券报》上以《新兴市场国家为何同时面临通货膨胀压力》为标题发表了部分内容。新兴市场经济国家通胀成因雷同，其后果也比较一致。换言之，紧缩性经济政策可以在短期内缓解通货膨胀压力，但难以阻挡物价上涨趋势，通货膨胀最终在经济衰退或增速明显放缓之后结束，因此通货膨胀是金融与经济危机的先行指标之一。除通货膨胀之外，新兴市场经济国家还面临其他更为严重的风险，下文将予以说明。

7. 新兴市场经济体：经济快速增长，金融风险需要防范

2007年新兴市场经济体继续保持快速增长趋势，据 IMF 测算，中国、印度和俄罗斯对世界经济增长的贡献占了一半。但所有新兴市场经济国家都面临国际资本快速流入导致的信用膨胀、资产价格上升、本币升值和经济过热等问题，这些问题形成了巨大通货膨胀压力。更为关键的是，国际金融风险可以在瞬间传递到这些国家的资本和金融市场，潜在风险不容忽视。本文首先对亚洲、拉美、欧洲以及独联体四个区域的新兴市场经济体做一总体分析，然后详细分析印度、俄罗斯、巴西和罗马尼亚四个有代表性的国家情况。

一、新兴市场经济体概述

1. 亚洲新兴经济体表现出色

在中国和印度经济快速增长的带动下，亚洲国家经济继续保持快速增长趋势。国内旺盛的消费需求是推动印度经济增长的重要力量，消费拉动了投资，良好的投资收益又进一步推动了投资的快速增长；由于在国外工作人员汇款和政府支出的快速增长，菲律宾经济得以快速增长；工业部门的反弹促进了韩国经济；低利率和激增的国内需求带动了印度尼西亚的经济增长；泰国经济尽管受到政治不稳定因素的影响，但从第三季度的经济形势来看，这种影响在逐步削弱。

这一区域面临的主要问题是外汇的急剧增长。对中国香港特别行政区和中国台湾省、马来西亚和菲律宾而言，贸易顺差是外汇增长的主要原因，而这些顺差主要来源于外商直接投资企业的出口。外汇的快速增长可以促进投资和经济增长，但给本币升值、通货膨胀、资产价格上涨和货币供给带来很大压力。同时，贸易顺差国也需要警惕全球经济形势逆转以及国际金融市场变化的冲击（见表7-1）。

表7-1 IMF对亚洲主要新兴国家和地区经济预测　　　　　　单位:%

年份	印度	巴基斯坦	孟加拉国	印度尼西亚	泰国	菲律宾	马来西亚	韩国	中国台湾	中国香港	新加坡
2007	8.9	6.4	5.8	6.2	4.0	6.3	5.8	4.8	4.1	5.7	7.5
2008	8.4	6.5	6.0	6.01	4.5	5.8	5.6	4.6	3.8	4.7	5.8

2. 拉美新兴经济体受到美国经济影响

2006年拉美经济增长达到5.5%，增长速度超过预期。但2007年和2008年这一局面难以为继，预计2007年增长率为5%、2008年为4.8%。美国是拉美国家对外出口的主要国家，同时在美国工作的拉美移民的汇款是当地居民的重要收入，在美国经济增长放缓的情况下出口和汇款必将受到影响。石油和原材料出口国如秘鲁、委内瑞拉、阿根廷、乌拉圭、哥伦比亚等受到供给能力的限制，出口增长速度将从2006年的高峰回落。加勒比海地区激增的宾馆建设已经接近尾声，它对经济增长的影响大大削弱。

拉美国家同样面临外汇激增的问题，各国央行都采取了措施。例如，哥伦比亚要求投资于证券的外汇的40%储蓄6个月且不支付利息，阿根廷对普通商品出口所得外汇也采取了类似措施。但这些措施的收效甚微，外汇过多的弊病仍全部表现出来，这一问题将会继续困扰各国政府（见表7-2）。

表7-2 IMF对拉美主要新兴国家和地区经济预测　　　　　　单位:%

年份	阿根廷	巴西	智利	乌拉圭	哥伦比亚	厄瓜多尔	秘鲁	委内瑞拉	墨西哥
2007	7.5	4.4	5.9	5.2	6.6	2.7	7.0	8.0	2.9
2008	5.5	4.0	5.0	3.8	4.8	3.4	6.0	6.0	3.0

3. 欧洲新兴市场国家经济失衡孕育着金融风险

欧洲新兴市场国家新增生产能力和建筑业的繁荣促进了投资，波罗的海国家银行宽松的跨国信贷金融环境以及可支配收入增长刺激了消费需求，作为它们主要贸易伙伴的西欧经济的快速增长拉动了该区域的出口，上述因素共同促进了欧洲新兴市场经济体以较快的速度增长。IMF预计该区域2007年增长率为5.8%，2008年为5.2%。

由于国内需求旺盛，商品进口超过出口，欧洲新兴市场每个国家都保持着不同程度的经常项目赤字，经济失衡现象比较严重。其中拉脱维亚2006年贸易赤字占GDP的21%，其他波罗的海国家的比例也在10%~16%，2007年贸易状况继续恶化，2008年也不存在转好的迹象。经常项目的赤字可以由资本项目的流入抵消，波兰、匈牙利、捷克、斯洛伐克等中欧国家吸引外资投资于可贸易部门，外商直接投资的出口在很大程度上改善了这些国家贸易状况，同时促进了经济增长。但其他国家并非完全如此，大量的外资流入了房地产部门和证券市场，这导致了房价和股票价格的快速上升,给经济安全增添了隐患(见表7-3)。

表7-3 IMF对欧洲新兴市场经济国家经济增长及经常项目/GDP的预测　　单位:%

类别	国家 年份	土耳其	爱沙尼亚	拉脱维亚	立陶宛	匈牙利	波兰	斯洛伐克	保加利亚	克罗地亚	马耳他	罗马尼亚
经济增长	2007	5.0	8.0	10.5	8.0	2.1	6.6	8.8	6.0	5.6	3.2	6.3
	2008	5.3	6.0	6.2	6.5	2.7	5.3	7.3	5.9	4.7	2.6	6.0
经常项目 /GDP	2007	-7.5	-16.9	-25.3	-14.0	-5.6	-3.7	-5.3	-20.3	-8.4	-9.4	-13.8
	2008	-7.0	-15.9	-27.3	-12.6	-5.1	-5.1	-4.5	-19.0	-8.8	-8.2	-13.2

1997年亚洲经济危机爆发之前的状况和该地区目前的状况类似,经常项目严重赤字、房价高企、本币升值以及资本项目具有大量盈余,经济理论和历史经验表明这一状况是不可持续的。一方面,国际金融市场的波动很容易波及这些国家,美国次级抵押贷款危机爆发后,国际资本快速撤离新兴资本市场,股价迅速下跌,本币也随之贬值;另一方面,如果这些国家爆发金融危机,它们同样会影响国际金融市场的稳定,这种情况发生的可能性并非不存在。为了维护经济的安全和稳定,预计欧洲新兴市场国家在2008年会实施软着陆的经济措施,如加强银行监管、紧缩货币信贷、实施紧缩性财政政策等。

4. 独联体经济快速发展,但受到多重因素困扰

由于独联体国家具有丰富的石油和矿产资源,石油和原材料价格的上涨推动了该区域经济快速增长。出口商品价格的上升提高了国民收入,收入的提高促进了消费,在工业发展能力不足的情况下,消费成了拉动该区域经济快速增长的重要动力。不过,这也揭示了该区域经济发展的脆弱性,独联体自主发展能力不强,其经济增长同世界经济发展高度相关。事实上,美国次级抵押贷款危机对独联体国家的冲击超过任何新兴市场经济体,该区域潜在的金融风险不容忽视。IMF预计该区域2007年增长率为7.8%,2008年为7.0%。

外资快速流入构成了独联体国家的巨大隐患。独联体国家本币持续升值又保持较高的利率,因而国际资本纷纷流入这一区域。事实上,一些本国银行对外资的流入起到了推波助澜的作用,比如,俄罗斯一些银行从国际上借入美元,然后兑换成卢布,从高利率和卢布升值中获取利益。这种金融游戏的效果之一是增加货币供应量同时给通货膨胀增添新压力,效果之二是加快本币升值,这对一个国家的经济健康发展是不利的。在美国次级抵押贷款危机爆发之后,这种外资比真正的外资逃得更快,从而加剧金融风险,这也是独联体受次贷影响比较严重的原因之一。

通货膨胀是困扰独联体国家的重要问题。2006年独联体国家的消费者价格指数上升达到9.4%，预计2007年很难低于9%。国内消费需求旺盛是推动物价上涨的主要力量，但其他因素也不可忽视，事实上像乌克兰这样的国家已经出现劳动力供给紧张的局面，由此形成了成本推动型通货膨胀。石油美元收入使得一些国家有能力扩大财政支出，从而加剧需求推动的通货膨胀。

自主生产能力不足影响独联体的进一步发展。由于独联体国家工业生产能力脆弱，消费领域的商品也不能同国外商品竞争，因而，独联体国家大量进口资本品和消费品，进口增长速度远远高于出口增速。这一局面如果持续下去，必将削弱该地区的自主创新能力和生产能力，不利于长期发展。

二、印度：经济强劲增长，潜在风险不容忽视

1. 2007年印度经济分析

2007年前两季度印度经济增长分别达到9.1%和9.3%，增长速度超出预期，是新兴市场经济体增长速度最快的国家之一。不过，印度存在较高的经常项目赤字和财政赤字，证券市场同全球资本市场联系密切，潜在的金融风险不容忽视。

（1）工业增长势头强劲，但将受到高利率等因素影响。2007年印度工业生产保持旺盛的增长趋势，除6月、7月以外其他各月增速都在10%以上。工业快速增长的主要原因在于国内的强劲需求，需求直接拉动了投资的增长。另外，国际产业向印度转移也刺激了印度工业发展，2006～2007财政年度外商直接投资为180亿美元，同比增长250%。不过，印度工业发展也面临一些不利因素，为了控制通货膨胀，印度政府不断提高利率，这在很大程度上抑制了投资，本币不断升值也削弱了工业品的国际竞争能力，印度开发区的建设同当地居民发生了正面冲突。

（2）对外贸易快速增长，但贸易逆差持续扩大。2007年印度对外贸易继续保持快速增长趋势，前八个月累计出口914亿美元，同比增长21%；进口1382亿美元，同比增长33%；贸易逆差468亿美元，同比增长65%。贸易逆差持续扩大的根本原因在于国内需求的旺盛，不过，国际原油价格的上涨影响也很大，印度炼油厂所需原油的70%需要进口。在这种情况下，贸易赤字逆转的可能性并不太大。

（3）多管齐下抑制通货膨胀。通货膨胀一直是困扰印度的难题，为抑制通货膨胀，政府竭尽全力。2007年1月31日印度央行上调隔夜贷款利率25个基点至7.5%。2月13日，央行又宣布将把存款准备金率提高50个基点。与此同时，

印度政府宣布2007年禁止小麦出口、降低建材进口关税以抑制通胀。3月30日，为了进一步抑制通胀，央行将回购利率提高了25个基点至7.75%，同时也将银行存款准备金率提高了50个基点至6.5%，8月4日再次提高50个基点。截至10月6日，印度通货膨胀率（周同比批发价格指数）为3.07%，成功地将通胀控制在目标范围之内，这是印度综合利用货币政策和财政政策的效应，其做法可资借鉴。

（4）国际资本流入带来多重压力。在对外贸易出现严重赤字的情况下，印度外汇储备却不断上升，增加的外汇储备显然来自于资本项目。短期内大量资本流入说明大多数资本并非产业资本，这些资本在短期内可以弥补贸易赤字，但从长期来看对经济的健康发展未必有利，最为直接的影响是它可能严重扰乱资本市场。受到美国次级抵押贷款市场的不良影响，部分外资撤离，印度证券市场BSE 30指数从2007年7月24日的高点不断下滑，至8月17日累计下跌12.5%，其中8月16日和17日两天下跌8%。伴随欧日美为资本市场注资，印度股市也开始上扬。国际资本对印度资本市场的冲击由此可见一斑。

为了抑制国际资本的过快流入，8月7日，印度财政部规定，每家企业在每个财政年度从海外借贷的资金不得超过2000万美元，而且，借贷企业必须向印度储备银行证明它们所借的资金是进口所需，或是用在与外汇交易有关的开支项目上。面对外资大举流入及股市急升，印度政府10月17日发出咨询文件，计划限制外资机构投资当地股市。

2. 2008年印度经济展望

受国内需求旺盛的影响，2008年印度经济仍将保持快速增长趋势，但受到高利率和全球经济增长放缓的影响，增长速度有所回落，估计在8%~8.5%。物价将得到有效控制，但贸易赤字不会有明显改善，证券市场仍将受到国际资本的冲击，金融风险不容小觑。

三、俄罗斯：工业实现跨越式发展，通货膨胀再创新高

1. 2007年俄罗斯经济分析

2007年1~8月俄罗斯国内生产总值同比增长7.7%，工业生产加速，就业状况得到明显改善，但通货膨胀再创新高，出口增长乏力，证券市场受到国际金融市场的牵连，经济前景并不乐观。

（1）投资推动工业快速增长和就业的提高。2007年1~8月俄罗斯工业生产同比增长了6.6%，其中6月达到10.9%的水平，初步摆脱工业生产停滞不前的

被动局面。投资是推动工业发展的主要动力，上半年俄罗斯固定资产投资同比增长22.3%，其中6月同比增长27.2%。工业的繁荣促进了就业的快速增长，俄罗斯失业率由2006年1月的7.8%下降到2007年8月的5.7%。

（2）贸易顺差持续收窄，"荷兰病"现象需要警惕。2007年上半年受到油价回落的影响，俄罗斯出口增长速度缓慢，贸易顺差持续收窄，1~8月俄罗斯贸易顺差为823亿美元，与2006年同期相比减少了176亿美元，下降幅度为18%。8月份国际油价不断攀升，但出口增长速度并没有明显提高，仅为9.7%，而进口增长则高达39.2%，两者形成了鲜明对比。出口增速没有明显增长的表面原因在于上年同期油价已经很高，深层原因在于自主创新能力不够，出口结构单一。如果俄罗斯不改变经济增长方式，将来难以逃脱"荷兰病"的厄运。

（3）多重原因推动通货膨胀再创新高。1~9月，俄罗斯累计通胀率为7.5%，9月的通货膨胀率达0.8%，创造了2000年以来通胀率纪录。俄罗斯持续高通胀现象从经济理论上也是可以解释的。石油美元收入提高了国家和居民的收入，收入的提高必然刺激不可贸易品尤其是公共服务的需求，由于国内不可贸易品的供给是有限的，从而导致国内通货膨胀。工资增长速度过快和财政支出膨胀从成本和需求两方面加大了通胀压力。国际因素也不容忽视，尽管俄罗斯国内粮食并不短缺，但受到国际粮价上涨的影响，食品价格也大幅上升。另外，国际资本的大量涌入导致货币供应量被动快速增加也是通胀的重要原因，俄罗斯副总理兼财长明确指出，2007年物价上涨的主要原因正是货币因素。

（4）国际资本冲击俄罗斯金融市场。从整体上来看，俄罗斯卢布处于升值状态，国际资本不断流入俄罗斯。2007年上半年的资本流入量达671亿美元，而2006年全年不过409亿美元。但是，这种资本具有不稳定性，经俄罗斯中央银行核算，在美国次级抵押贷款出现问题之后，两周内俄罗斯流失了92亿美元。事实上，美国次级贷市场危机让俄罗斯股市遭受重创，尽管俄罗斯央行一周内向金融市场注入440亿卢布资金，但这笔资金并没能阻止俄罗斯股市危机的爆发。据俄罗斯金融分析人士估算，美国次级贷市场危机导致俄罗斯股市缩水至少2000亿美元，该数额约占俄罗斯国内生产总值的1/6。在这种情况下，俄罗斯金融市场出现危机征兆，俄罗斯中央银行将存款准备金率从目前的4%~4.5%降低为3%~3.5%。不过，2008年初这些资金又将交还给中央银行，降低存款准备金率的政策只实行3个月。

2. 2008年俄罗斯经济展望

2007年的部分投资将在2008年形成生产能力，预计工业将继续保持旺盛的增长势头，但本币升值将抑制商品出口，贸易顺差将继续萎缩。同时外资流入对金融市场的潜在影响将继续存在。预计2008年俄罗斯经济增长在7%左右,通货膨胀仍将维持较高水平。

四、巴西:贸易顺差收窄,降息以促进经济增长

1. 2007年巴西经济分析

自1990年以来,巴西经济一直处于低速增长,个别年份甚至是负增长,只有1994年和2004年两个年份的经济增长率超过了5%。2006年政府预期增长目标为3%,舆论一致认为不可能实现,事实上增长了3.7%。2007年上半年,巴西经济比上年同期增长4.9%,预计全年经济增长仍然会突破4.8%的政府目标。不过,巴西本币升值幅度较大,贸易顺差持续收窄,就业状况有所改善,但失业率仍然很高。

(1)降息以促进经济增长。为控制通货膨胀,巴西一直保持着较高利率,2007年1~9月,巴西消费价格指数累计上涨2.99%,预计全年通货膨胀率不会突破4.5%的目标水平。8月份失业率虽然同比降低1.1个百分点,但仍然高达9.5%。为了促进投资、繁荣工业、加快经济增长、解决就业问题,7月18日将基准利率下调0.5个百分点之后,9月5日又下调0.25个百分点,目前基准利率为11.25%。

(2)工业持续增长,前景比较看好。2007年1~7月,巴西工业产值累计增长5.1%。虽然速度不高,但前景比较看好。利率的下调将促进工业增长,与此同时,外国直接投资也在拉动工业增长,1~8月,巴西吸收外国直接投资264.8亿美元,比2006年同期101.5亿美元增长160%。巴西国家经济社会发展银行预测2007年巴西投资额将达到GDP的17.6%,2008年、2009年达到19.3%、21.1%,投资的增长必将推动工业的快速增长。

(3)贸易顺差收窄。受到本币升值以及初级产品价格涨幅回落的影响,巴西贸易顺差持续收窄。2007年1~9月,贸易顺差额为309.47亿美元,比2006年1~9月的342.1亿美元减少9.5%;1~9月出口1165.99亿美元,比2006年同期增长15.5%,进口856.52亿美元,比2006年同期增长28.3%。由于初级产品和以初级产品为原料的半制成品出口仍占较大比重,外贸绩效对国际市场和初级产品价格仍有较强的依赖性。

(4)外汇储备急剧上升。由于看好巴西增长前景,各类外资纷纷流入巴西。2007年7月16日巴西央行宣布,巴西拥有的外汇储备突破1500亿美元,达到1506.9亿美元,比2006年底增加了一倍。巴西目前的外汇储备已经超过巴西联

邦政府的中长期外债总额,后者为1450亿美元。外汇储备的上升推动了巴西货币雷亚尔的不断升值,截至7月16日,雷亚尔对美元比价上涨了近14%,为七年来最高点。

2. 2008年巴西经济展望

受到利率下调和投资增长的双重影响,预计2008年巴西经济将保持良好增长态势,增长率将在4.5%以上。同时,预计2008年巴西会进一步降低利率、加快投资、减少公共开支、降低公共债务、优化出口结构,防范金融风险。

五、罗马尼亚:经常项目赤字严重,增长能力接近极限

2007年1月1日,罗马尼亚实现多年夙愿,成为欧盟一员。从长远来看,入盟将给罗马尼亚政治、经济、社会、对外关系等多方面带来深刻影响,不过由于多种原因影响,2007年罗马尼亚的经济表现不佳,该国经济发展中存在的问题对我国有一定的启示意义。

1. 2007年罗马尼亚经济形势分析

(1)农业歉收拖累经济增长。2007年,罗马尼亚降水偏少、干旱严重,上半年主要农作物受灾面积达400万公顷,占总播种面积的2/3,其中100万公顷绝收,罗马尼亚国家预测委员会预计全年农业产值同比下降了18.6%。受此影响,2007年GDP的实际增长率将由2006年的7.8%下降到6.1%。

(2)工业生产超预期。2007年上半年,罗马尼亚工业生产总体增幅为6.1%,工业表现超过预期。工业增长的动力之一在于房地产价格不断上涨推动了建筑业和相关产业的繁荣。2007年上半年罗马尼亚建筑业同比实际增长了31.4%,超出了市场的普遍预期,也是经济增长的最主要拉动力量。建筑业在国民经济中所占比重由2006年上半年的4.1%提高到了6.7%,提高了2.6个百分点。

(3)经常项目继续恶化,金融风险需要警惕。罗马尼亚国家银行公布的数据显示,2007年1~8月,罗马尼亚国际收支经常项目赤字达102.28亿欧元,同比增长了69%,继续保持高速增长。外贸赤字的增加依然是造成经常项目巨额赤字的主要原因,达107.14亿欧元,同比增长了73.1%。其中,仅货物贸易赤字一项就高达108.64亿欧元,同比增长了69%,继续成为贸易和经常项目赤字居高不下且不断恶化的首要原因。预计2007年的经常项目赤字将达到GDP的14%,超出了国家银行11%~12%的控制目标。由于必须不断通过资本流入来弥补日益扩大的经常项目赤字,罗马尼亚政治局势动荡和国际收支严重不平衡的状况,可能使其受美国次级抵押贷款危机影响程度超过大多数中东欧国家。因此,

国际金融危机对罗马尼亚的冲击值得高度警惕。

（4）财政扩张增添通货膨胀压力。按照罗马尼亚政府2007年预算法案，财政收入和支出分别要占到GDP的39%和41.7%，意味着全年的预算赤字为GDP的2.8%。同时，2008年的赤字也将基本保持同等规模。基本建设支出和社会保障支出是罗马尼亚财政支出中两个最重要的部分，分别占到GDP的3.6%和0.4%。财政收入的主要来源为所得税和增值税，大概占到GDP的1.5%。2007年，根据加入欧盟的要求，罗马尼亚将削减财政补贴，削减规模约占到GDP的0.9%。

欧盟为各成员国设定的赤字规模上限为GDP的3%，欧委会对于罗马尼亚能否实现这一目标是持怀疑态度的，因为罗马尼亚政府对于财政收入的预期过于乐观。按照欧委会的预测，罗马尼亚今明两年的财政赤字很可能会达到3.2%。罗马尼亚政府则认为，大规模的财政支出有助于罗马尼亚完善基础设施，并使国民的福利水平与欧盟接轨。但是，这种"大跃进式"的财政支出同时也隐藏着很大风险：首先，财政支出扩大将加剧经常项目的失衡；其次，财政赤字如超出GDP的3%，罗马尼亚将无法达到关于加入欧元区的财政赤字标准；最后，财政赤字扩大有可能会引发通货膨胀。

上述最后一点给罗马尼亚带来的后果可能最为严重。应该说，罗马尼亚治理通货膨胀的成果来之不易，强劲的国内需求和周期性的财政政策将使进口不断扩大，进而再次引发通货膨胀。由最低工资大幅度上涨和公共部门连续三轮上调工资引发的价格上涨很容易传导至商品价格上，从而形成全面通货膨胀。

罗马尼亚国家预测委员会预计，到2007年底，罗马尼亚通货膨胀率将达到6%，比原先的预期上调了1.5个百分点，同时也高于罗马尼亚国家银行预计的5.7%的水平。

（5）就业情况改善，但经济增长可能接近极限。截至2007年6月30日，罗马尼亚全国人口总数约2160万；登记就业人员总数为474万，比2006年同期增加了13万人，增幅近2.8%；失业人数为35.5万，失业率为4%，创最近15年来的新低。上次失业率在4%以下的时间为1992年4月，当时的失业率为3.9%；2006年同期登记失业率为5.2%。

就业的改善得益于经济的快速增长，以建筑业为例，快速的发展使罗马尼亚建筑业不得不面临劳动力短缺问题。罗马尼亚当前工业领域需要20万~30万名工人，建筑公司即使愿付欧盟水平的工资，也很难找到合格的建筑工人。这意味着罗马尼亚目前已经非常接近其经济增长的极限，如果经济增速超过了罗马尼亚的潜在增长率，将会引发较大的通货膨胀压力。

2. 2008年罗马尼亚经济展望

2007年是罗马尼亚加入欧盟后的第一年,由于盟内贸易关税的取消和统一市场的建立,罗马尼亚自欧盟进口大量增加而出口却增长迟缓,加之本币的强烈升值,贸易及经常项目逆差均大幅增长;由于缺乏可行性项目,对欧盟资金的吸纳有限,上半年自欧盟获取拨款低于向欧盟缴纳的会费数额;劳动力成本的提高导致了传统的来料加工工业的日渐萎缩和转移;实施欧盟严格的环境、卫生法规致使部分企业不堪重负,破产或转产;政党斗争此起彼伏,政府重组,总统遭弹劾,在野党对政府提出不信任案,部分领域改革有所放缓,司法、农业等领域改革达不到欧盟要求。有专家分析认为,到目前为止,罗马尼亚入盟后的经济成本和社会成本高于所得收益。预计2008年上述状况不会有明显好转,预计明显经济增长低于2007年,在6%左右。

3. 对我国的启示

通过上文分析可以得到如下启示:首先,农业是国民经济的基础,为了实现我国经济又好又快的发展,我们必须加强和巩固农业的基础地位;其次,扩张性财政政策是形成通胀的重要原因,在目前物价急剧上涨的情况下我国需要研究财政政策的调整问题;最后,劳动力同资本一样是影响经济增长的关键因素,我国经济增长应当充分考虑劳动力供给因素。

评注:每年秋季单位都会组织撰写《中国与世界经济发展报告》,本文是其中一篇,2007年12月12日先刊登于《经济预测分析》,2008年1月再由社会科学文献出版社出版。这种形势跟踪和国别研究对预测危机具有重要意义,正是在逐一研究欧洲各新兴市场国家时才发现他们普遍存在的问题,经常项目严重赤字、房价高企、本币升值以及资本项目具有大量盈余,稍具经济学常识便可以预测到其金融危机的必然性。

8. 从"二战"后全球经济的两次扩张看世界经济发展趋势及我国对策

粗略看来,"二战"后全球经济经历了两次扩张。第一次扩张是在20世纪50年代初到1973年,这一时期是西方发达国家持续高速发展的"黄金时代",之后1974~1982年步入"滞胀"时期;第二次扩张始于2003年,美国及以中国为代表的新兴市场国家引领了全球经济的增长。但是,美国次贷危机发生后,全球经济扩张势头放缓,世界经济前景疑云密布。

对比这两次经济扩张,不难发现诸多相似之处,如货币过度扩张引起通货膨胀,粮食减产引发物价上升,能源、原材料等大宗商品价格持续上涨导致生产成本上升等。笔者认为,未来世界经济将面临20世纪七八十年代滞胀时期以来最严峻的形势,我国在经过几年高增长之后也将面对新的挑战。如何从历史中汲取经验以应对滞胀的出现,是急需解决的问题。

一、"二战"后生产和资本扩张的特征及后果

1. "二战"后生产和资本扩张的特征

(1) 第三次科技革命优化了产业结构,但伴随着结构性失业。与此同时,西方发达国家在原子能、电子计算机、微电子技术、航天技术、分子生物学和遗传工程等领域取得重大突破,标志着第三次科技革命的到来,技术进步优化了产业结构,农业、钢铁、采矿、纺织等传统工业在国民经济中的比重下降。但许多未经专业培训的年轻劳动力和从传统工业中剥离出来的熟练工人,却难以填补新兴工业和新兴第三产业职位的空缺,从而形成结构性失业。

(2) 长期的信用和财政膨胀扩大了社会总需求,通胀压力逐步增加。银行信贷在战后经济发展之初就一直为各国所重视,一方面,信贷促进了生产和消费的繁荣;另一方面,也埋下了通胀的根源。1950~1959年,美国商业银行私人信贷年均增长9.7%,经济增长率为3.1%;1960~1969年,私人信贷年均增长

10.1%，经济增长率为4.3%。1970～1973年，私人信贷年均增长12.7%，而经济增长率仅为2.8%。英国、法国等其他发达国家同样存在类似的现象。与私人信贷相仿，西方国家货币供应量的增长也呈现出加快的趋势，20世纪60年代还基本与经济增长率一致，70年代则大幅超过了经济增长率。货币供应量与实际财富决定的货币需要量日渐脱节，通胀压力增大也就在情理之中了。

另外，受凯恩斯理论的影响，西方国家"二战"后都增大了财政开支。以美国为例，1965年美国在越南军事行动的升级大大增加了军事支出，同时，又积极实施"伟大社会计划"（包括公共教育与城市重新建设基金），财政支出快速增加。巨大的财政扩张引起美国物价上涨并使得经常项目盈余急剧下降。货币和财政政策的双扩张扩大了社会总需求，导致20世纪60年代末美国通胀率接近6%，同时伴随着美元的贬值，为以后的滞胀埋下了伏笔。

（3）产能急剧扩张之后出现过剩，西方世界因设备利用率降低而走向衰退和停滞。这一时期西方国家工业生产能力急剧扩张，尤其是战后崛起的日本，年均增长率一直保持两位数。但随着工业生产的快速发展，各国产能过剩现象越来越严重，设备利用率普遍降低。英国问题最为严重，1966～1977年为44.4%，1971～1980年又下降到34.8%，近2/3的机器设备处于闲置状态。设备利用率降低直接导致利润率的降低，从而把西方发达国家从长期的经济繁荣期推向了长期经济衰退和停滞阶段。20世纪70年代后期，西方国家的钢铁工业普遍出现1929危机以来从未有过的大幅下降，美国钢产量减少45.7%，英、法两国的钢产量降幅超过1929年的危机。

（4）要素供给紧张但货币流动性充裕，通胀预期由此形成。预期的形成并非无中生有，其客观基础是生产要素价格的上涨和货币供给的增加。随着生产的扩张，各种投入要素的供给日趋紧张，价格趋升。同时，随着金融体系中流动性的充裕，1968年欧洲美元急剧膨胀，1969年各经济主体的通胀预期开始出现，工会不断要求提高工资，工资上涨预期变为现实之后又进一步强化物价上涨的预期，从而形成了恶性循环。

（5）粮食歉收，粮价上升成为通胀的先导。第一次石油危机之前，1972年自然灾害席卷全球，世界粮食总产量比1971年减少2.9%，1974年世界粮食再次减产。第二次石油危机出现之前的1978年，再次出现世界粮食短缺。由于粮食供应不足，粮食价格上涨幅度较大，成为推动各国居民消费价格上涨的重要因素。例如，1973年和1974年，美国食品和饮料价格涨幅分别达到13.2%和13.7%，1978年和1979年涨幅分别为9.7%和10.7%。

2. "二战"后生产和资本扩张的后果

（1）西方发达国家步入滞胀。在欧美发达国家产能过剩的情况下，一方面，国内市场不足以消化过剩产能,而在国际市场上,由于亚非拉等发展中国家收入较低且增长缓慢,无法通过增加进口形成对发达国家产品的有效需求,西方国家经济增长由此停滞;另一方面,布雷顿森林体系崩溃过程中及崩溃后,国际货币体系进入无序状态,国际流动性的充裕使得各经济主体形成通胀预期,价格向下调整受到极大制约,从而首次出现经济增长停滞与通货膨胀共存的现象,即滞胀。

(2) 国际产业转移促进了东南亚崛起,但欧洲经济长期停滞不前。欧美发达国家面对国内生产成本高昂和产能过剩,只能将产业转移到第三世界国家,东南亚制造业由此崛起。1965~1990 年,亚洲四小龙的出口在国际市场上的份额由 1.2% 增加至 6.4%,此后该比例继续上升,扭转了长期以来发展中国家出口初级产品、发达国家出口产成品的国际贸易格局。

不过,产能过剩和海外投资的扩张直接导致欧洲制造业衰落,第三产业在国民经济中的比重逐渐上升。但是,这种上升是因为制造业的衰落而非第三产业的兴起,第三产业并没有创造出额外的就业机会,经济长期停滞不前和失业率高企成为欧洲经济长期挥之不去的阴影,2006 年欧元区失业率为 8.3%,德国 2007 年 1 月的失业率高达 10.2%。

(3) 美国信息技术投资提高了劳动生产率,成为推动全球经济增长的重要力量。在经过衰退和低速增长之后,美国再次通过技术进步促进经济增长。1990~1999年,美国加大技术创新力度,在信息处理、软件上的投资占所有非住宅投资的比重从 28% 增加到 35%。信息技术投资的加速直接提高了电子设备和计算机产业的劳动生产率,而传统制造业和服务部门的信息化改造也促进了投资的增加和生产率的提高。因此,从 20 世纪 90 年代到现在,美国在劳动生产率提高的同时失业率一直呈下降趋势,这同欧洲形成了鲜明对比。现代经济增长理论指出,技术进步是推动经济增长的内生力量,作为一次技术革命,信息技术在其泡沫成分破灭之后仍然是推动经济增长的重要力量。

二、21 世纪初经济扩张的特征

1. 低利率政策促进了房地产繁荣和消费膨胀,两者共同推动了美国经济增长

2003 年以来,全球经济进入新一轮的扩张,同上一轮相比,除信息技术之外,本轮经济扩张没有明显的技术进步因素,而同宽松的货币政策密切相关。从 2001 年 1 月开始,美联储以前所未有的速度降低了借款成本,在一年内先后 11 次降低短期利率,从 6.5% 降到了 1.75%,并且在 2002 年 11 月和 2003 年 6 月又降了 0.75%。在低利率政策的推动下，美国房价急剧上升。据 Freddie Mac 计算，整个 20 世纪 90 年代美国房价涨幅为 46.5%，但是 21 世纪前 6 年就上涨了 59.8%。在这种情况下，房产拥有者财富随之上涨，部分人以此为抵押再次向银行借贷，然后投资于房地产，房地产投资本身成为推动美国经济增长的重要推动力。2000～2004 年，美国 GDP 年均增长率为 2.5%，房地产支出约占 GDP 增长的 1/3，如果没有房地产支出对 GDP 增长的贡献，这五年美国 GDP 增长的平均速度只有 1.7%。

房价上升的财富效应导致消费膨胀。根据美联储的估算，美国家庭把房地产增值收益的 50% 用于消费支出。目前，美国消费占 GDP 总额的 70% 以上，成为这轮美国经济增长的主要推动力，也对其他国家创造了庞大的外部需求，为其提供了广阔的出口市场并成为拉动全球经济增长的重要力量。

2. 新兴市场经济体为全球经济增长做出了突出贡献，但货币政策执行的难度加大

上轮经济扩张导致东南亚经济崛起，本轮的特点则是新兴市场经济体为全球经济增长做出了突出贡献。新兴市场经济国家根据经济增长的外部原因大致可以分为两类，一类是以俄罗斯和巴西为代表的国家，这类国家从石油、铁矿石等大宗商品的价格上涨中受益；另一类是以中国和印度为代表的国家，这类国家从国际产业转移和全球化中受益。由于看好新兴市场经济体发展前景，大量国际资本流入，外汇储备急剧增长、本币升值压力不断加大，外汇储备激增导致货币供应量被动增加，从而带来巨大的通胀压力，新兴市场国家货币政策执行的难度随之加大。

在开放经济中，外汇储备（FX）、国内银行信贷（DC）和货币供应（MS）存在如下关系：

$$FX + DC = MS$$

即货币供给等于中央银行持有的外汇储备加上银行体系提供的国内信贷。换言之，一国货币供给的变化等于外汇储备的变动加上国内信贷的变动。

在原有的强制结售汇体制下，企业出口创汇收入必须要出售给商业银行，获得相应的人民币收入，形成企业在商业银行的存款（一般情况下划归 M2），从而扩大了商业银行信贷扩张的能力，同时由于商业银行在央行的存款准备金增加，也造成基础货币扩张。央行为了冲销这部分新增的基础货币，可以通过向商业银行出售央行票据回笼资金。而商业银行持有的央行票据虽然也是商业银行资产的一部分，但是和央行存款准备金不同，央行票据并不是基础货币，也不具备乘数扩大的功能。通过冲销操作，央行虽然回笼了部分基础货币，但是，企业外汇收入转换成的人民币收入（即企业存款）作为商业银行的负债，却已进入经济体系中，这一部分资金是无法通过央行的操作予以消除的。因此，即使央行的操作可以在相当大的程度上控制基础货币，但是对由外汇储备增长导致货币供应量的被动激增却束手无策。

另外，某些出口激增的需求将导向对国内生产或提供的商品或服务，即非贸易品的需求。它们包括交通、建筑、电力、公共设施和服务等。由于非贸易品的供给是有限的，较高的需求会导致较高的非贸易商品的价格。以罗马尼亚为例，快速的发展使得建筑业蓬勃发展，该行业需要20万~30万名工人，但建筑公司即使愿付欧盟水平的工资，也很难找到合格的建筑工人。我国也面临类似问题，2007年11月耐用消费品价格上涨仅为0.9%，但家庭服务及加工维修服务价格上涨9.1%。另外，贸易部门同样需要非贸易部门提供的服务尤其是生产性服务，这种联动机制也将推动物价上涨。对于此类物价上涨，单纯的货币政策也难以奏效。

3. 宽松的货币政策导致全球流动性过剩，资产、能源与大宗商品价格上涨

由于美国、日本和欧元区三大主要经济体多年实行宽松的货币政策，全球流动性过剩问题日益严重。与此相伴的是资产、能源与大宗商品价格上涨，尽管价格上涨的原因并不唯一，但流动性过剩的影响是不可低估的。以住房为例，流动性过剩推动了全球房价上涨，房价上涨导致房产信贷膨胀，信贷本身又创造了大量货币，流动性过剩随之加剧，然后再进入下一轮循环。同时，房地产业的过快扩张带来其产业链条上游产业的繁荣，而这些产业绝大多数是高耗能产业，这些产业的快速增长间接推动了能源与大宗商品价格的上涨。

三、两次经济扩张的启示以及我国的政策选择

1. 两次经济扩张的启示

（1）货币的过度增加和生产过剩引发滞胀，宏观政策面临挑战。通过上文分析可以看出，信用扩张导致货币供应量增长率提高是两轮经济增长的共同特征。西方货币理论的一个基本观点是：货币供应量增长率提高在短期内可以提高经济增速，但在长期内只能提高价格总体水平。以食品和能源价格为先导，通胀正在全方位蔓延，2007年11月美国CPI同比上涨4.3%，生产者价格指数上涨7.2%，2007年全年的批发价格上升6.3%，为1981年以来的最大年度升幅；欧盟统计局数据则显示，11月欧元区CPI较2006年同期上升3.1%，创下了自1997年1月该数据有记录以来的最高水平。另外，新兴市场国家通胀也在加剧，

2007年11月，越南通胀指数高达10%，印度尼西亚为6.71%；2007年俄罗斯通货膨胀率已达到11.9%。

面对多年来积累起来的过量流动性，2008年全球通胀压力将进一步加大。而经济增长方面，目前世界各国都下调2008年经济增长率，美国作为次贷危机重灾区前景堪忧。美国消费市场高达10万亿美元，经济增速一旦明显放缓，新兴市场国家的外部需求将遭受打击。中国和印度这两个最大的新兴市场国家，消费不到2万亿美元，很难替代美国减少的消费。更何况欧洲的经济前景也受到美国次贷危机的严重拖累，其进口需求也将大幅减少。在此背景下全球产能过剩可能重现，滞胀压力逐步显现。

一旦经济陷入通货膨胀与增长停滞并存的所谓滞胀局面，宏观政策将面临无计可施的尴尬局面。如果实施扩张性政策，必然会加大通货膨胀压力；如果实施紧缩性政策，又会打击本来业已不振的经济。正因在滞胀环境中传统的宏观政策难以奏效，所以20世纪西方发达国家经历了漫长而痛苦的滞胀调整期。近来美国和一些欧洲国家的央行已进入这种政策抉择的两难境地。次贷危机开始影响经济基本面，但同时，能源、食品等商品价格又大幅上升，央行只能采取微调或观望态度，可以说，欧美滞胀苗头初现，目前美国通胀率高于经济增长率的现象说明滞胀正在由可能转化为现实。

（2）两次扩张都伴随粮食和能源价格上涨，这一现象可能并非巧合。随着经济的扩张，能源价格必然上涨。20世纪爆发了两次石油危机，结束了发达国家长期的经济繁荣。这轮石油价格的上涨也在不断增大各国的通胀压力。值得关注的是，除了能源价格上涨，在这两次扩张的顶峰都出现了粮食减产和价格上涨。这是巧合还是必然？

近年来大量研究表明：粮食产量增势递减可能与同期气候变化有关，石油和煤炭等能源过度消耗、二氧化碳大量排放，由温室效应引发的全球气候变暖导致水分循环加强，旱涝灾害天气频率增加。美国与菲律宾农业研究部门联合研究的资料显示，气温每上升1摄氏度，粮食产量将减少10%。1970年至21世纪初，地球平均气温上升了0.6摄氏度，气温最高的4个年份中，有3年出现了谷物减产。

尽管2006年、2007年世界粮价已有很大涨幅，但种种迹象表明仍有走高趋势。首先，美元本位下美元贬值将不可避免地推动商品价格上涨，粮价同样如此。其次，粮食供应存在很大的不确定性。目前国际粮食库存非常低，仅为总使用量的15%左右，大大低于1990年以来27%的平均水平，大致与1972~1973年持平，当时随之而来的是1974~1975年粮食价格涨幅超过100%并爆发全球性的粮食危机。再次，未来生物燃料行业对玉米的需求仍将增长，这将在未来继续推高玉米价格，从而推动其他粮食如小麦、大豆等价格走高。最后，粮食出口将受到各国抑制，一些国家已经或准备采取限制粮食出口的措施。

恰恰在经济扩张时期，能源消耗和温室气体的排放最严重，能源价格也大幅上涨。2007年灾害依然频繁，全球粮食产量相当不乐观；2008年由于拉尼娜飓风天气影响，阿根廷和巴西南部主要玉米作物产区可能再度面临严峻考验。因此，如何看待经济增长与环境保护，从而在保护环境中实现经济的长期可持续发展是必须正视的一件事情。

(3) 受次贷危机影响，欧美经济前景堪忧。经济体系与金融体系是一个有机整体，考虑次贷的损失不能只估计次贷市场可能或将要发生的损失，还必须要考虑各经济部门所受的影响。以纽约市为例，在次贷市场日益恶化的情况下，美国华尔街金融机构已裁员10多万人，影响到纽约的税收和其他行业的就业。曼哈顿研究所2007年12月11日发布报告指出，华尔街每失去一个工作岗位，纽约就会同时失去两个工作岗位。事实上，次贷危机影响的人群已经不限于低收入群体，正在向正常甚至高收入人群蔓延，与此相应，正常房贷、车贷、信用卡等传统的信贷领域违约率也开始上升。美联社12月公布的分析报告表明，美国消费者信用卡违约率正以两位数的速度迅速攀升，其中拖欠还款90天以上的账户增幅最大。

尽管目前欧盟金融市场动荡的消极影响基本上被控制在金融行业，但有迹象表明，其他经济部门也开始受到影响。银行不仅相互间不愿拆借，而且也收紧了对非金融行业和家庭购房等消费的放贷条件，使得非金融行业和家庭消费面临越来越严重的贷款困难。在这种情况下，欧盟经济前景自然难以乐观。

(4) 如果外部需求减弱，我国产能过剩的压力将加大。在其他主要经济体相继拉起警报的情况下，中国经济能否独善其身？考虑到中国经济较强的开放性和内需的相对弱势，形势不容乐观。首先，从出口来看，中国贸易顺差国为美国和欧盟，而对日韩和亚洲新兴经济国家都是逆差；其次，从国内需求来看，拉动经济增长的主要是投资，尤其是与钢铁、水泥等与房地产行业相关的投资，以及与出口密切相关的一些行业的投资。

一旦出口需求下降变为现实，过剩的生产能力势必导致相对于需求不足的供给过剩。与此同时，多年大幅贸易顺差形成的外汇储备和超额货币供给所形成的流动性过剩，将在较长时期内对物价造成持续的压力。这两方面因素共同作用，中国可能遇到从未遭遇的难题——滞胀。即相对于前几年的高增长与低通胀，中国经济的增速将会放缓，同时物价呈上升趋势。需要指出的是，与20世纪改革开放后的几次通胀不同,由于供给的充裕和消费需求的不足,这次通胀在幅度上不会达到1993年、1994年通胀的水平;而且由于我国尚处发展初期,经济增长动力较强,增长速度放缓但不至于停滞,这是我国的特殊之处。

2. 政策建议

面对严峻的国际形势,中国宏观经济目前虽然尚好,但应防患于未然,抢在滞胀发生之前采取有效政策,尽可能将影响降到最低。长期而言,降低工薪阶层个人所得税负担、完善社会保障体系有助于增加城乡居民实际收入、扩大内需,在长期价格水平缓慢上涨的同时,城乡居民的收入和消费能够稳步增长,从而实现我国经济、社会的长期可持续发展,但针对目前的物价上涨、产能过剩的潜在压力以及复杂的国际经济环境,我们需要采取以下措施以避免经济的剧烈波动。

(1) 实施紧缩性货币政策。货币供应增速高于经济增长速度在短期内未必导致物价上涨,但最终将导致通货膨胀。紧缩性货币政策可以挤出经济中的泡沫成分,防止经济的非理性繁荣,避免滞胀的出现。首先,要加强中央银行的窗口指导功能,加强风险提示,收缩信贷规模,提高贷款质量,降低银行风险;其次,在窗口指导没有达到预期目的的情况下,继续上调存款准备金率;最后,在前两项政策均没有达到预期的情况下,尽快加息、并形成加息预期。我国利率政策不应过分考虑中美利差因素,我国银行存在定期不符合国际资本的特点,2007年我国外汇储备急剧增加,但存款尤其是定期存款增幅是下降的、某些月份甚至是负增长的,这说明国际资本并非获取微不足道的存款利息,而是另有所图。

(2) 实施反周期的财政政策,优化财政支出结构。财政政策作为反经济周期的重要手段,在经济处于高速增长阶段应减少用于投资、消费等方面的支出以避免总需求进一步膨胀,从而减轻物价上涨压力;在经济处于低迷时期则应反向操作。当务之急是优化财政支出结构,为落实科学发展观提供物质保障,例如,加大对节能减排、高新技术研发以及民生领域的支持力度等,从长远来看,这种财政支出对经济和社会的发展是有利的,从短期来看也有抑制物价上涨的功效,例如,节能减排支出可以降低企业生产成本,廉租房支出可以抑制房价过快增长。

(3) 弱化人民币升值和资产价格上涨预期,加强资本管制。近年来一种广为流行同时看似合理的观点是人民币应该逐年小幅升值,这种做法实际上是提高了无风险预期收益率,现代金融理论和实践表明,无风险预期收益率的提高必然会吸引过多的投资。炒作资产是国际游资的本性,为了减少国际游资的流入我们应该降低资产价格上涨的预期,同时应加强资本管制,防范游资的流入。

(4) 继续调整出口和外资政策,同时积极实施"走出去"战略。货币供应量被动增长是当前货币政策失灵的重要原因，原因在于对出口和外资优惠政策调整的滞后。2007年我们已经出台了一些政策，笔者认为仍有继续调整的空间，避免外资过度流入和由此诱发的贸易顺差过快增长。

与此同时，我们应该以积极的态度化解外汇储备压力，积极实施以企业为主体的"走出去"战略。美国次贷危机源于家庭和个人过度负债，但非金融企业却不存在这样的问题，同时企业的核心竞争力在于技术和人力资本以及管理经验，三者并没有受到次贷冲击，基于这种判断，美国企业的基本面依然较好、经济的自我恢复功能仍然是很强的。因此，笔者认为，在美国股票已经大幅下跌的情况下，美国企业具有较高的投资价值，相关部门应当加强对此研究，以免错失良机。

（5）以环保和节能标准为依据，尽快关停并转高污染、高耗能的落后产能。为了避免产能严重过剩的出现，我们应当尽快关停并转高污染、高耗能的落后产能。在市场经济条件下，应当充分发挥市场调节的功能，以科学发展观为指导，以环保和节能标准为依据，以财政补贴为手段，尽快淘汰落后产能。

评注：本文成文于2008年元旦，2月22日刊登于《经济要参》，当时急于从不同角度阐述世界经济面临的风险，文章显得比较散乱，何玉兴主编不仅没有嫌弃反而用作特稿并让我们撰写卷首语，先生积极提携后学之精神令人难以忘怀。2007年末，我们在研究方法上开始秉承经济学大师熊彼特的理念，即综合采用经济理论、经济统计和经济史探索经济发展规律，本文是第一次尝试，在随后的研究中，我们一直坚持这一方法并强调历史分析。本文政策建议非常薄弱，在危机来临之前应采取什么样的防范措施我们至今依然困惑。

9. 世界经济将面临三十年来最严峻形势

在经济内生增长能力很强的情况下,西方国家不仅继续实行扩张性财政政策,而且执行扩张性货币政策。1950~1959年,美国商业银行私人信贷年均增长9.7%,经济增长率为3.1%;1960~1969年,私人信贷年均增长10.1%,经济增长率为4.3%。1970~1973年,私人信贷年均增长12.7%,而经济增长率仅为2.8%。英国、法国等其他发达国家同样存在类似的现象。与私人信贷相仿,西方国家货币供应量的增长也呈现出加快的趋势,货币供应量与实际财富决定的货币需要量日渐脱节,通货膨胀压力逐步增大也就在情理之中。

技术进步以及扩张性的财政、货币政策促使西方国家工业生产能力急剧扩张,但随着工业生产的快速发展,各国产能过剩现象越来越严重,设备利用率普遍降低。其中,英国问题更为严重,1966~1977年为44.4%,1971~1980年又下降到34.8%,近2/3的机器设备处于闲置状态。设备利用率降低直接导致利润率的降低,从而把西方发达国家从长期的经济繁荣期推向了长期经济衰退期。20世纪70年代后期,西方国家的钢铁工业普遍出现1929年危机以来从未有过的大幅下降,美国钢产量减少45.7%,英、法两国的钢产量降幅超过1929年的危机。

在欧美发达国家产能过剩的情况下,一方面,国内市场固然不足以消化过剩产能,而在国际市场上,由于亚非拉等发展中国家收入较低且增长缓慢,无法通过增加进口形成对发达国家产品的有效需求;另一方面,布雷顿森林体系崩溃过程中及崩溃后,国际货币体系进入无序状态,国际流动性的充裕使各经济主体形成通胀预期,价格向下调整受到极大制约,从而首次出现经济增长停滞与通货膨胀共存的现象,即滞胀。

面对国内生产成本高昂和产能过剩,欧美发达国家只能将产业转移到第三世界国家,亚洲四小龙由此崛起。但产能过剩和产业国际转移直接导致欧洲制造业衰落,第三产业在国民经济中的比重逐渐上升。由于这种上升是因为制造业的衰落而非第三产业的兴起,第三产业并没有创造出额外的就业机会,失业率高企成为欧洲经济长期挥之不去的阴影。2006年欧元区失业率为8.3%,德国2007年

1月的失业率高达10.2%。

在经过衰退和低速增长之后，美国再次通过技术进步促进经济增长。1990~1999年，美国在信息处理、软件上的投资占所有非住宅投资的比重从28%增加到35%，信息技术投资的加速直接提高了电子设备和计算机产业的劳动生产率，而传统制造业和服务部门的信息化改造也促进了投资的增加和生产率的提高。因此，从20世纪90年代到现在，美国在劳动生产率提高的同时失业率一直呈下降趋势，这同欧洲形成了鲜明对比。

2003年以来，全球经济进入新一轮的扩张，同上一轮相比，本轮经济扩张没有明显的技术进步因素，而同宽松的货币政策密切相关。从2001年1月开始，美联储以前所未有的速度降低了借款成本，在一年内先后11次降低短期利率，从6.5%降到了1.75%，并且在2002年11月和2003年6月又降了0.75%。在低利率政策的推动下，美国房价急剧上升。据Freddie Mac计算，整个20世纪90年代美国房价涨幅为46.5%，但是21世纪前6年就上涨了59.8%。

房价上升的财富效应导致消费膨胀。根据美联储的估算，美国家庭把房地产增值收益的50%用于消费支出。目前，美国消费占GDP总额的70%以上，成为这轮美国经济增长的主要推动力，也对其他国家创造了庞大的外部需求，为其提供了广阔的出口市场并成为拉动全球经济增长的重要力量。全球经济快速增长直接导致能源和原材料等大宗商品价格的上涨，这又进一步促进了能源和原材料出口国的经济增长。但是次贷危机的爆发和蔓延，首先使欧美经济遭受打击，之后将波及新兴市场国家，影响这些国家的出口，从而可能终结这轮全球经济扩张。

有分析认为，相对于顶峰时期的价格，美国房价估计要减少25%才能达到较为合理的价位，而目前才跌了6%，因此，未来几年美国房价还将继续走低，美国金融机构与房贷相关的最终损失可能数倍于现在已经披露的数额。另外，经济体系、金融体系是一个有机整体，考虑次贷的损失不能只估计次贷市场可能或将要发生的损失，还必须要考虑各经济部门所受的影响。曼哈顿研究所2007年12月11日发布报告指出，华尔街每失去一个工作岗位，纽约就会同时失去两个工作岗位。覆巢之下，焉有完卵？美国整个经济同样如此。次贷危机影响的人群已经不限于低收入群体，正在向正常甚至高收入人群蔓延，与此相应，正常房贷、车贷、信用卡等传统的信贷领域违约率也开始上升。美联社12月公布的分析报告表明，美国消费者信用卡违约率正以两位数的速度迅速攀升，其中拖欠还款90天以上的账户增幅最大。

尽管目前欧盟金融市场动荡的消极影响基本上被控制在金融行业，但有迹象表明其他经济部门也开始受到影响。银行不仅相互间不愿拆借，而且也收紧了对非金融行业和家庭购房等消费的放贷条件，使非金融行业和家庭消费面临越来越严重的贷款困难。在这种情况下，欧盟经济前景自然难以乐观。

如前所述，信用扩张导致货币供应量增长率提高是两轮经济增长的共同特征。西方货币理论的一个基本观点是：货币供应量增长率提高在短期内可以提高经济增长率，但在长期内只能提高价格总体水平。以食品和能源价格为先导，通胀正在全方位蔓延，2007年11月美国CPI同比上涨4.3%，生产者价格指数上涨7.2%，欧盟统计局数据则显示，2007年11月欧元区CPI较上年同期上升3.1%，创下了自1997年1月该数据有记录以来的最高水平。另外，新兴市场国家通胀也在加剧，2007年11月，越南通胀指数高达10%，印度尼西亚为6.71%；截至2007年12月10日，俄罗斯年通货膨胀率已达到11.1%。面对多年来积累起来的过量流动性，2008年全球通胀压力将进一步加大。而经济增长方面，目前世界各国都下调2008年经济增长率，美国作为次贷危机重灾区，前景堪忧。美国消费市场高达10万亿美元，经济增速一旦明显放缓，新兴市场国家的外部需求将遭受打击。中国和印度这两个最大的新兴市场国家，消费不到2万亿美元，很难替代美国减少的消费。更何况欧洲的经济前景也受到美国次贷危机的严重拖累，其进口需求也将大幅减少。在此背景下全球产能过剩可能重现，滞胀压力逐步显现。

一旦经济陷入通货膨胀与增长停滞并存的所谓滞胀局面，宏观政策将面临无计可施的尴尬局面。如果实施扩张性政策，必然会加大通货膨胀压力；如果实施紧缩性政策，又会打击本来业已不振的经济。正因在滞胀环境中传统的宏观政策难以奏效，所以20世纪西方发达国家经历了漫长而痛苦的滞胀调整期。

近来美国和一些欧洲国家的央行已经进入这种政策抉择的两难境地。次贷危机开始影响经济基本面，但同时，能源、食品等商品价格又大幅上升，央行只能采取微调或按兵不动的观望态度，可以说，欧美滞胀苗头初现。面对严峻的国际形势，中国宏观经济虽然尚好，但应防患于未然，抢在滞胀发生之前采取有效政策，尽可能将影响降到最低。

评注：本文2008年2月18日刊登于《中国证券报》前沿视点栏目。电子邮件显示，稿件发出后不到两分钟便收到回复，效率之高令人惊叹。同时，杨光编辑还给换了一个颇具震撼力的标题同时以醒目的字体放在醒目的位置，只不过当天股市仍然大幅上涨。之后，我们的研究转向了如何应对这场随时可能造访且会持续多年的危机。

第二篇

化危为机篇

10. 当前世界经济困境成因、发展趋势及我国政策取向分析

"观今宜鉴古，无古不成今"。然而，"由于缺乏历史的眼光，常常导致分析家们断言：这是一个与众不同的时代。"基于这一理念，西方主流经济学者对世界经济形势做出了错误的判断，导致发达国家处于"身后有余忘缩手，眼前无路想回头"的尴尬局面。本文以成熟的经济周期理论为指导、以历史规律及统计数据为依据，分析当前世界经济困境成因、发展趋势及我国经济政策选择。

一、当前世界经济困境的周期性因素

1. 低利率和宽松的信贷政策是本轮经济繁荣的推动力，也是当前金融危机的根源

奥地利经济学派的第二代领袖、诺贝尔奖获得者哈耶克，在 1928 年就提出了货币与经济周期理论。在哈耶克和奥地利学派看来，当央行将短期利率定得太低并允许信贷人为扩张的时候，企业会高估能长期生存的投资的价值，并造成由投资引导的繁荣，从而造成过度投资，进而在金融市场上催生资产价格泡沫。而且，由投资引导的繁荣也将播下自己毁灭的种子，它们将以通货膨胀、破产、资本支出锐减、资产价格泡沫破裂、金融与经济危机而告终。古老的经济周期理论仍然可以解释现代经济现象，本轮金融危机中，能长期生存的投资表现为住房及其产业链条上的投资。

众所周知，新经济泡沫破灭之后，美联储以前所未有的速度降低了借款成本，在低利率政策和美联储宽松的信贷政策推动下，美国房价急剧上升。

与此同时，房价上升的财富效应导致消费膨胀，并为其他国家创造了庞大的外部需求，进而拉动了全球经济增长。同时，货币流动性过剩和全球经济快速增长直接导致能源和原材料等大宗商品价格的上涨，这又进一步促进了能源和原材料出口国经济增长。但是，本轮经济周期以次贷危机的爆发和蔓延而告终，而次

贷危机产生的原因正是低利率和宽松的信贷政策。

2. 财政反周期政策的逆向操作促进了经济增长，但滋生了通货膨胀

财政政策作为反经济周期的重要手段，在经济处于高速增长阶段应减少经营性支出以避免总需求进一步膨胀，从而减轻通胀压力；在经济低迷时期则应反向操作。但是，各国在本轮经济繁荣乃至泡沫出现阶段都做了逆向操作，不论是美国还是新兴市场国家，财政支出都以较快的速度增长并保持高额财政赤字。

经济理论与实践表明，扩张性的财政赤字政策是引发通胀的重要原因。正是基于这一认识，我国把收支平衡、略有结余的方针作为基本财政政策。从1950年建立新中国的国家预算到1978年，我国有19年有效贯彻了这一政策。与此形成鲜明对比的是，在随后的29年间，我国只有3年出现少量盈余，其余年份均为赤字。虽然我国当前通货膨胀成因是多方面的，但连年财政赤字的累积影响同样不可低估。

3. 收入分配不平等是本轮金融危机的重要原因

消费不足理论是最古老的经济周期理论，其观点之一是：收入分配的不平等是终止经济扩张的原因。在次贷危机中表现为美国低收入者丧失还款能力，从而导致富人聚集的华尔街全面爆发金融危机。

这一问题至少可以追溯到20世纪70年代，为摆脱滞胀状态，资方和管理层不断压低工人工资。80年代，里根政府出台相关法案帮助雇主削弱工会力量，并于1981年解雇"专业空运管理组织"中13000名罢工成员，从此工会的力量无足轻重。1974年，制造业部门中加入工会的工人大约占38.8%，到了1995年下降到17.6%，而资方和管理层的力量变得更为强大，一线工人和非管理人员及资方的收入差距不断拉大。在这种情况下，2000年12月私企中小时实际工资的平均水平仍然没有超过1968年9月水平。在上述历史背景下就不难理解为什么富裕的美国会有500万户家庭出现还贷问题。

4. 谷贱伤农，古老的农业周期理论仍具现实意义

以农业为主体的经济，农业的周期会将引发其他产业部门的周期；在现代经济中，农业周期往往是由农业以外因素诱发的。但无论如何，农业周期对经济系统的影响都是不可忽视的。1915年，农业经济周期理论的观点之一是"当经济处于或接近完全就业状态，大丰收的影响可能是灾难性的。"这一理论经过时间检验之后被西方国家广泛接受，20世纪30年代美国开始实行价格支持的办法来稳定农业收入，西欧国家随后效仿，但70多年过去了，在周期中稳定农业收入的难题至今未能圆满解决。在本轮经济周期中，以农产品价格为先导的通货膨胀为金融危机拉开序幕。

上述理论对我国仍具有很强的现实意义。2003年以来，我国房地产和外贸空前繁荣，大量农村青壮年被吸收到城市，发展经济学中的"刘易斯拐点"提前到来，农民工工资普遍上涨，收入远远超过农副业，作为理性经济人，他们必然放弃农副业生产，从而供给减少、价格上升。单纯的农产品价格上涨并非坏事，也容易控制，问题在于刘易斯拐点的稳定性。由于房地产和外贸对经济周期变化非常敏感，农民工的工作很不稳定，刘易斯拐点同样如此。

另外，粮价、油价与经济的盛衰似乎有天然的联系。20世纪爆发了两次石油危机，结束了发达国家长期的经济繁荣；本轮经济增长也在油价达到历史高点时转向。值得关注的是，除了油价上涨，在这两次扩张的顶峰都出现了粮食减产和价格上涨。

二、世界经济发展趋势分析

1. 金融危机是经济周期繁荣阶段的标志，近期的调整具有必然性和必要性

经济周期理论指出，金融危机一般在经济增长的顶峰过后爆发，次贷危机标志着经济周期繁荣阶段的结束，随后的周期性调整是不以人的意志为转移的必然现象，而且这种调整具有必要性和合理性。以我国汽车行业为例，在没有任何紧缩性政策的情况下，2008年上半年汽车销量增幅下降11.4个百分点，下半年出现负增长，8月全国销售量同比下降6.34%，原因在于汽车在我国仍属于高档消费品，高收入群体需求饱和，中低收入无力购买，介于二者之间的群体尤其是年轻人还需要一段时间的财富积累。在这种情况下汽车行业调整有其内在要求，需要通过技术进步以及合并等手段降低成本、提高质量，为下一轮繁荣奠定基础。

2. 发达国家经济将长期处于低速增长状态

（1）全球经济缺乏增长引擎，技术推动的经济周期难现。"二战"后至1973年，第三次技术革命作为经济增长引擎推动了西方世界经历了长达1/4世纪的持续繁荣，但激进的财政和货币政策及其他因素导致滞胀的出现，从此步入漫长的调整期。20世纪90年代美国再次通过信息技术革命促进经济增长，但技术革新的范围远没有第三次技术革命广泛，对全球经济影响的并不太大，持续时间也比较短暂。一些学者认为生物技术将是下一轮的经济增长点，但生物技术只能影响到农业、食品、医药等少数行业，即使出现生物技术革命，对经济增长的影响也甚为有限。

（2）由美国债务拉动的出口导向型经济增长难以为继。多年来，全球经济增长在很大程度上依赖美国的债务，但救市加大了财政赤字规模，今后财政政策的操作空间将会进一步缩小；同时，次贷危机的教训也将导致私人消费模式的转变，依靠美国债务增长拉动出口的增长模式将受到严峻考验。1974年，西方经济陷入严重衰退，美国执行了力度更大的财政赤字政策，在后来的20年间，巨额赤字成为全球经济稳定和扩张的必要条件。克林顿执政之后实行了平衡性财政政策，财政赤字逐步消灭，在这种情况下美联储把提高私人部门的债务规模作为需求管理的新手段，私人债务代替财政赤字成为拉动全球经济增长的主要力量。这种手段能够实施的前提条件是股价不断上升及其产生的财富效应。在美联储的干预下股价不断上升，从1994年到2000年第一季度，美国家庭持有的股票价值从4.5万亿美元上升到11.5万亿美元，但储蓄率从1992年的8.7%下降到0.3%，家庭债务占可支配收入的比例在1993~1999年高达94.2%。但是，这一政策伴随新经济泡沫的破灭而破产，美国经济重新陷入衰退。随后，房价上涨的财富效应再次提高家庭债务率，家庭债务促进了本轮经济周期的形成，但次贷危机的爆发为此画上句号。

（3）更为重要的是美国人口结构拐点将在2010年出现。欧洲发达国家人口周期与美国基本一致，作为主要消费群体的二战后婴儿潮一代逐渐退休，潜在的经济增速必将下滑。

3. 近期通胀趋缓，但长期通胀压力将加剧

受需求因素影响，国际石油及其他大宗商品价格近期明显回落，这在很大程度上减缓了物价上涨趋势，但欧美激进的救市政策最终将加剧全球通胀压力。次贷危机是由宽松货币政策引起的，但救市行为采取了更为激进的货币政策。事实上，美国并不缺乏货币，只不过由于信心的崩溃，这些货币缺乏流动性，美联储数据显示，2008年8月货币供应量M2同比增长5.4%，增幅远远超过GDP。目前全球金融市场处于混乱状态，在这种状态结束之后由货币因素导致的通货膨胀必然出现。

4. 金融危机易控，就业增长难保

不可否认，各国政府调控经济的能力在不断增强，金融危机也容易控制。"二战"前，美国经济持续扩张期平均为29个月，收缩期为21个月，其中1929年大萧条持续43个月；"二战"后，扩张期平均为50个月，收缩期为10个月，其中最长的衰退期为18个月。但是，就业增长却难以保证。

1974年之后，产能过剩和海外投资的扩张直接导致欧洲制造业衰落，第三产业在国民经济中的比重逐渐上升。但是，这种上升是因为制造业的衰落而非第三产业的兴起，第三产业并没有创造出额外的就业机会，失业率高企成为欧洲经济长期挥之不去的阴影。2007年，作为本轮周期的顶峰，欧元区失业率仍然高达 7.7%，此前一直保持更高的水平。参考 30 多年来欧洲的就业情况，对未来全球就业问题我们无法乐观。

5. 汇率变动对全球贸易是此消彼长的零和博弈，贸易摩擦此起彼伏

1973 年，布雷顿森林体系正式解体，浮动汇率取代固定汇率，汇率变动对周期的形成发挥了重要作用。历史事实表明，某国或经济区域通过本币贬值会形成出口导向的经济增长，但一定会有相反的结果在其他国家产生，在浮动汇率制度下贸易摩擦将此起彼伏，两次"广场协议"能够更清晰地说明问题。

1985 年，"广场协议"决定降低美元汇率，这把美国制造业带向繁荣，东亚地区则因货币与美元挂钩，出口导向的制造业取得了前所未有的繁荣，与此同时，日本和德国制造商开始经历长期的危机而不能自拔。1995 年，为了避免日本经济危机的爆发，美、日、德三国签署了所谓的"反广场协议"，允许日元贬值、美元升值，日本和德国制造业走向复苏之路，但美国制造业利润不可避免地受到侵蚀。东亚则陷入了本币升值、出口停滞、股市泡沫的困境，并以金融危机的爆发告终。今后，由于市场竞争更为激烈，汇率矛盾和贸易摩擦将会加剧。

6. 新兴市场经济国家具有潜在优势，世界经济未来格局将发生重大变化

全球经济增速的调整必然冲击新兴市场经济体，但与发达国家相比，这些国家具有明显的优势。经济增长理论表明，资本积累、人口增长、技术及管理水平的提高是影响经济增长的基本要素，相对发达国家，新兴市场国家在每一项发展要素上都具有明显的比较优势。首先，由于基础薄弱资本积累速度远远超过发达国家；其次，发达国家的成熟技术和管理经验转移到新兴市场国家表现为技术进步和管理水平的提高；再次，人口优势明显高于发达国家，2007 年，欧美国家 39 岁以下人口占总人口的比重为 55%，而金砖四国则为 65%，只要通过教育将人口优势转化为劳动力优势，经济增长便具有较大潜力；又次，新兴市场国家会从西方金融危机中汲取教训，脚踏实地，实现经济的稳定发展；最后，新兴市场制度不够成熟，制度变迁同样会促进经济增长。

20 世纪 70 年代滞胀出现后，欧美发达国家面对国内生产成本高昂和产能过剩的情况，只能将目光投向第三世界，通过投入资金结合当地的低成本要素进行生产，从而实现国际产业转移，东亚国家由此走向繁荣。尽管受到金融危机的打击，但其工业基础得以保存，在本轮经济增长中也充分表现出其活力。

从更长历史视角来看，以中国为代表的新兴市场国家可能面临前所未有的发展机遇。粗略地划分，从 15 世纪开始世界经济经历了四个相互交叉和衔接的经济周期。第一个是热那亚周期，从 15 世纪到 17 世纪初；第二个是荷兰周期，从 16 世纪末开始，贯穿到 18 世纪的大部分时间；第三个是英国周期，从 18 世纪下叶开始到20世纪初;第四个是美国周期,从19世纪末开始,一直延续到现在的金融扩张阶段。前三个周期终止前的共同特征是实体经济出现衰退,但金融市场过度繁荣,目前,美国周期早已具备这一特征,次贷危机的爆发可能是这一周期结束的标志性事件。种种迹象表明,下一个周期应当逐步过渡到新兴市场经济体,尤其是东亚,而东亚特殊的历史、文化和地理地位决定了中国在东亚的复兴过程中扮演重要角色。

三、不安定世界经济形势下我国政策选择

综上所述,在全球经济下滑的背景下我国经济必然出现周期性调整,这种调整具有必然性和必要性,借此机会审视国内外经济发展中存在的问题,在此基础上调整发展策略,对我国经济的健康发展大有裨益。我国是人口大国,受教育程度相对较高,经过多年的高速增长,经济存量和家庭财富都大为改观,具备应对各种困难和挑战的实力,在科学发展观的指导下,我们可以变危机为机遇,实现经济与文化的发展再上新台阶。

1. 与时俱进,实现小国发展模式向大国的转变

基于经济意义上的小国发展模式,20世纪八九十年代我国的外资外贸政策对促进改革开放和经济增长产生了巨大作用,但从外贸的角度来看我国已经变成经济大国,原有的发展模式已不能适应时代的需要。首先,我国外贸赤字早已转化为盈余,巨额的贸易顺差以及以现金方式流入的FDI形成庞大的外汇储备,这导致货币供应被动增加的同时增添了人民币升值压力,我国货币政策的独立性受到严重冲击;其次,FDI对部分产业的控制直接影响到我国经济安全;最后,我国经济与世界经济互动影响不断加强,这同20世纪已明显不同。因此,需要进一步加强制度创新,促进技术进步,切实扩大内需。

2. 积极参加西方金融机构救援,但应以获取管理权为前提

多年来,我国一直鼓励企业走出去,目前遇到了较好的时机。我国金融企业应当积极参加欧美金融机构的救援,但应以股权收购为主要手段,在国外金融机构谋求一个董事的席位,直接参与公司的重大决策,学习先进管理经验、汲取失败教训,为今后我国参与国际金融新秩序的建设培养金融人才,单纯的购买债券或没有表决权的股份无法实现这一目的。

3. 采取有力措施,充分发挥中小企业的就业功能

经济正常运行的前提是保持就业的基本稳定。国际国内经验表明,中小企业是吸纳就业的主体,统计数据显示,中小企业吸纳了75%的就业,对经济增长

的贡献超过60%。为缓解经济增速下滑带来的就业压力，需要充分发挥中小企业的就业功能。为此，应降低中小企业税收；开放和规范民间金融市场，发展贷款担保公司，建立中小企业银行；在资本市场上适时推出创业板，支持有成长性的科技创新型中小企业发展。

4. 高度关注弱势群体，实现经济和社会的协调发展

次级抵押贷款占总房贷的比重不过14%，同时并非所有的次贷者都违约，然而，正是这不到14%的弱势群体丧失还款能力导致全球性金融危机。鉴于此，我国应当高度重视弱势群体，向其提供免费教育，增强就业能力；为其提供廉租房和经济适用房，在安居乐业的同时提供消费能力，实现经济和社会的协调发展。

5. 以职业教育为重点，全面加强教育工作

（1）教育是实现农村人口永久性转移的重要措施。没有受过教育的青年在非农行业的工作是不稳定的，只有接受过系统教育和培训的青年才可能永久性转移到城镇，刘易斯拐点才不可逆。

（2）教育是经济增长函数中的重要变量，也是维持人口红利、控制通胀的有效措施。由于教育尤其是职业教育的滞后，现在新兴市场经济国家没能将人口优势转化为劳动力优势，普遍面临熟练工人短缺的问题，这不仅制约了经济增长、同时形成劳动力成本上升推动的通货膨胀。20世纪70年代，西方出现滞胀的原因之一也是劳工结构性短缺，原有的工人不能适应技术的变化，导致失业率和工资同时上升的局面，为走出这一困境，西方国家加强了职业技术培训。

（3）教育是全面实现社会主义生产目的、实现文化繁荣、落实科学发展观的需要。社会主义生产目的是满足人民日益增长的物质和文化生活的需要，西方生产目的注重物质而忽视了文化，没有文化的繁荣是缺乏底蕴的。文化的繁荣可以促进科学发展观的形成，同时文化产业本身也是经济系统的重要组成部分。

（4）教育是促使经济走出衰退、走向繁荣的重要手段。克林顿上台之后把教育摆在各项议程的首要位置，在其任期内颁布了11项教育法规、实施了10项教育发展计划，当时美国执行紧缩性财政政策，但教育仍得到了有力支持，教育成为美国走出衰退、走向20世纪90年代持续繁荣的重要手段之一。

6. 回归均衡价格，实施可持续发展的房地产政策

房地产的特殊性决定它必然成为支柱产业，房地产的平稳发展可以带动经济稳步增长。当前的问题在于市场需求和供给不能形成均衡，只要价格回落到均衡价格，需求和供给就会达到均衡，房地产及其产业链条上的所有产业都可能平稳增长。为实现这一目标，需要增加廉租房和经济适用房供给，将经济适用房建筑面积占住房面积的比例由现在的5%提高到30%或更高水平；为确保"90/70"目标的实现，可以实施个人所得税减免政策，以及其他鼓励性政策；将一次性缴纳土地使用税改为每年缴纳地产税及房地产增值税，在平抑房价的同时可以稳定地方财政收入。

7. 谨慎使用反周期的财政政策，坚持稳健的货币政策

当前的经济形势需要积极的财政政策，但在执行过程中应以收支平衡为指导思想。事实上，积极的财政政策未必是经济繁荣的必要条件。面对经济困境，克林顿政府采取的不是赤字政策，而是平衡预算准则，并实施较为强硬的货币政策。受此政策影响，1992~1997年，美国联邦财政赤字占GDP的比重由4.7%下降到0，其间美国经济同样出现了新的繁荣。

在目前的情况下，我国实行扩张性财政政策的效果可能明显弱于10年前。首先，私人部门占整个经济的比重不断上升，挤压了政府在经济中的占比；其次，经过多年的建设，多数基础设施已有明显改善甚至饱和，盲目拉动基建投资可能造成未来严重过剩。另外，我国已出现人口老龄化趋势，未来财政负担加重，目前的财政政策不宜过度扩张。

历史经验表明，货币政策反周期的作用较小，目前我国居民存款处于负利率状态，如果进一步实行宽松的货币政策，资产价格泡沫会再度膨胀，未来的通胀压力难以化解。

8. 提高能源利用效率，发展轨道交通事业

20世纪六七十年代，经济快速增长的国家不仅有日本、德国，还包括墨西哥、阿根廷等拉美国家。面对70年代的石油危机，前者采取节能降耗的政策，后者采取补贴和价格管制；40年后，前者成为发达国家，后者仍属发展中国家。以史为鉴，我们需要抓住通胀压力减轻这一有利时机，理顺资源能源价格，用经济手段促进能源利用效率的提高。

为提高交通能耗效率，需要积极发展轨道交通事业。据测算，公路交通平均单位能耗是铁路的5倍多。同时，只有在轨道交通比较发达的情况下，居民才有可能大幅度减少汽车使用频率、降低能源消耗、减轻环境污染。日本人口密集、资源短缺，实施了轨道交通发展战略，实现了有效节能；而美国以道路交通为主，交通能耗居高不下。我国交通事业目前还处于高速发展阶段，在发展的模式上我们应借鉴日本模式、放弃美国模式，积极扶持轨道交通事业的发展。对于公共交通，发达国家都采取了政府扶持和市场化运作相结合的措施，我国也可以采取以民营资本为主的形式，在减轻财政压力的同时可以促进经济增长。

9. 加强统计监测功能

（1）改进衡量通胀的指标。GDP平减指数是最能全面反映通货膨胀的指标，但只能通过季度数据推算。CPI除了固有的缺陷之外，在编制方法上存在一些不足。其一，部分关乎民生的大额支出在CPI中的比重偏低、数据也不尽合理，例如，2001年至今，文娱教育和医疗保健价格只上涨了5%，这同人们的感受严重脱节。其二，产品篮子更新较慢，未能及时反映篮子结构的变化。其三，对换代较快的产品，CPI编制方法缺乏必要的调整。为了准确的反应通胀，亟待改进衡量通胀的指标。

（2）加强规模以下企业的统计。目前，公开的统计数据只有规模以上工业企业的统计数据，规模以下的统计数据缺失，经济的全貌不能得以充分反映。

（3）加强就业统计。宏观经济政策的目的之一是促进就业增长，但我国就业统计过于粗糙，不能反映经济政策和就业之间的关系，在经济低迷时期，保就业的政策也就变成了保增长，但某些政策会导致无就业增长。为了有效监测经济政策实施效果，需要完善和及时的就业统计数据。

10. 加强经济预测研究，提高经济政策的前瞻性

事实表明，以经济理论为指导，以统计数据和调研为依据，以历史规律为参照，以正确的数学模型为辅助，经济发展中的重大问题都是可以预测的，不存在出乎所有人意料的经济现象。加大对经济预测研究的支持力度，提高经济政策的前瞻性，做到为之于未有、治之于未乱，对于经济的健康发展具有重要意义。

评注：本文2008年11月5日刊登于《经济要参》。据新华社报道，11月20日和25日，国务院总理温家宝在中南海主持召开经济专家和企业界人士座谈会，指出仅靠经验，靠少数人的智慧，不深入调查研究、从实际出发；仅了解本国，不了解世界；仅了解局部，不了解全局；仅知道今天，不知道昨天，不前瞻明天，是很难做出正确决策的。温总理这番批评恰恰为我们提供了一种正确的经济研究方法，本文做出的金融危机易控就业增长难保、贸易摩擦将此起彼伏、世界经济未来格局将发生重大变化等预测无一例外是基于对世界经济前生今世的分析。此文虽然已发表十多年，但当前的国际形势说明这些预测是成立的，能够经得起时间的检验。

11. 从美苏经济崛起看次贷危机背景下中非合作前景

当前的金融危机不仅对发达国家造成了沉重打击，也让新兴市场经济国家深陷其中。我国经济基本面尚好，但也处于周期性调整阶段，外部冲击在所难免，从投资驱动向消费引导的增长模式转变也不可能一蹴而就，经济发展面临严峻挑战。我们可以借鉴世界经济发展的宝贵经验，从中汲取有益成分，推动我国经济长期持续发展。在当前次贷危机向全球蔓延、世界经济明显放缓的背景下，加强中非合作应该是促进中非经济发展再上新台阶并推动全球经济复苏的有效途径之一。

一、苏联两次利用世界经济危机，缩小与世界头号强国的差距

1. 1929 年大萧条成为苏联崛起的契机，同时实现了苏联与西方国家的双赢

1928 年苏联开始执行第一个五年计划，西方的经济危机恰恰成了苏联崛起的良机。首先，获取西方国家贷款由难变易。1929 年之前，西方大国不愿贷款给苏联，即使贷款也附有苛刻的条件。但在经济危机中出现了大量过剩产业资本，使苏联在国际金融市场上处于有利地位。1929～1931 年，苏联先后从西方十几个国家的私人银行获得贷款，到 1933 年底，获得的贷款总计达 14 亿卢布（约 7 亿美元）。其次，进口了大量的机器设备，获取了先进的技术。为走出经济危机，西方国家加大对苏联的产品和技术出口，苏联成为世界市场上机器的最大买主。1931 年，美国出口的机器设备 50% 卖给苏联；1929～1930 年，英国机器出口总量的 70% 销往苏联，1932 年上升至 90%。与此同时，苏联在第一个五年计划期间建立了一大批现代化骨干企业采用了西方先进技术设备，甚至是在外国专家直接帮助下建立的。再次，吸纳了西方技术人才。在大萧条时期，西方国家大量技术人员失业被招聘到苏联工作。1932 年，在苏联工作的外国专家达 1919 人，技术人员 10655 人，分别比 1928 年增加了 4 倍多和 20 多倍。最后，在国际

经济关系中,提出合作共赢的建议。1933 年 6 月,苏联在伦敦召开的世界经济会议上,提出一项发展对外贸易、加强国际经济合作的计划,建议西方国家向苏联提供长期贷款,苏联则保证在短期内向国外提供总值约为 10 亿美元的订单,从而各取所需、实现双赢。

显然,大萧条成为苏联崛起的契机。1929 年,苏联在世界制造业总产量中占 5%,居美德英法之后;到 1932 年底第一个五年计划结束时,工业产量上升到第二位;1938 年上升至 17.6%,与美国的差距大大缩小而且远高于其他资本主义国家(见表 11-1)。同期,苏联的钢铁产量、能源消耗等也随着制造业产量的增加而快速上升,均居世界第二(见表 11-2 和表 11-3)。随着经济地位的上升和工业实力的增强,苏联的国际政治地位显著提高。

表 11-1 1929~1938 年主要国家在全球制造业产量中所占份额　　单位:%

国家＼年份	1929	1932	1937	1938
美国	43.3	31.8	35.1	28.7
苏联	5.0	11.5	14.1	17.6
德国	11.1	10.6	11.4	13.2
英国	9.4	10.9	9.4	9.2
法国	6.6	6.9	4.5	4.5
日本	2.5	3.5	3.5	3.8
意大利	3.3	3.1	2.7	2.9

表 11-2 1890~1938 年主要国家钢铁产量　　单位:百万吨

国家＼年份	1890	1900	1910	1913	1920	1930	1938
美国	9.3	10.3	26.5	31.8	42.3	41.3	28.8
英国	8.0	5.0	6.5	7.7	9.2	7.4	10.5
德国	4.1	6.3	13.6	17.6	7.6	11.3	23.2
法国	1.9	1.5	3.4	4.6	2.7	9.4	6.1
苏俄	0.95	2.2	3.5	4.8	0.16	5.7	18.0
日本	0.02	—	0.16	0.25	0.84	2.3	7.0
意大利	0.01	0.11	0.73	0.93	0.73	1.7	2.3

注:1890 年是生铁产量,之后是钢产量。

表 11-3 1890~1938 年主要国家能源消耗　　单位:百万吨标准煤

国家＼年份	1890	1900	1910	1913	1920	1930	1938
美国	147	248	483	541	694	762	694
英国	145	171	185	195	212	184	196

续表

年份 国家	1890	1900	1910	1913	1920	1930	1938
德国	71	112	158	187	159	177	228
法国	36	47.9	55	62.5	65	97.5	84
苏俄	10.9	30	41	54	14.3	65	177
日本	4.6	4.6	15.4	23	34	55.8	96.5
意大利	4.5	5	9.6	11	14.3	24	27.8

2. 20 世纪 70 年代苏联再次利用西方经济危机促进经济发展

1973~1975 年资本主义世界再次出现经济危机，西方企业主企图到非资本主义世界市场去寻找出路。1974 年美国总统、1975 年法国、联邦德国、英国、意大利等国家领导人纷纷出访苏联，大都和寻找摆脱经济危机的出路有关。而苏联也看准了这一有利时机，再次主动、积极地利用了这一历史机遇。

首先，大量引进西方的先进技术和设备，加速设备更新。20 世纪 70 年代初，苏联计算机技术大约落后美国 10 年。为缩短这一差距，苏联在 70 年代上半期从美国购买了 80 台大型和中型电子计算机和一批生产计算机用的大规模集成电路设备，这在很大程度上促进了苏联工业设备的自动化和现代化，包括国防工业现代化。另外，在能源、化工设备及其他机器制造业等领域进行了广泛的更新换代，大大提高了劳动生产率。其次，采取多种形式，加强与西方国家的经济技术联系。苏联不仅扩大与西方国家的贸易关系，而且尽量使这种经济联系形式多样化，包括签署长期经济合作协定、扩大科技合作以及开展补偿贸易等。补偿贸易充分利用了西方国家的资金、设备及技术，实现了经济发展的互补。最后，积极引进外资，苏联把获得贷款看成促进其经济发展的战略措施，西方国家则把向苏联提供贷款看成推动其产品出口的重要手段。1973~1975 年，苏联同许多西方国家签订了长期贷款协定。据统计，苏联在第九个五年计划期间共引进外资 176.61 亿美元，其中仅 1973~1975 年就引进 145.32 亿美元。同时，与西方国家建立股份合作制企业，在打开西方市场、赚取外汇的同时吸收了技术知识和管理经验。

总之，苏联在 20 世纪 70 年代再次利用西方经济危机，加强同西方国家的经济联系，在促进本国经济发展的同时也推动了世界经济复苏。这说明，经济实力相对不足的国家，如果能够利用好每次世界经济危机带来的发展机遇，可以实现赶超式发展。

二、发达国家化解产能过剩和开拓市场的途径

纵观工业革命以来主要发达国家的经济发展历程，尤其是英国和美国，都先

后经历了生产扩张、国内市场日益无法满足需求从而开拓国际市场之路，只是开拓国际市场的具体方式有所差异。

作为国民经济的重要部门，工业对于一国经济实力具有举足轻重的作用。自工业革命以来，英国工业生产居世界第一，成为头号强国。1820年，英国工业生产占世界工业总量的50%，煤炭占世界产量的84.34%，生铁占69%，商船吨位超过荷兰、法国、德国、俄国等国的总和，铁路通车里程占世界铁路总长度的一半，纺织工业消耗的棉花占世界总产量的一半，出口贸易占世界总量的1/3。但是，英国很快遭遇国内市场狭小、不能满足日益扩张的生产能力的需求等问题，在此情况下，英国通过扩张殖民地的手段解决产品销售市场以及原材料来源问题。

内战结束后的美国借助第二次工业革命的契机，1894年工业生产超过英国跃居世界首位。钢铁、煤炭产量、机器生产比重在世界各国遥遥领先，但是，与英国相似，美国同样遇到了国内市场不足与产能过剩问题。下面我们介绍美国工业生产的发展历程以及如何应对生产过剩和经济危机，从中寻找对我国的启示。

1. "一战"促进了美国经济发展，战后繁荣盛极而衰

当美国工业生产快速发展之后，恰巧第一次世界大战爆发，美国未直接参战，反而通过对参战国提供军火，化解了国内产能过剩的问题，工业实力也进一步增强，而参战的欧洲国家元气大伤，1919年美国的经济实力压倒了欧洲。不仅如此，美国还积累较多的黄金储备。"一战"结束后，美国国内的房地产建筑需求膨胀，汽车消费空前繁荣，房地产和汽车的发展推动了钢铁、石油、化工、公路建设等一系列工业和交通部门的发展。同时，这一时期也是美国消费信贷大发展时期，消费信贷为汽车、房地产及相关的家庭耐用消费品的发展提供了有力支持。随着消费者债务负担的不断增加，对住宅与汽车的购买开始下降，住宅建筑在1927年达到顶峰之后开始下降，而汽车工业也在1927年之后急剧衰落，这两个行业的衰落成为1929~1933年大危机的前奏。

2. 罗斯福新政抵御危机，但难除产能过剩痼疾

1929年美国股市泡沫破灭，经济危机爆发。随后美国经济持续四年经济衰退，86000多家企业破产，失业人数由150万猛升到1700多万，占全部劳动人口的1/4以上，整体经济水平倒退至1913年。1933年罗斯福新政实施，财政支出大举扩张，经济开始有所好转，1934~1937年GDP均实现了连年增长。但是随之而来的1938年GDP再度出现负增长（见图11-1），跌至1929年的水平，同年私人投资萎缩了41%。这说明，扩大财政支出、兴建大型工程等举措确实在一定程度上可以有效地消除危机的负面影响，但是不可能取代经济增长本身所需的动力。在汽车、住房需求基本满足的情况下,美国原有庞大的钢铁、化工等工业生产能力过剩问题无法解决。

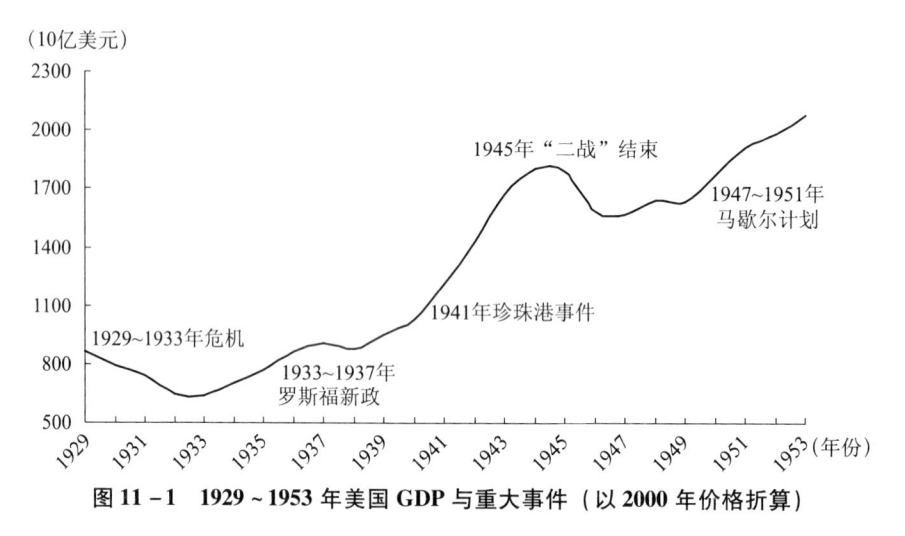

图 11-1　1929~1953 年美国 GDP 与重大事件（以 2000 年价格折算）

3. "二战"全面爆发,军火需求化解产能过剩

20 世纪 30 年代,希特勒德国扩军备战,军火贸易再次升温。据统计,德、意等国 1937 年从美国购买的武器比 1936 年增加了 4 倍,同期日本侵华所使用的部分武器也来自美国。1939 年,欧洲形势恶化,德国发动军事进攻占领波兰;正是从 1939 年开始,美国经济走上了增长的快车道,彻底摆脱了经济危机的阴影（见图 11-2）。

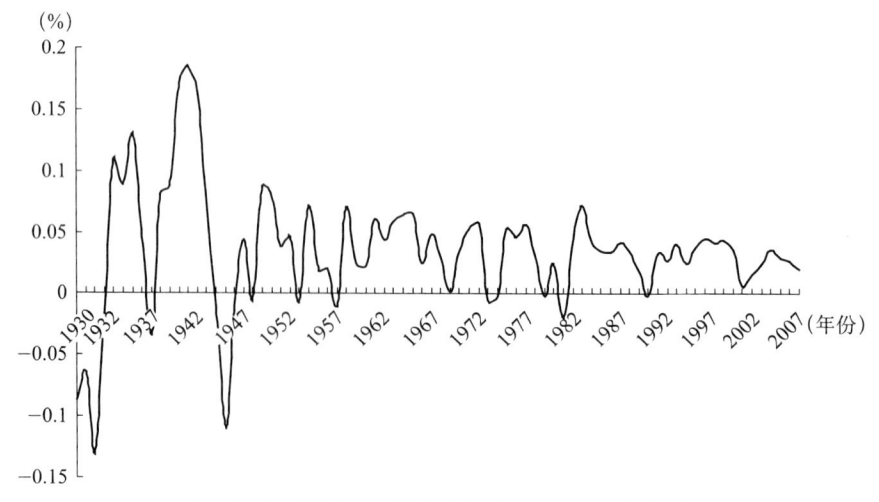

图 11-2　1930~2007 年美国年度 GDP 实际增速

1941年，当"二战"全面爆发后，军火交易呈现集团化趋势，即轴心国和同盟国两大集团各自在内部开展交易。这一时期的军火贸易纯是为了打赢战争，但同盟国内部的军火贸易为美国对战后世界军火市场的垄断与控制提供了良好的历史机遇。罗斯福为了保证对盟国的武器供应，颁布了著名的《租借法》，该法案从1941年3月11日通过到1945年9月2日废止，其间共有33个国家与美国签订了租借协定，租借援助总额达502.44亿美元。这些援助并非主要以军火出口形式提供给各国（即不反映在美国的进出口上），而是以美国政府支出的形式向军火商等企业购买武器，然后提供给同盟国，因此，这一时期美国政府支出急剧膨胀，年度增速远远高于罗斯福新政时期（见图11-3）。1941~1944年，美国经济保持高速增长，分别达到17%、18%、16%和8%；同期政府支出年度增长77%、137%、51%和11%，与此形成鲜明对比的是，在战争最艰难的1942年、1943年，私人投资连续两年同比下降近60%。

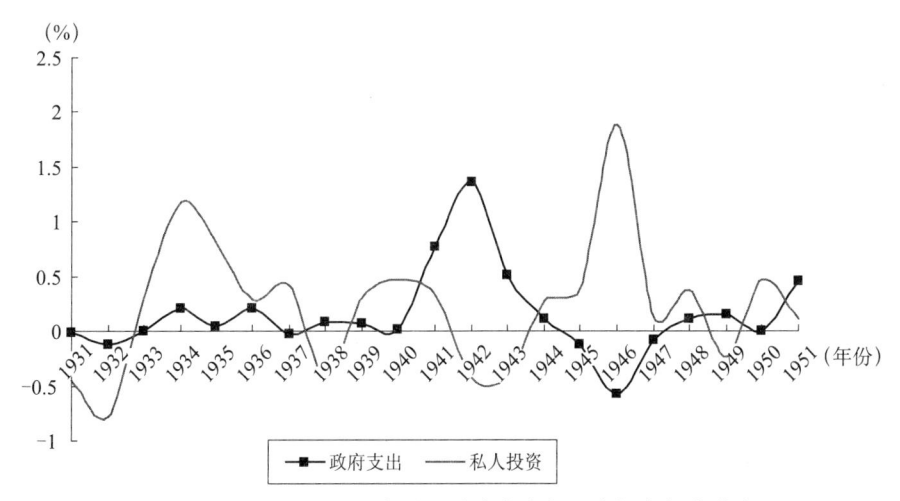

图11-3　1931~1951年美国政府支出与私人投资年度增速

4. "二战"结束，需求不足再次浮出水面

"二战"结束后，美国的军火需求大幅下降，1945~1947年美国政府支出同比分别下降12%、57%和8%，私人投资较战时有明显增长，但占GDP比重较低，难以扭转整个经济的颓势。1945~1947年，美国经济陷入衰退期，连续三年负增长。战争经济的结束，意味着美国必须另辟蹊径，解决国内需求相对不足的问题，在此背景下，1947年马歇尔计划应运而生。

5. 实施马歇尔计划，以黄金储备开拓国际市场

通常人们将马歇尔计划视为美国与苏联在欧洲争夺势力范围的产物，尽管人们并不否认该计划大大推动了欧洲经济的复苏。笔者通过对美国经济数据的挖

掘，发现马歇尔计划的推出，对于美国战后经济增长的意义非凡。

"二战"中美国军火贸易使黄金源源不断流入美国，1945年美国国民生产总值占全部资本主义国家的60%，美国的黄金储备从1938年的145.1亿美元增加到1945年的200.8亿美元，约占全世界的59%，相当于整个资本主义国家的3/4。众多的美国私人企业需要在贸易自由政策下开辟新市场，欧洲重建也正需要来自美国的产品，但没有足够的资金进口这些必需物资，而美国却积聚了大量的黄金储备，同时主导着国际货币体系。与此同时，国际货币基金组织和国际复兴开发银行的信贷机制完全无法应付西欧的巨额贸易赤字。

正是在此背景下，美国凭借其庞大的黄金储备和国际货币的主导地位，推出了马歇尔计划，通过提供资金帮助欧洲重建，为国内企业和产品提供市场。马歇尔计划于1947年8月开始实施，为期四年，截至1951年中期，在向欧洲提供的共130亿美元援助资金中，有34亿美元用于输入原料和半制成品、32亿美元用于购买粮食、饲料以及肥料等、19亿美元用于进口机器、车辆和重型设备等重工业品，还有16亿美元用于输入燃料。这130亿美元的援助占同期美国GDP将近3%，由此可见计划实施力度之大。计划对美国经济的影响是迅速而直接的，1948美国经济较1947年增长4%，1950年、1951年更是分别达到了8.7%和7.7%，是美国战后经济增速最高的年份。当然，计划也推动了欧洲经济的复苏，1948~1952年是欧洲历史上经济发展最快的时期，工业生产增长了35%，农业生产超过战前水平。

三、加强中非合作的必要性和紧迫性

笔者花费较大的篇幅介绍美国经济与"二战"的关系、探讨罗斯福新政的局限性以及挖掘马歇尔计划背后的经济意义，旨在说明在一国工业化中期尤其是工业生产占据全球较大份额的情况下，一旦出现重大的周期调整，虽然宏观政策的调整可以在一定程度上减轻波动，但是难以扭转调整趋势，必须开拓新的市场、找到新的收入来源，才能较好地解决生产过剩的问题。

1. 欧美需求不足将成为常态，熨平经济波动面临巨大难题

以次贷危机为发端，欧美等发达国家将陷入长期低迷，对我国产品的需求也将大幅减少。美国战后婴儿潮一代即将退休，他们不可能在今后负债消费。在就业环境恶化、房地产市场缩水、银行信贷紧缩以及整个美国减少贸易赤字的背景下，美国个人及家庭的消费率将逐步下降，2002~2007年，我国对美顺差持续快速增长的景象难以重现。欧洲国家长期遭受高失业率困扰，即使在经济高速增长的2007年，失业率也高达7%以上。在未来相当长的时期内，欧美很难走出衰退阴影，由此形成的出口需求缺口很难由其他国家弥补。

我国外贸依存度持续上升，加入WTO之后新一轮的工业化与出口急剧扩张更是与国际产业转移密不可分。这使在经济调整时期，我国难以在短时间内通过内部需求扩张来消化如此庞大的生产能力。从中长期来看，以房地产和汽车为代表的产业结构升级对整个经济增长具有广泛和持久的推动力，但这种重工业化决定了经济具有大幅波动的特点，是对经济平稳运行的一种新挑战。在此背景下，如何熨平我国经济波动是宏观调控面临的巨大难题。

2. 各国的经验证明中非合作具有可行性

当前，在全球经济遭受次贷危机的冲击下，我国在增加国内投资的同时应该走出一条不同的发展道路，美国援助欧洲的马歇尔计划可以成为我们的他山之石。除苏联两次受益于世界经济危机以外，东亚国家也在20世纪70年代西方经济危机中崛起，这说明欠发达的国家和地区也可以利用西方经济危机促进自己的经济发展。但是，历史不可能机械重复，在利用危机的模式方面也应有所创新，有些做法应当反其道而行之，加强中非合作是其中之一。

目前，非洲缺乏资金、技术和人才，不少国家拥有丰富的资源，具有强烈的发展欲望，这种情形类似于苏联，但经济发展水平仍然远远落后于80年前的苏联。我国外汇储备富余，在技术和人才方面具有明显的相对优势，具备支持非洲发展、实现双赢的可能。更为关键的是欧美国家一直阻挠我国在非洲的发展，当前这些国家全面陷入金融危机之中，自顾不暇，但美国下届总统奥巴马是非洲后裔，上任后必然会重视非洲问题，金融风暴平息后欧洲国家也会重新关注非洲，因而，当前是我国开发性支持非洲发展的大好时机，不仅具有必要性和可行性，而且具有紧迫性。

3. 中非合作可以将庞大的外汇储备转化为实物财富

截至2008年10月，我国外汇储备已达到1.9万多亿美元，居世界第一。这些外汇储备主要用于购买美国国债以及政府机构债券，这些金融资产的收益率远低于投资于实体经济的收益，换言之，持有巨额外汇储备的机会成本过高，在金融危机爆发的情况下也可能仅仅是账面财富。因此，在满足防范金融风险和国际收支基本需求的前提下，我们应设法将以金融资产形式存在的外汇储备转变为实物资产或财富，为中国现代化的长远发展积累坚实的财富基础。可以采取的措施包括回购中资企业在海外的股权；参与国外企业并购，缩小技术差距；购买中国现代化进程急需的战略性资源，特别是能源和原材料等产品。在金融危机期间，许多国家面临国际收支危机的同时，中国应该加强对中国具有重要意义的国家进行战略援助，将这些国家与中国实现战略利益对接，从而最大程度实现中国国家利益，中非合作便是可供选择的方案之一。

另外，从未来发展态势来看，中国仍处在发展时期，而美国增长乏力，换言之，从长期来看，人民币对美元将存在升值趋势。如果继续持有以美元资产形式存在的储备，必然遭受资产缩水的损失。因此，无论是从最大效用的发挥储备作用角度还是基于资产安全性和稳定性的角度考虑，我国都不宜继续大规模持有以美元资产形式存在的外汇储备。

4. 援助非洲经济上可以承受且收益巨大

如前所述，我国庞大的外汇储蓄需要转化为实体财富才能最大限度地创造价值。在当前经济形势下，社会各方都对政府启动的投资抱以热切希望，同时还有人提出将储备用于国内投资。但是从经济意义上来看，储备投资于国内意味着二次换汇和央行创造货币供给，这是行不通的。但是，外汇储备投资于国外则不存在这些问题。因此，笔者建议将储备有计划地用于援助非洲，帮助非洲实现振兴。

对非洲援助（包括贷款和直接投资）的时间可以定为三年，占 GDP 3 个百分点，数额随我国 GDP 的增长而增长，之后根据实际需要再做调整。基于这个假定，2008 年 GDP 为 30 万亿元（名义值）、预计 2009 年为 33 万亿元，以 GDP 每年名义增长 10% 计算（即未扣除通货膨胀因素），则每年对非洲援助约合 1300 亿~1500 亿美元。2009 年我国顺差即使零增长，也有 2000 多亿美元的顺差，因此，每年 1500 亿美元左右的援助不会影响外汇储备的安全性。这些每年 1 万亿元（及以上）人民币的援助，将形成对我国产品的需求。这项措施与启动国内投资需求的政策共同作用，内外需求同时发力，应该可以较好地解决我们当前面临的需求不足的问题。

需要指出的是，中非合作有利于我国经济的长期平稳增长，从而在经济适度增长中解决结构问题并实现产业调整和升级。强调中非合作具有强大的前景，并不意味我们可以放缓国内的结构调整，尤其要着力解决收入差距和城乡收入差距过大的问题。

四、中非合作的途径和前景

1. 帮助非洲发展农业，增加非洲粮食自给率

饥饿是非洲经济面临的首要问题，振兴非洲经济首先要发展农业，实现粮食基本自给，这也同我国改革的路径一致。非洲大陆有广阔的未开发土地和丰富的可利用水资源，而在撒哈拉以南非洲的 1.3 亿公顷可耕地中，实际种植面积只有 390 万公顷。帮助非洲国家发展粮食生产，一方面，有利于非洲减少对国际粮食的依赖、提高粮食自给率，从而节省宝贵的外汇资源；另一方面，也有利于我国农产品（如种子）的研发与生产，提高相关行业的经济效益。

2. 积极参加非洲基础设施建设，以此带动我国产品出口

基础设施落后是制约非洲经济发展的瓶颈之一，加快基础设施建设是其经济起飞的必要条件，但欧美国家不愿也无力涉足这一领域。我国处于基础设施建设的高峰期，具有显著的比较优势。同时，非洲基础设施建设有利于我国重工业产品、工程与交通运输设备以及劳务的输出，对化解我国产能过剩、缓解就业压力具有重要意义。

3. 加强补偿贸易和实物形态的直接投资，实现中非合作共赢

大多数非洲国家既缺乏资金、又缺乏设备和技术，因而，补偿贸易和实物形态的直接投资是促进非洲制造业发展的有效途径。这种合作方式在我国改革开放中扮演着重要角色，对苏联经济的发展也产生了一定影响，预计在非洲仍会产生积极影响。实物形态的对外投资具备出口的性质，同时，企业在建设过程中及投产后也会进口我国工业产品。可见，加强对非洲的经济合作不仅可以提高非洲国家的生产能力、促进其经济增长，而且可以为我国所需商品提供稳定的进口渠道，并开辟广阔的出口市场。

4. 增加从非洲的进口，减轻价格歧视

非洲的矿产资源种类多、储量大、分布集中、便于开采，黄金和金刚石产量居世界首位，铬、钴、钛、钽、锗、锂和金刚石储量占世界总储量的绝大部分，黄金、白金、铀、铝土、铜、锡及石油和天然气储量也很大。非洲不仅是咖啡、枣椰、油棕和香蕉的故乡，也是世界咖啡、可可、油棕、剑麻、丁香、花生、棉花、天然橡胶、阿拉伯树胶、栓皮栎的重要产地。增加从非洲的商品进口尤其是能源和原材料的进口，不仅可以让非洲获取经济发展急需的外汇，同时也可以增强我国同澳大利亚、巴西等国价格谈判的主动权，减轻这些国家对我国的价格歧视。

5. 加强金融支持，推动金融业走向非洲

非洲金融体系庞杂，银行众多，资金比较紧张，我国企业在非洲融资比较困难。因此，我国应当继续加强进出口银行和保险公司以及国家开发银行对非洲业务的支持力度，同时，引导商业银行配合国家战略，在非洲建立分支机构或参股、收购当地银行。在东部非洲和南部非洲，印度已经开设了大量银行，与其相比，我国已经相对落后。

6. 帮助非洲发展教育，加强文化合作与交流

与欧洲当初实施马歇尔计划有所不同的是，当时欧洲面临的主要是资金短缺问题，但是技术和人才的基础比较雄厚，而目前非洲的科教水平具有很大的提高空间。对于非洲国家来说，发展教育首先要提高识字率，培养大量农技人员和产业工人，将非洲的人口优势转化为劳动力优势，形成经济发展所需的人力资本。另外，非洲的社会精英接受的是欧美教育，对我国在非洲的投资存在误解，加强高层次的教育合作交流有利于澄清他们对我国经济政策的认识，同时也可以有效地传播我国源远流长的文化，促进非洲经济和文化的双重繁荣。

评注：本文成文于 2008 年 11 月底，2009 年 2 月 5 日刊登于《经济要参》。当时我们不遗余力地推介这篇文章，最后还是老朋友伸出了援助之手。在 3 月的两会上，全国政协委员许善达提出了中国版马歇尔计划。两年之后，也就是 2010 年底，我突然接到了促进中非合作的电话，当时心情非常激动，让我深深感悟到何为心想事成。之后，我四次赴非洲调研，以笔头和实际行动促进中非合作，是我一生的骄傲和荣光。

12. 中国经济周期研究及应对周期调整的方案

本文的研究目的是通过对主要宏观数据在经济周期不同时期的表现来掌握经济基本运行规律，从而有助于判断未来的经济发展态势，并提出有针对性的意见与建议。本文的研究方法是定量与定性同时并重，以定量分析的结果佐证定性分析的判断。

本文对几种分析经济周期成因的经典理论进行了概述。这些理论包括康德拉捷夫长波、库兹涅茨周期理论、马克思周期、基钦周期、朱格拉周期、熊彼特创新周期和世界体系论。基于对中国最近三十年主要宏观数据的梳理，通过HP滤波法分离出数据的趋势值和周期波动成分，我们可以得出以下基本结论：中国经济的长期增长率为9%；中国经济的波动主要源于投资、工业增加值的波动，而工业企业利润波动是投资波动的根源；第一产业增加值及就业与经济周期波动存在反向变化关系；近年来三产增加值及就业与二产高度相关，熨平经济波动的功能明显降低，未来应该促进以拉动就业为导向的三产发展政策。

本文的研究表明，改革开放以来的宏观数据显示，以10年作为一个中周期的话，1981年、1990年和2001年分别是三个中周期（朱格拉周期）的底部。在这三个底部之后，我国经济都发生了重大的制度变迁。20世纪80年代是农村联产承包责任制的推行和价格双轨；90年代是南方谈话之后市场经济体制建立；进入21世纪是加入WTO。我国当前正处在第三个周期的调整初期，远未到谷底。

从中长期来看，中国经济的高位增长包含着一定的客观因素，以房地产和汽车为代表的产业结构升级对整个经济增长具有广泛和持久的推动力；但是与此同时，这种重工业化决定了经济具有强幅波动的特点，是对经济平稳运行的一种新挑战。结合前几个周期的高速增长都随着重大的制度变迁，我国未来如要继续保持较快的发展速度，必须要进行重大的调整，从以投资和出口为主的发展导向转移到消费、投资和出口并重的发展模式，使民众更多地分享改革开放的收益。与此同时，为了应对当前面临的严峻的国内外经济形势，必须大力推动国内的消费和投资需求，这需要大力促进就业、提高城乡居民收入、健全和完善社会保障体系；通过兴建基础设施建设，平缓投资波动；加大环保投入，促进节能减排和新能源的开发利用；在促进投资和消费的同时，通过制度改革增加有效供给，如放宽投资准入门槛、理顺价格体系等。

全球经济遭受次贷危机的严重冲击，为应对当前面临的严峻的国内外经济形势，我国在扩大国内投资、拉动消费增长、以制度改革和制度建设增加有效供给的同时，还应另辟蹊径、加大对外经贸合作力度。美国援助欧洲的马歇尔计划可以成为我们的他山之石，而苏联两次受益于世界经济危机说明欠发达国家可以利用好全球经济调整的时机获得快速发展。通过开展积极的对外经贸关系，充分利用危机给我们带来的发展机遇。在对外经贸方面，一方面，要将外部的压力转化为产业升级的动力；另一方面，要积极利用这次危机，为中国经济的长期持续发展创造有利条件，适时将庞大的外汇储备转化为实体财富，并通过加强与非洲、拉美等国家和地区经贸往来，拓展我国能源和原材料的来源，同时带动我国出口的增长，化解国内产能，为国内企业培育出一个广阔的国际市场。

一、理论概述及实例

1. 经济周期成因划分

关于经济周期的成因，影响较大的主要有以下七种：

（1）康德拉捷夫长波。苏联经济学家康德拉捷夫认为，在资本主义经济发展过程中存在着周期为50年左右的景气与萧条交替的长期波动。一般将长波分成两段：上升的A阶段与下降的B阶段。对于资本主义经济的长波现象，早先有四种解释，分别从创新、投资、战争与资本主义危机入手。康德拉捷夫将长波的A阶段对应到过度的投资，由此带来价格与利率的上升，B阶段则反之。

（2）库兹涅茨周期理论。它是一种从生产和价格的长期运动中揭示主要资本主义国家经济周期的理论，于1930年由美国经济学家西蒙·库兹涅茨在《生产和价格的长期运动》一书中提出。他认为在主要资本主义国家经济中存在长度为15～25年的长期波动。这种波动在美国的许多经济活动中，尤其是在建筑业中表现得特别明显，所以库兹涅茨周期也称为建筑业周期。美国大移民时代就是这一周期的体现，主要标志是两大因素互相作用推进发展，一是居民房产购建，二是人口转移。

(3) 马克思周期。根据马克思的分析，一般将经济周期分为四个阶段：危机、萧条、复苏和高涨。马克思将资本主义经济看作是资本再生产过程，认为"危机恰恰就是再生产过程破坏和中断的时刻"，社会资本再生产循环的中断意味着"再生产不能按原有规模重新进行。一部分固定资本要闲置起来，一部分工人会抛到街头"。马克思用实体因素和金融因素及其相互作用来解释经济周期。第一是半自发的货币和金融危机，即金融危机引发经济危机；第二是总利润的下降，利润的下降意味着一些企业无法兑现其支付承诺，信用链条中断，从而引发其崩溃。马克思把利润下降作为影响周期最重要的因素，因为利润决定了企业兑现支付承诺的能力。

(4) 基钦周期。英国学者基钦根据美国和英国1890~1922年的利率、物价、生产和就业等统计资料从厂商生产过多时就会形成存货、从而减少生产的现象出发，把这种2~4年的短期调整称为存货周期。

(5) 朱格拉周期。法国学者朱格拉在1860年发表的《论德、英、美三国经济危机及其发展周期》一书中，根据他搜集的统计资料，计算出平均9~11年发生一次经济周期。后来英国经济学家汉森用朱格拉的计算方法，使用英国1795~1937年的统计资料，计算出了平均周期长度为8.35年，从而把朱格拉周期增为8~11年。

(6) 熊彼特创新周期。美籍奥地利经济学家约瑟夫·阿罗斯·熊彼特在其1912年发表的《经济发展理论》一书中，首次提出了影响深远的创新理论。在此基础上，他又提出了"经济周期理论"，他认为一种创新在扩散过程中，能刺激大规模的投资，引起经济高涨；经济高涨导致价格下跌，一旦投资机会消失，经济便转入了衰退。由于创新的引进不是连续平稳的，而是时高时低的，这样就产生了经济波动或经济周期。另外，熊彼特认为，3个基钦周期（短周期）构成一个朱格拉周期（中周期），18个基钦周期构成一个康德拉捷夫周期（长周期）。

(7) 世界体系论。该观点由"新马克思主义"学者、美国纽约州立大学教授伊曼纽尔·沃勒斯坦综合多种重要观点后提出。资本主义世界体系先后出现三个霸权国家：16世纪中叶的荷兰、17~18世纪的英国和20世纪中叶的美国。这些强国的兴衰引发了世界格局的一系列巨变。由此沃勒斯坦提出了世界体系的整体发展规律：周期性节律和长期性趋势。周期性节律是由世界经济总需求与总供给之间的内在矛盾所引发的资本主义世界体系的扩张—收缩周期性循环。在康德拉捷夫长波理论基础上，沃勒斯坦指出，世界体系的长波每40~50年重复一次，每一周期的停滞期都给世界体系中生产格局的重组提供了机会和动力，并为下一周期的扩张做准备。周期性节律不仅使世界经济体系内部发生相对的位置变动，而且也提供了世界体系长期发展趋势的基本动力（见表12－1）。

表12－1 经济周期划分

	周期长度	主要动因
（1）康德拉捷夫周期	48～55年	固定资本产品的更新换代
（2）库兹涅茨周期	20年左右	建筑业
（3）马克思周期	10年左右	固定资产更新
（4）朱格拉周期	8～11年	固定资产
（5）熊彼特创新周期	—	创新、新组合
（6）基钦周期	2～4年	商业存货
（7）世界体系论	40～50年	全球资本积累、技术进步以及劳动分工的演变

2. "二战"前后经济周期的重大变化：从古典周期到增长周期

20世纪40年代之前的周期通常为古典周期，自20世纪40年代开始至今，主要发达国家的周期为增长周期。两者最大的区别体现在经济增速方面，古典周期在周期谷底通常表现为经济负增长；而增长周期通常只表现为增速的下降。1929～1993年的大危机为典型的古典危机，美国每年GDP均同比下降，1933年，在罗斯福新政实施、财政支出大举扩张的情况下，经济开始有所好转，1934～1937年GDP均实现了连年增长，按不变价计算，1937年GDP已较1929年有所提高。但是随之而来的1938年，GDP再度出现绝对下降，跌至1929年的水平，同年私人投资萎缩了41%。这说明，扩大财政支出、兴建大型工程等举措确实在一定程度上可以有效地消除危机的负面影响，但是他们不可能取代经济增长本身所需的动力。在汽车、住房需求基本满足的情况下，美国原有庞大的钢铁、化工等工业生产能力过剩问题无法解决。即使在罗斯福新政实施之后，美国还是几次出现了GDP绝对数的连续下降。进入20世纪50年代之后，虽然美国也有个别年份出现负增长，但是总体上保持了增长态势，呈现增长周期的特征（见图12－1）。

古典周期与增长周期之所以存在这样的差异，主要是因为政府介入经济的方式、程度以及第三产业在经济中的地位与作用的不同。战后，发达国家调节经济成为一种经常和普遍的现象，反周期的措施成为熨平经济波动的重要原因。国家干预（通常表现为需求管理，如扩张性财政货币政策）减弱了制造业的波动强度，央行充当最后贷款人角色加强了金融业的稳定性，马克思分析的导致危机的金融因素与实体因素在一定程度上得以减轻。同时，第三产业的迅速发展使其在国民经济中占到相当大的比重，服务业的很多部门具有随时生产、随时消费、没有库存的特点，同时，固定资本投资一般都相对较少，三产本身的经济波动性也

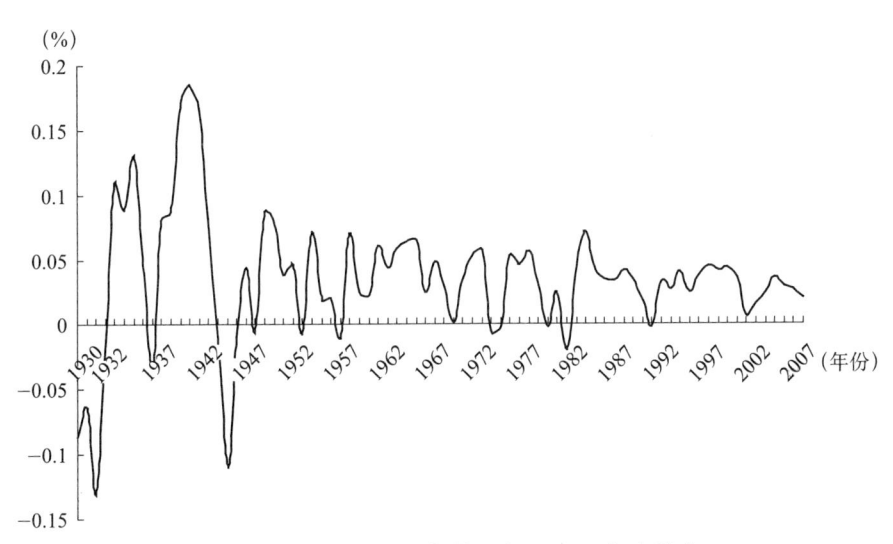

图 12-1　1930~2007 年美国实际 GDP 年度增速

资料来源：CEIC。

就较弱。因此，现代周期与古典周期相比有了很大变化，振幅大为减弱、强度也大为缓和。

以美国为例，"二战"前美国制造业处于上升阶段，"二战"后美国制造业走向成熟，20 世纪 70 年代之后制造业占 GDP 比重不断降低；而服务业在经济中的重要性日益上升。这种经济结构的变化决定了经济周期特性的变化。从就业来看，1947 年，服务业就业人数不到总就业人数的 60%，但到了 1992 年，该比例上升到 79%，而服务业产值由 42% 上升到 51%（M. P. Niemira，P. A. Klein，1995）。另外，非消费支出对经济周期波动的作用，在"二战"后有所降低，而消费支出的作用上升。投资占 GNP 的比例，在"二战"后要小于"二战"前，且投资波动"二战"后要小于"二战"前。除了经济结构方面的变动之外，美国经济波动减缓还来自于政策调控程度的加深。政府强化了稳定经济政策的作用，以财政、货币政策加强需求管理；推行如联邦保险计划、养老保险计划等。

有学者（戴维·K. 巴库斯，派崔克·J. 凯米，1992）对主要发达国家"二战"前后的经济波动进行了研究。在考察了日本、澳大利亚、加拿大、丹麦、德国、意大利、挪威、瑞典、英国、美国十个国家之后，发现除日本以外，其他国家的产出波动中"二战"后比"一战"前和"二战"期间都有所减缓。因此，总的来看，"二战"后世界经济比"二战"前有了更大的稳定性。

二、中国周期波动的典型特征及趋势判断

1. 总量指标

（1）GDP年度增速和产出缺口。GDP年度实际增速是衡量经济增长及波动的简单、直观的指标。以GDP增速衡量，经历了11个经济周期（见表12-2）。大致来看，改革开放前在重工业化主导下的计划经济更容易大起大落，而且在经济的下行阶段GDP出现负增长，表现为古典周期。改革开放后，中国经济周期波动波幅减缓，在周期的波谷，GDP只是增速下降，没有出现负增长。2002年以来的这轮周期扩张时期较长，是因为加入WTO之后，随着国际产业转移和国内消费需求的升级，我国重工业化程度再度提高，兴起了新一轮的固定资产投资和设备更新；而同一时期世界经济快速增长，我国贸易顺差迅猛增长。

改革开放以来，1981年、1990年和2001年分别是三个中周期（朱格拉周期）的底部。这三个底部之后，我国经济都发生了重大的制度变迁。20世纪80年代是农村联产承包责任制的推行和价格双轨；90年代是南方谈话之后市场经济体制建立；进入21世纪是加入WTO。

表12-2　我国周期划分

年份	波峰	波谷	峰谷落差	波长（年）
1953~1957	15	5.1	9.9	5
1958~1962	21.3	-27.3	48.6	5
1963~1968	18.3	-5.7	24	6
1969~1972	19.4	3.8	15.6	4
1973~1976	8.7	-1.6	10.3	4
1977~1981	11.7	5.2	6.5	5
1982~1986	15.2	8.8	6.4	5
1987~1990	11.6	3.8	7.8	4
1991~1998	14.2	7.8	6.4	8
1999~2001	8.4	7.6	0.8	3
2002~2011	12.2	—	—	10

但是，直接观察GDP年度增长率的方法也有不足之处。因为增长率是同比数据，从GDP绝对数来看，如果经济在前一年处于低谷，由于基数较低，后续年份的增长即使很高也很有可能没有达到趋势值。反之，如果上年经济处于高峰，后续年份的增长率可能低于增长率的平均水平，但实际GDP可能仍高于趋势值。因此，首先，本文对GDP年度增速进行平滑处理，以观察长期增长率；

其次，根据 GDP 实际数据计算出产出缺口。通过观察增长率变化和产出缺口变化相结合的办法来观察经济波动。

我们选用国际上使用较广的 HP 滤波法估计长期增长率和产出缺口。HP 滤波法是指宏观经济分析中用以判断经济时间序列长期趋势的一种方法。对时间序列 $\{y_t, t=1, \cdots, T\}$，HP 滤波通过使趋势 $\tilde{y}_t$ 满足下式来满足：

$$\min\{\sum_{t=1}^{T}(y_t - \tilde{y}_t)^2 + \mu \sum_{t=2}^{T-1}[(\tilde{y}_{t+1} - \tilde{y}_t) - (\tilde{y}_t - \tilde{y}_{t-1})]^2\} \quad (12-1)$$

其中，μ 表示平滑参数，反映趋势对原始数据的相对变化程度。年度数据通常取 μ 为 100。这一滤波综合考虑对数据的拟合程度和趋势的平滑程度，适用于经济发展不同时期长期趋势可能出现变化的情况。本文所有的趋势和周期成分的分解均使用 HP 滤波法。

HP 滤波可以将 GDP 年度增速分解为趋势成分与周期成分，前者可以视为潜在增长率。由于考虑改革开放前后经济运行模式发生的重大变化，下面我们在对宏观指标进行周期分析和判断时，如无特别说明，主要基于 1978 年以来的数据。通过该种方法，对 1978~2007 年的 GDP 增长率进行了平滑，由此得到的趋势增长率为一条曲线，大体在 8%~10%，可以将这一区间视为围绕 9% 波动的适度经济增长区间，如图 12-2 所示。

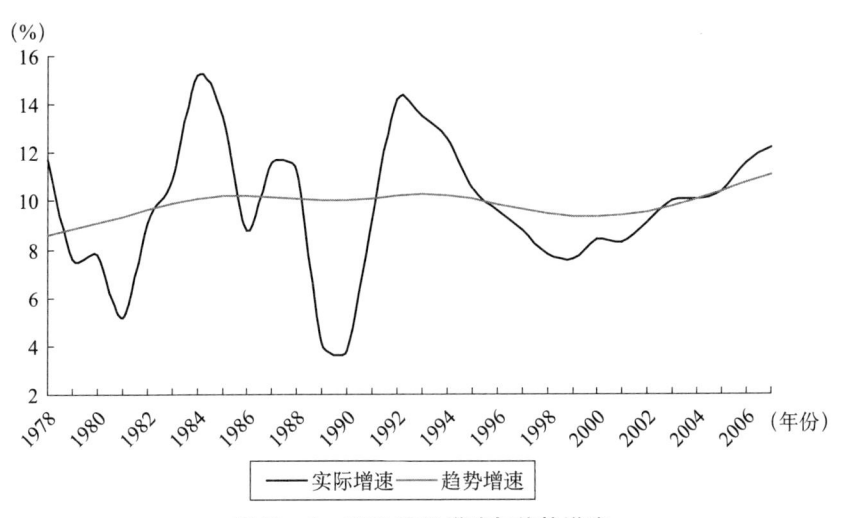

图 12-2 GDP 实际增速与趋势增速

我们同样可以将 HP 滤波法用于消除趋势值、估算产出缺口。它可以将产出分解为趋势成分与周期波动成分，前者可以视为潜在产出水平，即产出缺口 = GDP 实际值 - GDP 趋势值，如图 12-3 所示。

从图 12-3（由于是百分数，图中的 GDP 缺口为产出缺口与 GDP 趋势值之

图 12-3 GDP 缺口与 CPI

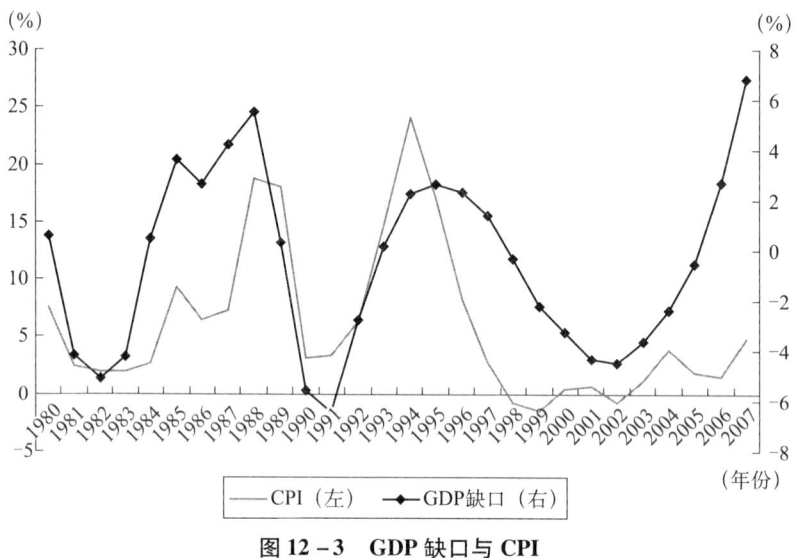

比)可以看出,1981 年、1991 年都是我国增速最低的两个时期。而最近一次实际需求小于潜在总产出的时期是亚洲金融危机及之后几年,与此相伴的是经济增长持续走低与通货紧缩。2005 年以来国民经济又开始进入正的产出缺口阶段,随之发生的是资源产品价格的大幅上涨。

计划经济时期,产出缺口的波动较为剧烈,1958 年、1964 年、1970 年、1978 年和 1984 年经济增速均在 11% 以上,大起大落现象十分明显(刘树成,2003)。进入 20 世纪 90 年代,随着市场经济的建立,波动有所减缓。但是进入 21 世纪,随着我国重工业化程度再度提高,产出波动的幅度有再度上升的趋势,2006 年和 2007 年的正产出缺口分别近 3% 和 7%。2006 年和 2007 年的正产出缺口说明出现了较严重的经济过热,经济规模上了新台阶,要持续维持高速增长,短期内面临较大的压力。经济自身存在调整的需要。因此,在当前的经济背景下,如果反周期政策的力度没有足够大,未来向下调整的幅度也会较大。

以房地产和汽车为标志的消费升级及与之相关的重工业化程度的提高,之所以加剧经济波动,因为它会对投资与生产具有放大效应:①产业内的独立循环。房地产、汽车产业关联度很高,在投资和生产过程中,与能源、原材料、矿产品等投资和生产具有互动的关联关系,具有产业内的独立循环特征。②房地产作为特殊商品,其需求不仅取决于购买力,还取决于人们的预期。在繁荣时期,在流动性过剩的背景下,投机需求旺盛,进一步推动房地产的过度扩张。此外,金融机构也会在繁荣时期增加与房地产有关的贷款。

(2)工业增加值:波动大于 GDP。工业增加值是 GDP 的重要组成部分,近年来高达40%以上。中华人民共和国成立不久，借鉴苏联工业化建设的成功经验，1950~1952年经济恢复以后，我国提出了第一个五年计划，明确了重工业优先发展的战略，重点发展电力、煤炭和石油工业，建立现代化的钢铁、有色金属等工业部门，从1953年开始了大规模的工业化建设。在重工业化体系下，工业增加值的波动比GDP波动还要剧烈，波峰更高而波谷更低。虽然存在波幅差异，1953~2007年工业增加值与GDP增速的走势高度一致，如图12-4、图12-5所示。

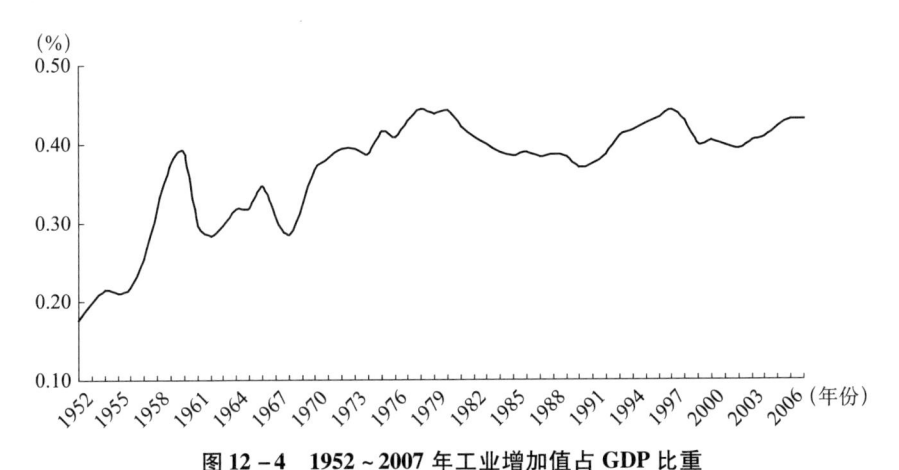

图12-4　1952~2007年工业增加值占GDP比重

资料来源：Wind资讯。

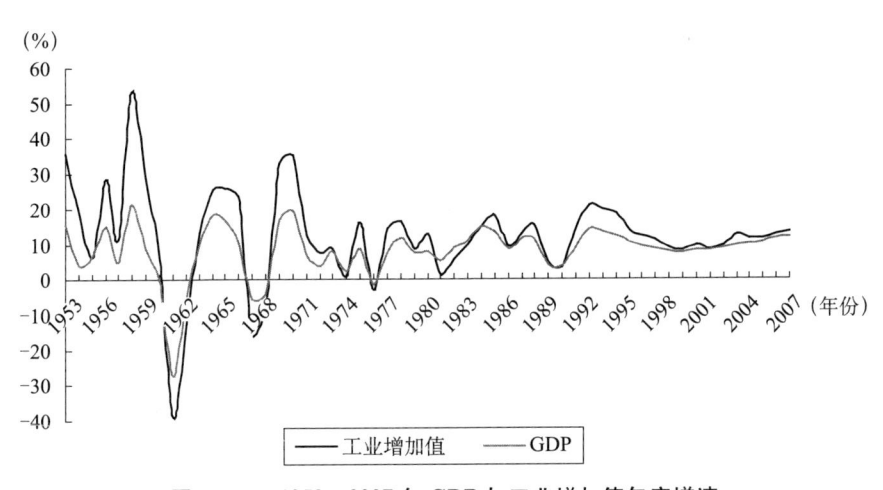

图12-5　1953~2007年GDP与工业增加值年度增速

资料来源：Wind资讯。

通过HP滤波法去掉趋势因素后，从周期波动成分来看，工业增加值的波动仍然比 GDP 波动剧烈。这是因为 GDP 不仅包括工业增加值（二产的主要成分），也包括一产及三产增加值，后者的波动程度小于工业部门，如图 12-6 所示。

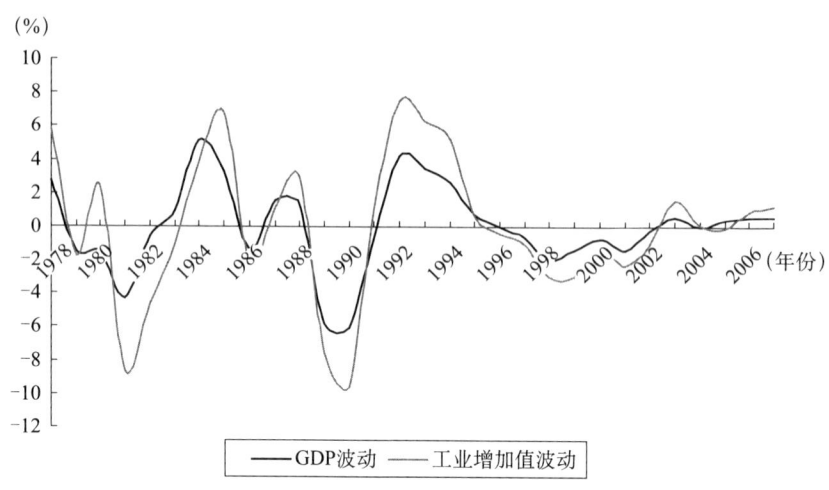

图 12-6　1978~2007 年 GDP 与工业增加值波动趋势

（3）工业利润：周期波动的根源。GDP 及其主要组成部分工业增加值是观察经济波动的重要宏观指标，而决定工业部门投资、产出及增加值波动的是工业企业利润变动。

1998 年以前的工业利润资料用比较容易得到的全国独立核算工业企业的利税增长率资料代表，因为独立核算工业企业利税在全部工业利税中最重要，能够大致反映全部工业利润的基本情况和变动趋势，从而也最具代表性（金玉国，2000）。1999 年以后的利润资料为全部国有工业和规模以上非国有工业利润增长率。尽管这样指标前后略有差异，但其历史可比性可以得到基本保证，大体可以满足我们分析的需要。

1977~2007 年我国工业利润年均增长率为 21.3%，高于同期工业增加值的年均增长率 17.6%；其中，从 1977~2001 年，利润和工业增加值年均增速分别为 10.4% 和 11.9%，由此可见，2002 年以来工业企业利润有了很大改善。从年度增速来看，利润增速剧烈波动的特征十分明显。同时，从图上也可以观察到，利润波动的幅度有越来越大的趋势。

1977 年以来，GDP、工业增加值的波动只是增长率的高低变化，总量一直是增长的，即属于增长型波动。而利润增长率在每轮波动中均出现负值谷位，表明利润增长率在不同年份不仅有高低之分，而且每轮波动中都至少有一年利润绝对值是下降的（扣除通胀因素）。由此可见，之前几轮周期中利润的波动属于典型的古典波动。这说明，在每轮波动中总量增长率的下降，即经济的调整以利润的绝对下降作为代价。1998~2000年宏观经济处于调整期，利润反而大幅增长，这是因为这一时期实施了债转股，企业盈利得以明显改善，但是由于增长动力不足，至2001年又有所回落。如果扣除债转股因素，在经济波动的三个谷底，1981年、1991年和2001年利润都将是负增长，如图12-7所示。

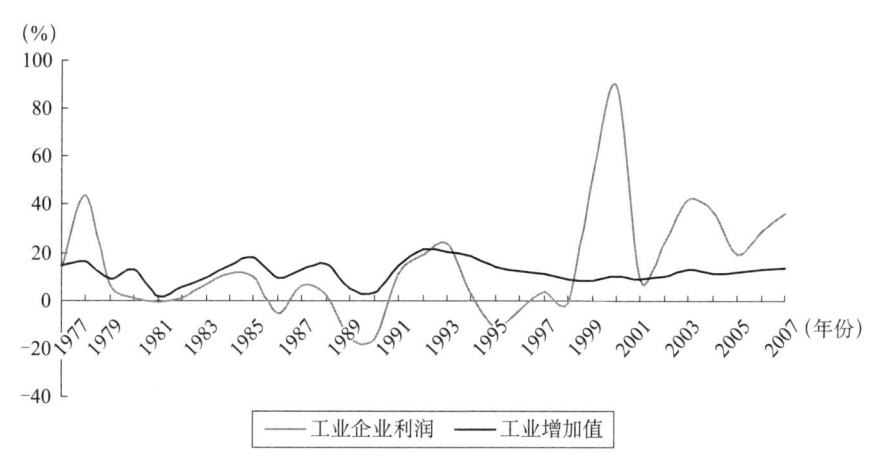

图12-7 1977~2007年工业企业利润与工业增加值增速

2007年，规模以上工业企业利润同比增长39.2%，2008年前8个月利润同比增长19.4%，由于三四季度企业生产和利润状况快速下滑，扣除通胀因素预计年内利润增速不到10%。在内外需求快速回落的情况下，尽管出台了多项财政货币减缓经济波动，2008年11月初更是推出了截至2010年底高达4万亿元的投资计划，但是从工业企业利润增速来看，基于历次经济周期调整的情况以及2008年的利润实际增速，我们认为2009年工业企业很可能为负增长，预计为-10%。预计2010年，在2009年基数相对较低、政策作用发力以及经济自身调整的作用下，利润将得以改善，下降幅度较2009年有所减缓。

对于上市公司来说，利润波动表现为ROE的变动，其趋势大体与全国规模以上工业企业波动情况大致相符，即和经济周期同步波动。

2. 三个产业增加值与就业的周期波动

在分析消费、投资及净出口的周期波动与GDP波动关系的时候，我们用交叉相关系数来判断他们周期波动成分的相关程度，以观察三个产业增加值和就业与整个经济景气度同步性。

（1）三个产业的增加值波动。三个产业的产出都顺周期变动，但一产波动与总产出波动的相关程度较弱，当期交叉相关系数为0.63；而二产、三产波动与GDP波动的交叉相关系数达到0.99和0.96。因此，二产、三产产出的波动是总产出波动的重要原因。从三次产业特征来看，增加一产、三产在国民经济中比重，有助于削弱总产出波动，促进宏观经济稳定，尤其是当前一产在 GDP 中的比重太低，仍有很大的提升空间，如图 12-8 所示。

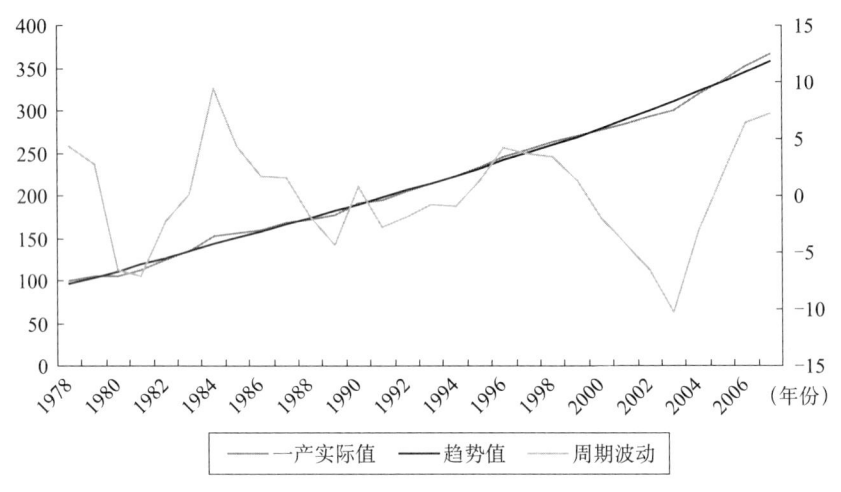

图 12-8　第一产业增加值实际值、趋势值及周期波动

从图 12-9 可以看出，1984 年前后，农业生产处于高涨时期。这是因为，1982 年农产品价格放开直接提高了农民收益，从而全面提升了农业总产值。统计资料表明，1978~1984 年，按不变价格计算的农业总增长率和年均增长率分别为 42.23% 和 6.05%，是新中国成立以来农业增长同时也是农民增收最快的时期。家庭联产承包责任制是这一时期农业实现高速增长的最主要原因。

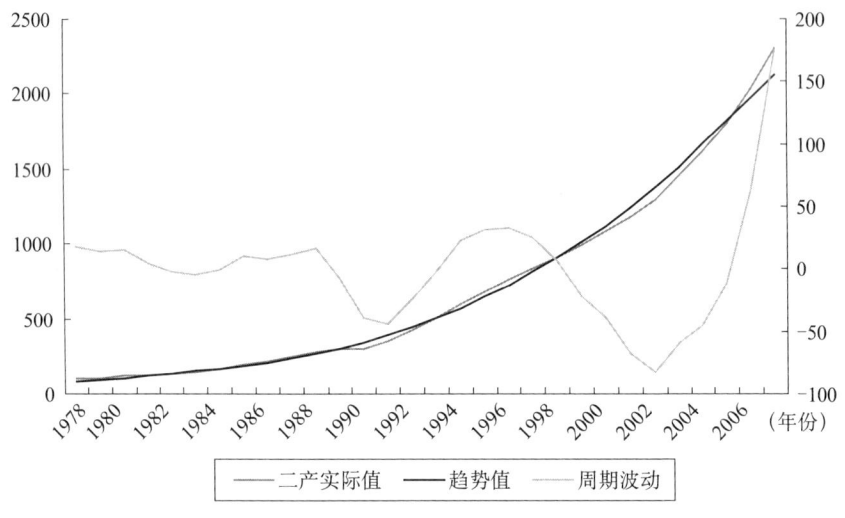

图 12-9　第二产业增加值实际值、趋势值及周期波动

与农业生产和农业收入快速增长相匹配的是农村消费的启动。自 1978 年以来,农村消费占比最高的年份是 1982～1985 年,之后比重逐渐降低,而城镇消费逐渐提高。1993～1994 年出现了转折性的变化,城镇消费在这一时期开始超过了农村消费,此后这一趋势维持至今,如图 12－10 所示。

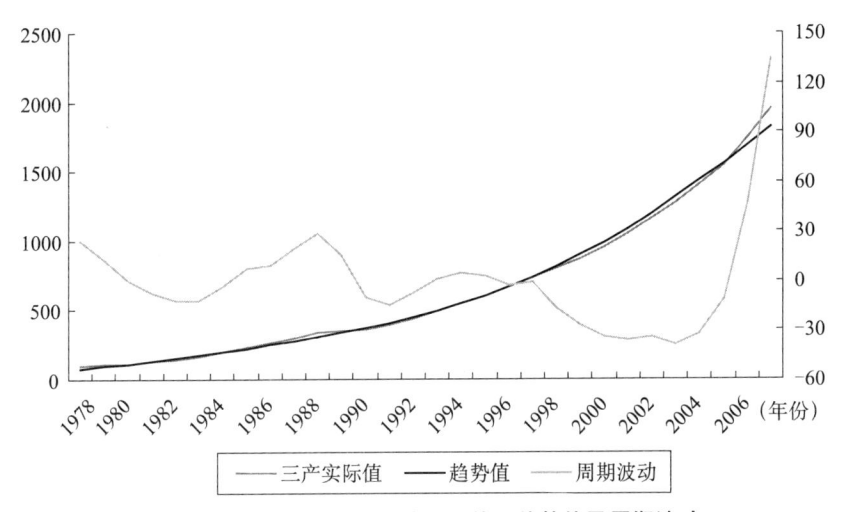

图 12－10　第三产业增加值实际值、趋势值及周期波动

从图 12－11 明显可以看出,一产的波动最小,二产的波动最大。但是,在 20 世纪 90 年代初之前,三产波动比二产要大,这是因为,90 年代之前工业生产领域还是以计划经济为主,而三产是市场化开始的最早的领域。进入市场经济之后,三产的波动性下降而二产的波动性上升,工业领域的乘数和加速数作用显现出来。这说明要降低整个经济的波动性,应该降低二产比重,大力发展第三产

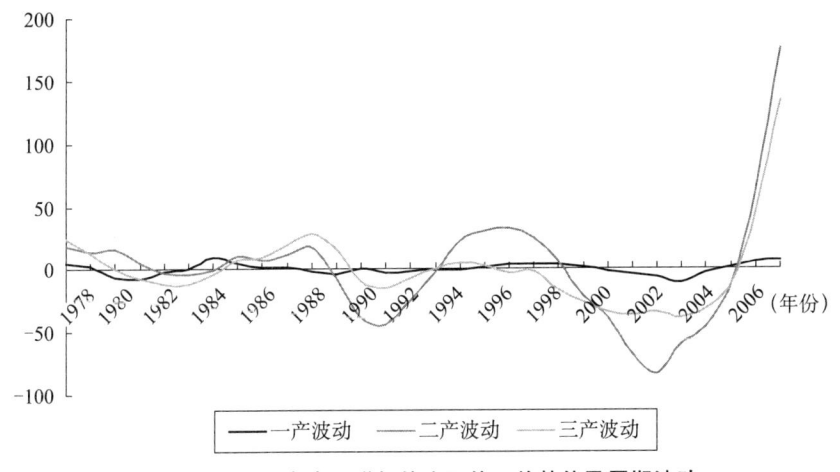

图 12－11　三个产业增加值实际值、趋势值及周期波动

业。值得关注的是，2005年以来，三产波动和二产非常接近，我们认为，这主要是因为这几年三产的增长和二产高度相关，例如，银行业、交通运输业、房地产等，事实上这样一种经济结构降低了三产熨平经济波动的作用。未来三产的发展应该重在促进就业，以实现经济的平稳增长。

（2）三个产业的就业波动。三个就业的波动反应在经济波动中，跨产业劳动流动频繁，就业结构变动剧烈，反映了中国兼具转轨经济和二元经济的特点。一产就业人数是同期反周期的，当期交叉相关系数为 -0.59，滞后一期的交叉相关系数为 -0.38，说明经济高涨会引起农业从业人数的减少，而且对下年农业从业人数继续产生作用（即农民基于上年经济的良好预期而外出务工）。二产、三产就业人数的波动是同期顺周期的。二产波动与 GDP 波动的当期交叉相关系数为 0.78，滞后一期的交叉相关系数为 0.36，即当年经济高涨会引起下年更多的劳动力进入。这意味着我国是典型的二元经济，一产中存在大量的过剩劳动力，在经济高速增长时期，过剩劳力进入二产或三产；当经济减速时，则会出现农民工返乡。事实上不止在我国，在许多新兴市场国家，2007年经济繁荣时期也出现了劳动力短缺现象，例如，俄罗斯、乌克兰等国因劳动力不足引进外籍工人，甚至在印度这样的人口大国也出现了劳动力紧缺。正是由于近年经济高速增长导致的劳动力紧缺，2003年之后农民工工资才连年上涨，扭转了20世纪90年代末以来农民工工资僵化的局面（赵长保、武志刚，2007）。

但是，随着内外需求的放缓，已经开始出现农民工返乡。进入20世纪90年代乃至21世纪之后，从不变可比价格来看，农民从种地中获得的收益较80年代有所下降，外出务工收入逐渐成为广大农村重要的收入来源，同时这种务工也具有相当的不稳定性，随经济周期的波动而波动。但是在家庭联产承包责任制下，土地成为农民最后的保障，总体上我国农业生产保持了平稳增长。正是在这个意义上，实行土地联产承包在我国具有特殊意义。

与此形成鲜明对比的是菲律宾。在美国的影响下，菲律宾认为，农业和农村的现代化必须依靠资本的力量改造小农和农村。在菲律宾政府的主导和支持下，西方农业跨国公司和本国资本家控制菲律宾农业和农村的金融保险、土地交易、农产品加工、流通、仓储、生产资料生产和销售、技术服务和基础设施等诸多领域。农民只能从事种植业和养殖业，大量自耕农和佃农在大公司的挤压下破产，失去土地后只能成为农业工人。随着技术的进步，农业所需的工人越来越少，大量的失地和失业农民涌进了城市。菲律宾在经历了半个世纪的曲折之后，认识到了本国现代化道路的错误，从20世纪60年代中期开始，效仿日本、韩国和我国台湾，收购土地资本家的土地，分配给无地的农民和流民，这项改革至今还没有

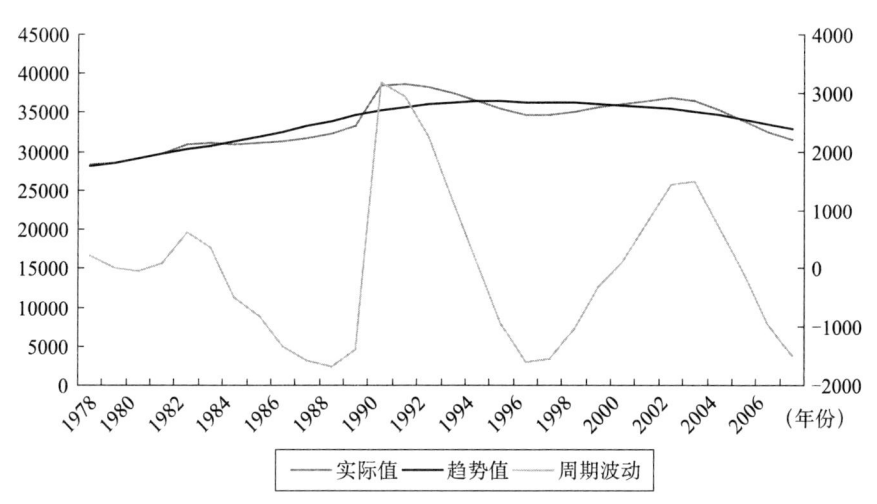

结束，如图 12-12、图 12-13 所示。

图 12-12　第一产业就业人数实际值、趋势值周期波动

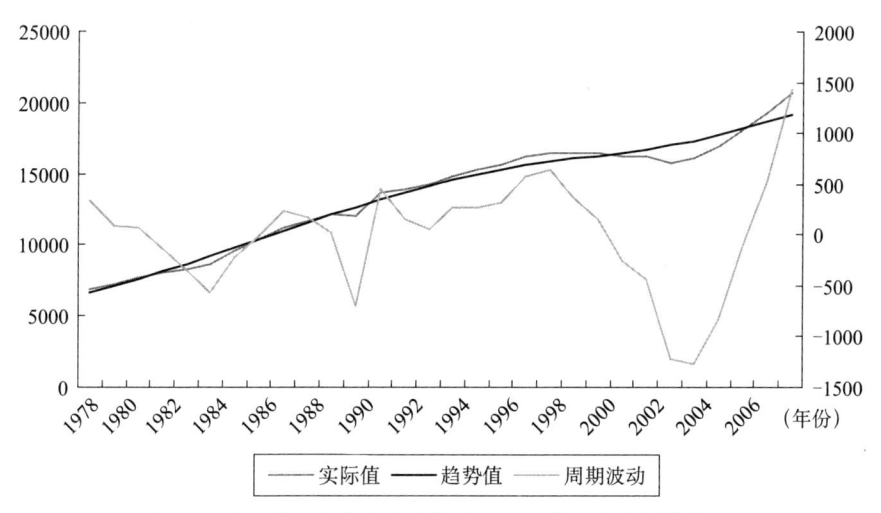

图 12-13　第二产业就业人数实际值、趋势值与周期波动

如果我们将一产就业的周期波动与二产就业的周期波动合在一块（图 12-14），容易看出两者自 1980 年以来呈现典型的反向关系——即使是在市场经济尚未确立的 20 世纪 80 年代也是如此。即经济高涨时期，农民会进入二产就业，而一旦经济下滑农民工则返乡务农。二元经济特征十分明显。

从三产就业波动来看，之前历次周期中，在经济高速增长时期，三产就业会增加，反之则下降。但是，在本轮周期中，经济的高速增长并没有带来三产就业的大幅增长，甚至在 2007 年三产的就业低于趋势应有的水平。这印证了之前我

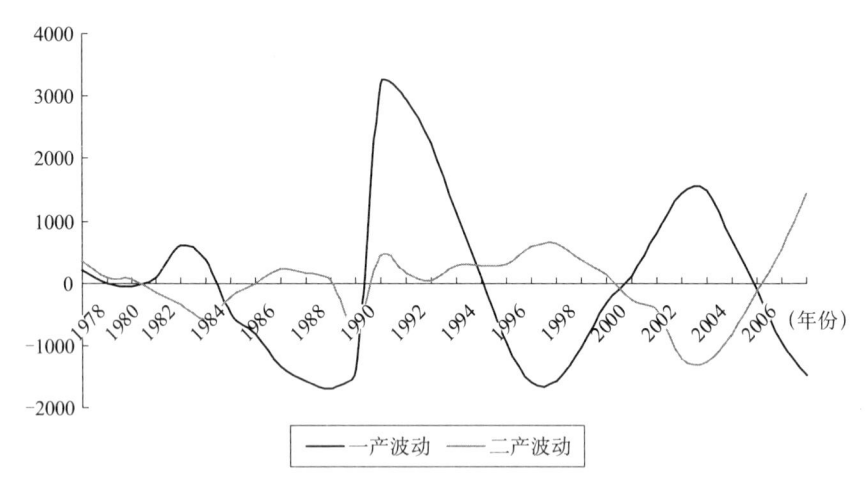

图 12-14 第一产业就业与第二产业就业周期波动呈反向变动

资料来源：东兴证券研究所。

们论述的原因，即当前相当部分三产如银行、房地产等与二产密切相关，虽有高增长但是无法有力地创造就业机会，如图 12-15 所示。

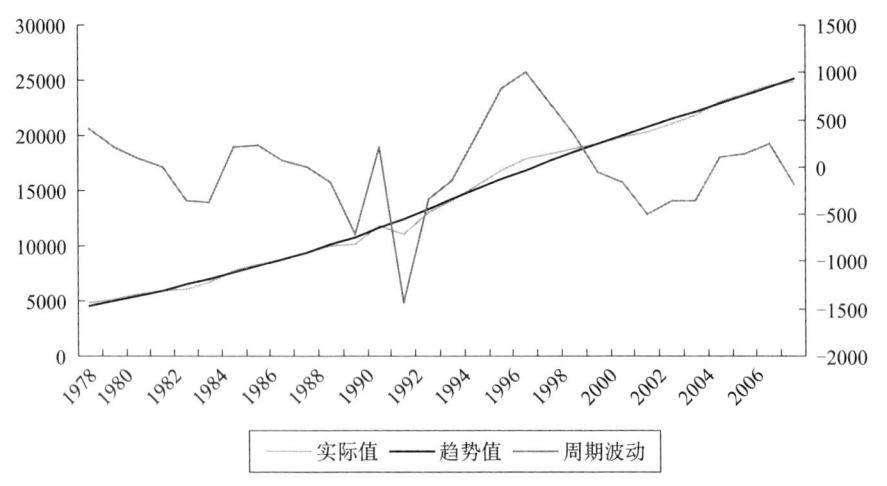

图 12-15 第三产业就业人数实际值、趋势值及周期波动

美国"二战"后的经验表明，三产（服务业）就业比例的上升大大减缓了经济波动对于就业人口的冲击。以零售业为例，长期以来，每 10 个美国人中就有一位从事零售行业。零售业在衰退时期比其他行业表现得更具有弹性，裁员也滞后于其他行业。

3. 消费、投资及净出口的周期波动

（1）消费周期波动较为平缓。从图 12-16 可以看出，消费与几次经济周期波动相一致。在 1988 年前后、1993~1997 年以及 2005 年以后消费周期波动表现为正值，尤其是这轮周期中消费的快速上升，一方面，与工资收入上涨有关系；另一方面，与股市、房市等资产价格上涨引发的财富效应密切相关。

从交叉相关系数来看，消费和当期 GDP 关系最大，同时又和上期 GDP 密切相关。因此，在 2008 年下半年经济形势恶化、收入增幅减缓的情况下，如果没有政策强有力的推动，未来消费势必受到影响。同时因为存在这种滞后关系，2008 年下半年虽然收入增幅减缓，但是实际消费（扣除通胀因素）增速迭创新高。但是进入 9 月、10 月之后，消费增速开始放缓，收入的滞后影响开始显现。

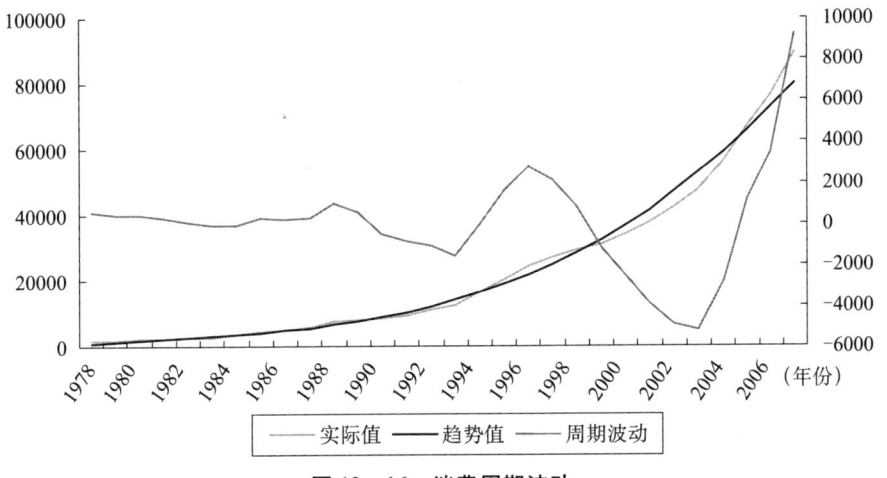

图 12 - 16　消费周期波动

（2）投资周期波动领先 GDP。从投资周期波动与 GDP 周期波动的时差相关系数看，首先，两者呈高度相关关系，达 0.91；其次，投资波动领先于 GDP 一期，即在投资启动一年后，将对 GDP 产生显著影响。换言之，一旦投资增速下降，将对来年的 GDP 增长产生负面影响。如经过几年高速增长后，2007 年固定资产投资完成额的实际增速为 22%，较之前几年有所回落，从理论上来说，2008 年 GDP 增长来自投资的动力已然不足。从数字来看，2008 年第一季度各项宏观数据还表现出快速增长，但是我们的研究表明，经过第一季度数据处理后，投资下降导致的电力、工业增加值增速在第一季度已经开始呈现掉头向下的态势。换言之，即使没有次贷危机急剧恶化的冲击，2008 年经济增速也会有所回落，如图 12 - 17 所示。

（3）净出口周期波动对 GDP 影响很大。从顺差波动与 GDP 波动的交叉相关系数来看，首先，两者呈高度相关关系，达 0.86，对 GDP 的影响很大，仅次于投资；其次，与投资有所不同的是，贸易顺差没有对 GDP 产生领先影响，而是对 GDP 产生滞后一年的影响，即本期贸易顺差的大幅增长将对未来一年 GDP 产

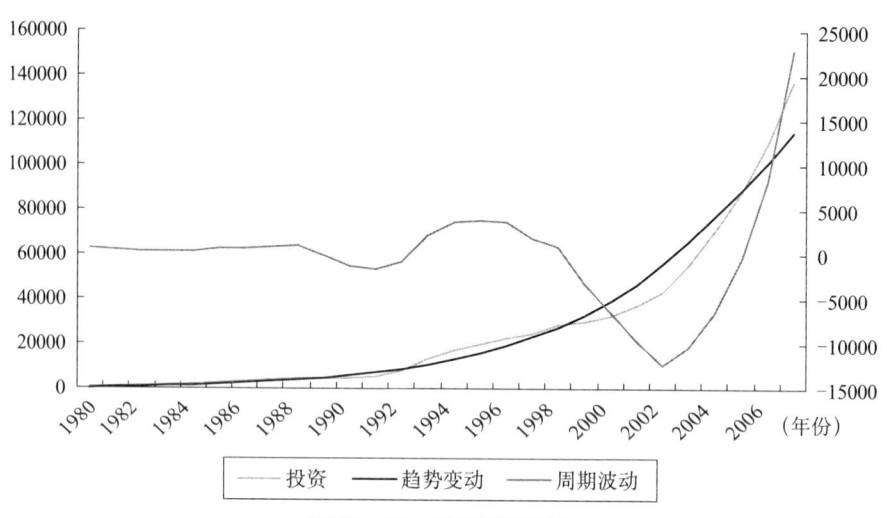

图 12-17 投资周期波动

生正面作用（用顺差与 GDP 的原始数据和趋势数据也可以得到同样的结果）（见表 12-3）。经济含义是，在当前的汇率与货币体系下，贸易顺差快速增长意味着货币供应量的增加（即使央行采取冲销措施也不能改变这一点）和经济体中流动性的增强，在一般商品供过于求的情况下，流动性只能进入股市、房市，推高资产价格，在财富效应作用下通过影响消费、房地产投资拉动 GDP 的增长。这正是我国近几年来的情形。俄罗斯因油价上涨每年也创造了较多的贸易顺差，其股市和房地产价格也是飞速上涨。部分学者的研究（孙立坚、张盛兴，2007）佐证了我们这个判断，他们的研究表明贸易顺差对推动房地产价格上涨起到了关键作用。

表 12-3 有关数列周期波动与 GDP 周期波动的交叉相关系数

	滞后 2 年	滞后 1 年	当年	领先 1 年	领先 2 年
一产就业	-0.2172	-0.376*	-0.5928*	-0.2604	-0.0052
二产就业	0.3081	0.3637*	0.7765*	0.2888	0.1498
三产就业	0.1087	0.2651	0.3252	0.3053	0.1341
一产产出	0.1669	0.2607	0.6305*	0.3325	0.1715
二产产出	0.2221	0.3442	0.9915*	0.3422	0.2206
三产产出	0.1704	0.2641	0.958*	0.2676	0.1941
消费	0.3556	0.4981*	0.9395*	0.3334	0.1087
固定资产投资	0.0982	0.2575	0.9143*	0.4294*	0.3506
贸易顺差	0.3975	0.4551*	0.8589*	0.1945	0.0706

注：*表示系数超过两倍标准差，显著相关。

4. 通胀率与增长率的权衡与选择

如前所述，在周期波动中，GDP 产出缺口为正且呈上升趋势时，通胀压力较高；相反，当产出缺口缩小或为负时，通胀压力则有所缓解。从增长率来看，基于我国以及各国经验，一般通货膨胀较高的时候，GDP 增速也较快。我们可以基于通货膨胀与 GDP 增长率之间的关系，通过最小二乘法，建立如下回归方程：

$$\text{CPI} = -6.67 + 0.994 \times \text{CPI}(-1) - 0.371 \times \text{CPI}(-2) + 0.922 \times \text{GDP}$$
$$(-2.2)\quad (6.6)\qquad\qquad (-2.5)\qquad\qquad\qquad (3.3)\qquad (12-2)$$

上述方程的调整 R^2 为 0.63，DW = 1.97。严格说，CPI 并不能全面代表通货膨胀，GDP 平减指数才是与 GDP 增速相对应的通胀指标。但是，一方面，缺少足够年份的平减指数；另一方面，CPI 虽然不是整体通胀指标，但毕竟与 GDP 增速相联系，也为人们所密切关注，因此，我们选择了 CPI 作为通胀指标的替代物。

从回归方程来看，CPI 上涨受其自身的影响。上期 CPI 每上涨 1 个百分点，本期通胀将上涨 0.99 个百分点，这符合适应性预期假说；滞后两期的 CPI 每上涨 1 个百分点，本期通胀将下降 0.37 个百分点。综合起来，过去两期 CPI 每上涨 1 个百分点，本期通胀将上涨 0.66 个百分点。同时，GDP 每上涨 1 个百分点，本期 CPI 将上涨 0.92 个百分点，说明 CPI 变动趋势与 GDP 趋势相一致。因此，可以通过观察与一定水平 CPI 相联系的 GDP 增速，判断经济是否过热或选择决策者认为可以承受的 CPI 及与此相适应的 GDP 增速。

根据上述方程，可以计算出不同稳态通胀水平以及通缩下的 GDP 增速。从表 12-4 来看，为了避免出现通货紧缩，进而进一步恶化经济主体的预期，GDP 至少要保持 7.2% 以上的增速。根据经验，决策层认为可以承受的通胀水平为 3% 左右，从表 12-5 来看，相对应的 GDP 为 8%~8.5%。这个是我们对在经济周期调整背景下，明年通胀和 GDP 增速水平的判断。这也较为接近中国 GDP 的长期增速。

表 12-4 稳态通货膨胀下的 GDP 增速

通胀率（%）	0	1	2	3	4	5	6	7	8	9	10
GDP 增速（%）	7.23	7.64	8.05	8.46	8.87	9.28	9.69	10.10	10.51	10.91	11.32

表 12-5 稳态通货紧缩下的 GDP 增速

通缩率（%）	0	-1	-2	-3	-4	-5	-6	-7	-8	-9	-10
GDP 增速（%）	7.23	6.83	6.42	6.01	5.60	5.19	4.78	4.37	3.96	3.55	3.15

5. 基本结论

基于对中国最近三十年主要宏观数据的梳理，我们可以得出以下基本结论：中国经济的长期增长率为 9%；中国经济的波动主要源于投资、工业增加值的波动，而工业企业利润波动是投资波动的根源；农业增加值及就业与经济周期波动存在反向变化关系；近年来三产增加值及就业与二产高度相关，熨平经济波动的功能明显降低，未来应该促进以拉动就业为导向的三产发展政策；中国当前正处在经济调整初期；2009年较为可行的通胀率和GDP增长率分别为3%~4%和8.5%；基于投资对GDP增长的启动作用，以大概10年一周期（朱格拉周期）来看，经济大约在2010年下半年或2011年见底，恢复上行趋势。

当前，我国经济正面临内外冲击，内在的周期调整需要和世界经济形势的急转直下正好重合，这给我国经济重新走上增长快车道增加了困难。2007年以来经济形势的急剧变化表明，次贷危机的影响远未结束。尽管我们并不认为世界经济会重蹈1929年的大危机，但是在当前严峻的经济形势面前，我们应实施全方位的措施，积极应对。

三、应对当前周期调整的政策建议

以次贷危机为发端，欧美等发达国家将陷入长期低迷，对我国产品的需求也将随之大幅减少。美国战后婴儿潮一代即将退休，他们不可能在今后负债消费。在这轮增长中，根据美联储的估算，美国家庭把房地产增值收益的50%用于消费支出。而且，基于房价不断上涨的现实和预期，美国家庭和个人不断降低储蓄率，近年来已接近零储蓄。在这双重效应之下，美国消费占GDP总额的70%以上，成为这轮美国经济增长的主要推动力。在就业环境恶化、房地产市场缩水、银行信贷紧缩以及整个美国减少贸易赤字的背景下，美国个人及家庭的消费率将逐步下降，储蓄率逐渐上升，我国2002~2007年对美顺差持续快速增长的景象将难以重现。而欧洲国家长期遭受高失业率困扰，即使在经济增速较快的2006年、2007年，失业率也高达7%以上（谭淞，2008）。在未来相当长的时期内，因欧美经济低迷而出现的出口需求缺口难以由其他国家弥补。

从发达国家工业化的历史来看，不同的产业结构对经济周期波动有明显的影响。不同的产业结构，决定着一定时期内经济周期波动基本特征。从英、美两国的历史来看，在工业化中期，以电力、钢铁、化工、石油、汽车等重工业化为国民经济主导行业时，经济周期波动的基本状态特征呈现出强度波动的特点。这主要是因为重工业化投资规模大、建设周期长，生产需求扩张过程长，乘数和加速数发挥作用的时间长，一旦经济减速运行，形成的产能过剩和连环反应也会比较严重。美国20世纪20年代的大繁荣和之后发生的大危机，就是处于美国工业化中期的事情。中国在2002年以来的经济增长中，重工业化发展加快、比重提高，这一产业结构特点，在市场调节下，也会加大经济波动的幅度。

从中长期来看，中国经济的高位增长包含着一定的客观因素，以房地产和汽车为代表的产业结构升级对整个经济增长具有广泛和持久的推动力；但是与此同时，这种重工业化决定了经济具有强幅波动的特点，是对经济平稳运行的一种新挑战。因此，为应对当前面临的严峻的国内外经济形势，一方面，我们要大力促进国内消费和投资需求，同时通过制度改革和制度建设增加有效供给；另一方面，继续开展积极的对外经贸关系，充分利用好危机给我们带来的发展机遇。

为应对当前的宏观经济形势，2008年11月5日国务院召开常务会议，研究部署进一步扩大内需促进经济平稳较快增长的措施。会议确定了当前进一步扩大内需、促进经济增长的十项措施。主要包括：加快建设保障性安居工程；加快农村基础设施建设；加快铁路、公路和机场等重大基础设施建设；加快医疗卫生、文化教育事业发展；加强生态环境建设；加快自主创新和结构调整；加快地震灾区灾后重建各项工作；提高城乡居民收入；全面实施增值税转型改革；加大金融对经济增长的支持力度。力度如此之大的经济刺激方案，将对短期增长产生明显效果。

1. 增加城乡居民可支配收入，扩大消费能力

保障和促进就业，为消费持续增长创造基础条件。增加城乡居民可支配收入，健全和完善社会保障体系，稳定消费主体预期。同时减免部分生活必需品消费税费；推动农村大型连锁超市建设，提高农村消费产品质量。

（1）重视就业的持续增长。当前我国工资收入占GDP连年下降，已经达到历史的较低水平。没有收入的增加，扩大消费难以落实。另外，只有保证就业的持续增长，才能创造出足够的消费能力，以实现生产和消费的平衡。各国的经验表明，发展第三产业，尤其是劳动密集型的服务业是创造就业机会的有效途径。今后我国不仅要重视三产增加值比重的上升，更要关注三产创造的就业机会，以政策推动三产就业的持续增长。鉴于服务业在国民经济中所处的重要地位，应该把服务业的发展放在优先地位。具体地说，应该对下列行业给予特别关注：物流业（交通、仓储、批发和零售业）、通信金融服务、战略性商业服务业（科研、咨询、计算机软件、会计与法律服务、营销服务）、教育以及人才培训。

（2）增加城乡居民收入。近几年粮食连续丰收，国家出台了一系列措施，但由于农民工资价格上涨过快，种粮农民效益并不高。尽管有关部门已经宣布今明两年的粮食收购价格，但是，我们认为仍然可以进一步大幅上调粮价，同时改变粮食贸易政策。首先，大幅度提高粮食收购价格，调动农民种粮的积极性。如果考虑到由于当前经济不景气引起的农民工回乡潮，提高粮食收购价格就变得更为紧迫。在目前国际农产品价格出现回落态势的情况下，国有粮食企业及其他农副产品的采购企业可以收购部分粮食、棉花、油料、猪肉,增加储备,维持农产品价格的稳定,增加农民的收入。其次,适度放开国内粮食及其加工品的出口。这既有利于提高粮食价格、增加外汇收入,还可以承担起大国对世界粮食供给的责任。

提高职工工资收入,不仅国家机关,医疗、卫生等事业单位也应该涵盖在加薪范畴之内。对于企业来说,不宜强行规定每年工资上涨幅度,但可以通过减少企业税费、为企业员工的加薪创造有利条件。

对于城市居民来说,应该提高低收入的补贴,降低个人工薪所得税。2006年个人所得税调整方案的起征点过低,增大了工薪阶层的负担,同时对财政收入并无显著影响。从2006年7月税收总收入来看,个人所得税仅占全部税收的5%,占财政收入的比例就更低。即使不考虑近年物价上涨因素,从长远来看,要扩大国内消费需求,应该尽快大幅提高起征点,降低普通工薪阶层及原来所谓高薪(即年收入达到12万元及以上)阶层的税赋。同时,除了提高起征点,还应对所得税征收标准进行较大调整,例如,对于夫妻双方只有一人就业或需抚养多个孩子的(只要符合法律规定),应相应降低起征点。

(3)健全和完善社会保障体系,稳定消费主体预期。目前我国是世界上基尼系数最大的国家之一,要提高全民整体消费水平,就必须要缩小贫富差距、保证低收入者消费水平的正常增长。在目前国家财力日趋增强的条件下,建议国家建立对低收入阶层补贴的长效保障机制,把补贴制度长期化、规范化,让低收入人群及时得到政府的补贴资助。

住房、医疗、教育和养老等制度改革曾影响居民消费增长的重大障碍。根据世界银行数据,中国对于医疗、教育的公共投入占GDP的比重仅有1.8%和2.5%,低于国际平均水平6%和4.6%。公共事业投入不足,是中国家庭储蓄率高企、消费不足的原因之一。目前住房制度和社保养老制度商业化和制度化推进较快,老百姓的担忧减少,但是,看病难、看病贵和教育高收费的问题尚未解决,成为制约一部分人扩大消费的重要因素。只有加大这些方面的社会投入,才能减少人们在经济调整时期的恐慌心理,确保消费稳步增长。

2. 投资改善民生,促进经济长期增长

根据有关部门的数据,为应对经济调整推出的4万亿元投资计划的具体构成是:近一半投资将用于铁路、公路、机场和城乡电网建设,总额1.8万亿元;用于地震重灾区的恢复重建投资1万亿元;用于农村民生工程和农村基础设施3700亿元;生态环境3500亿元,保障性安居工程2800亿元,自主创新结构调整1600亿元,医疗卫生和文化教育事业400亿元。

（1）大力开展基础设施建设。基础设施建设具有产业链长、创造就业岗位多的特点。4万亿元投资的具体构成是：近一半投资将用于铁路、公路、机场和城乡电网建设，总额1.8万亿元。中长期铁路网调整规划已经国家批准正式颁布实施。按照调整后的规划，从现在起到2020年，中国将新建约4万公里铁路，铁路建设投资总规模将突破5万亿元。铁路是国家最重要的基础设施，具有投资大、产业链长的特点。在当前钢材、水泥等主要生产资料价格出现大幅度回落的情况下，加快铁路建设步伐，能够实现铁路低成本发展，提高全社会的投资效益，节约国家的建设成本。根据当前宏观经济形势和铁路发展规划，2009年，铁路计划完成6000亿元的基本建设投资。完成这一规模的投资，需用钢材2000万吨、水泥1.2亿吨，能够提供600万个就业岗位。而公路、机场和城乡电网改造也和人民群众生活息息相关，也为长期经济发展所必须。

（2）加强环境保护投入力度。今后三年，国家将从各个层面筹集1万亿元以上的资金用于环境保护。我国可以利用好这次扩大内需的机会，积极发展环保产业，抓好中国经济的结构调整。经济调整也是环保事业难得的机遇。应当把发展环保产业作为扩大内需的重要方面，把新能源和可再生能源的开发、节能、节水、节材、污染治理等新型产业培育成新的经济增长点。着重改善环境民生，要制定和完善促进环保产业的发展战略、政策和标准体系，推动技术创新体系的建设，提升环保产业的技术水平，加大投入力度，创建多元的产业投资环境，大力发展环境服务业。

（3）增加保障性住房供给。房地产由于其产业链较长，对国民经济的影响举足轻重，房地产投资约占GDP的10%，因此，保持稳定的房地产投资，对于平缓当前的内外冲击，具有重要作用。为实现这一目标，大幅增加保障性住房、经济适用房和廉租房的建设，增加住房供给，用低价房分流住房需求。提高土地出让收益用于保障性住房建设的比例；对建设保障性住房提供绝对低价或零地价，让老百姓更多地分享到经济发展的成果。只有当房价回归到理性水平，房地产业告别暴利时代，房地产企业才会在优胜劣汰中提高行业的竞争力，实现健康持续发展。为了大力增加廉租房和经济适用房供给，可以将经济适用房建筑面积占住房面积的比例由现在的5%提高到30%或更高水平；为确保"90/70"目标的实现，可以实施个人所得税减免政策，以及其他鼓励性政策；将一次性缴纳土地使用税改为每年缴纳地产税及房地产增值税，在平抑房价的同时可以稳定地方财政收入。另外，还可以考虑将个人每月房贷抵扣税基，以增强居民消费能力，尽可能减少房贷对消费的挤出影响。

在加大保障性住房建设力度的同时，还可以进一步加大中小户型、中低价位普通商品房建设的力度。通过向市场提供更多的中小户型、中低价位普通商品房，以增加供给推动房地产价格回归合理水平，改善整个居民的居住水平并通过住房消费促进经济发展。

3. 通过制度改革，增加有效供给

除了中央政府近期出台的启动投资和消费需求的多项措施之外，我们建议未来还可以从以下三个方面着手，增加有效供给：

（1）放宽市场准入。改革开放30年的一条重要经验，就是市场开放与充分竞争，有效推动了产业进步。大量事实证明，发展快、竞争力强的产业，基本上都是开放度高、竞争充分的产业；反之，发展慢、竞争力弱的产业，大都与行政性垄断有关。在此次扩大内需过程中，通过放宽准入，鼓励竞争，破除或减少垄断，在基础产业和服务业就可以释放出可观的增长潜力。以高速公路建设为例。在过去的20年间，高速公路从无到有，发展到目前的5万多公里。原因是调动了中央、地方、社会投资者几方面的积极性，并形成了有吸引力的投资回报机制。

（2）理顺价格关系。价格改革重点包括深化资源价格改革，理顺价格可以扩大供给，创造公平的市场环境。一些居于垄断的企业经营效益很高，民间资本进入这些行业还存在很多障碍，需要深化经营机制改革。进一步推进国有企业结构调整，要推动国有资产从生产经营领域向公共服务领域的发展，并加快对垄断行业的改革。

加快要素价格改革，理顺资源要素价格，合理引导投资行为。利用当前通货膨胀压力减缓、国际大宗商品价格回调的有利时机，加快能源要素价格改革，引导要素价格回归合理水平，充分体现对环境造成损失的成本。加快户籍制度和劳动就业制度改革，充分体现劳动力价格，为农民工转为真正的产业工人创造体制政策环境。

应该更多地运用经济手段制度建设促进环保事业发展。例如，政策倾斜、税收优惠等。同时尽快改革能源及生产资料价格形成机制。如果节能环保能给企业及公民带来真实效益，必然会形成繁荣市场。

（3）财政货币政策的落实和协调。在中央政府推出4万亿元投资方案中，并非全部由中央财政出资，而是在中央财政牵头出资的情况下，带动相应的地方政府和社会投资。中央财政国债发行的空间很大，但是配套资金如何解决是关系到项目能否落实、投资能否启动的关键问题。由于地方政府发债存在法律上的障碍，可以由具体实施项目的地方企业发债筹资。因此，应大力拓宽企业发债渠道，发展企业债券市场。另外，央行已连续多次降息并下调存款准备金率，配合了积极财政政策的实施。

4. 借鉴美苏崛起经验，继续加大对外经贸合作

由于我国当前面临前所未有的严峻的经济形势，除了实施反周期的财政货币政策、收入政策，还应该从实现我国长期平稳发展的角度，在对外经贸往来方面有所突破，将熨平短期经济波动与促进长期持续发展结合起来。

（1）苏联两次利用世界经济危机实现赶超式发展。1928年苏联开始执行第一个五年计划，大萧条时期苏联正在进行工业化建设，西方的经济危机恰恰成了苏联大国崛起的良机。首先，获取西方国家贷款由难变易。1929年之前，西方大国都不愿贷款给苏联，即使贷款也附有苛刻的条件。但在经济危机中出现了大量的过剩产业资本，使得苏联在国际金融市场上处于有利地位。其次，进口了大量的机器设备，获取了先进的技术。为走出经济危机，西方国家加大对苏联的产品和技术出口，苏联成为世界市场上机器的最大买主。苏联第一个五年计划期间建立的一大批现代化骨干企业采用了西方先进技术设备，甚至是在外国专家直接帮助下建立的。再次，吸纳了西方技术人才。大萧条时期，西方国家大量技术人员失业被招聘到苏联工作。最后，在国际经济关系中，提出合作共赢的建议。1933年6月，苏联在伦敦召开的世界经济会议上，提出一项发展对外贸易、加强国际经济合作的计划，建议西方国家向苏联提供长期贷款，苏联则保证在短期内向国外提供总值约为10亿美元的订单，从而各取所需、实现双赢。

显然，大萧条成为苏联崛起的契机。1929年，苏联的制造业总产量居美德英法之后；到1932年底第一个五年计划结束时，苏联的工业产量已上升到第二位；1938年上升至17.6%，与美国的差距大大缩小而远高于其他资本主义国家。随着经济地位的上升和工业实力的增强，苏联的国际政治地位显著提高。

1973～1975年资本主义世界再次出现经济危机，苏联看准了这一有利时机，再次主动、积极地利用了这一历史机遇。首先，大量引进西方的先进技术和设备，加速设备更新，大大提高了劳动生产率。其次，采取多种形式，加强与西方国家的经济技术联系。包括签署长期经济合作协定、扩大科技合作及开展补偿贸易等。最后，积极引进外资。苏联把获得贷款看成促进其经济发展的战略措施，西方国家则把向苏联提供贷款看成促进其产品出口的重要手段。据统计，苏联在第九个五年计划期间共引进外资176.61亿美元，其中仅1973～1975年就引进145.32亿美元。同时，与西方国家建立股份合作制企业，在打开西方市场、赚取外汇的同时又吸收了西方的技术和管理知识。

总之，苏联在20世纪70年代再次利用西方经济危机，加强同西方国家的经济联系，在促进本国经济发展的同时也推动了世界经济复苏。这同时说明，经济实力相对不足的国家，如果能够利用好每次世界经济危机带来的发展机遇，可以实现赶超式发展。

（2）美国通过军火需求和实施马歇尔计划消除产能过剩。1929年美国股市泡沫破灭，经济危机爆发，整体经济水平倒退至1913年。1933年罗斯福新政开始实施，在财政支出大举扩张的情况下，经济开始有所好转，1934~1937年GDP均实现了连年增长。但是随之而来的1938年，GDP再度出现负增长，跌至1929年的水平，同年私人投资萎缩了41%。这说明，扩大财政支出、兴建大型工程等举措确实在一定程度上可以有效地消除危机的负面影响，但是他们不可能取代经济增长本身所需的动力。20世纪30年代，希特勒德国扩军备战，从1939年开始，美国经济走上了增长的快车道，彻底摆脱了经济危机的阴影。1941年第二次世界大战全面爆发后，罗斯福政府于1941年3月至1945年9月期间实施了《租借法》，租借援助总额达502.44亿美元。这些援助以美国政府支出的形式向军火商等企业购买武器，然后提供给同盟国，因此，这一时期美国政府支出急剧膨胀，年度增速远远高于罗斯福新政时期。1941~1944年，美国经济保持高速增长，分别达到17%、18%、16%和8%；同期政府支出年度增长77%、137%、51%和11%，与此形成鲜明对比的是，在战争最艰难的1942年、1943年，私人投资连续两年下降近60%。

"二战"结束后，美国的军火需求大幅下降，1945~1947年美国政府支出同比分别下降12%、57%和8%，私人投资较战时有明显增长，但占GDP比重较低，难以扭转整个经济的颓势。1945~1947年，美国经济陷入衰退期，连续三年负增长。战争经济的结束，意味着美国必须另辟蹊径，解决国内需求相对不足的问题。在此背景下，1947年马歇尔计划应运而生。通常马歇尔计划被视为美国与苏联在欧洲争夺势力范围的产物，尽管人们并不否认该计划大大推动了欧洲经济的复苏。我们通过对美国经济数据的挖掘，发现马歇尔计划的推出，对于美国战后经济增长的意义非凡。

"二战"中美国军火贸易使黄金源源不断流入美国，美国的黄金储备相当于整个资本主义世界黄金储备的3/4。众多的美国私人企业需要在贸易自由政策下开辟新市场，欧洲重建也正需要来自美国的产品，但是没有足够的资金进口这些必需物资。正是在此背景下，美国凭借其庞大的黄金储备和国际货币的主导地位，推出了马歇尔计划，通过提供资金帮助欧洲重建，为国内企业和产品提供市场。马歇尔计划于1947年8月开始实施，为期4年。截至1951年中期，向欧洲提供的共130亿美元援助资金占同期美国GDP将近3%，由此可见计划实施力度之大。计划对美国经济的影响是迅速而直接的，1948美国经济较上年增长4%，

1950 年、1951 年更是达到了 8.7% 和 7.7%，是美国战后经济增速最高的年份。当然，计划也推动了欧洲经济的复苏，1948~1952 年是欧洲历史上经济发展最快的时期。

我们花费了较大的篇幅介绍美国经济与第二次世界大战的关系、探讨罗斯福新政的局限性以及挖掘马歇尔计划背后的经济意义，旨在说明，在一国工业化中期尤其是工业生产占据全球较大份额的情况下，一旦出现重大的周期调整，虽然宏观政策的调整可以在一定程度上减轻波动，但是难以扭转调整趋势，必须开拓新的市场、找到新的收入来源，内外需求同时发力，才能较好地解决生产过剩的问题。

（3）加大对外经贸合作力度，为长期发展创造有利条件。美苏经济崛起的经验，给我们以有益借鉴。在经济周期调整时期，一方面，要大力增加国内投资消费需求；另一方面，采取各种措施鼓励出口、实现产业升级，更重要的是拓宽思路，挖掘新的市场和经济增长点，将不利的外部经济环境转化为对我们有利的难得的发展机遇。

1）利用外部压力，实现产业升级。不同类型的企业面对外部成本上升的反应和消化成本上升的能力是不同的，高新技术类企业应对成本上涨的能力较强，劳动密集型企业消化成本上升的能力较弱。大部分高新技术企业，尤其是拥有自主知识产权的高新技术企业仍然保持较快的增长势头，在人民币较快升值时仍具有很强的国际竞争能力和盈利空间。而处于产业链下游的劳动密集型企业，消化成本上涨的能力则较弱。出口企业应以此为契机，积极进行产业升级，生产高附加值产品。处在发展时期的韩国、中国台湾等国家和地区都先后经历了成本上升和产业升级，实现了持续发展。

2）利用经济调整时机将外储转化为实体财富。截至 2008 年 10 月，我国外汇储备已达到 1.9 万多亿美元，居世界第一。这些外汇储备主要用于购买美国国债以及政府机构债券，这些金融资产的收益率远低于投资于实体经济的收益，换言之，持有巨额外汇储备的机会成本过高。因此，在满足防范金融风险和国际收支基本需求的前提下，我们应设法将以金融资产形式存在的外汇储备转变为实物资产或财富，为中国现代化的长远发展积累坚实的财富基础。可以采取的措施包括：回购中资企业在海外的股权；参与国外企业并购，缩小技术差距；购买中国现代化进程急需的战略性资源，特别是能源和原材料等产品，这样的产品对于实现中国现代化具有重要意义。

3）加强对外经贸合作实现双赢。苏联和美国都利用一些重大的历史事件获得了经济发展的机会。除苏联之外，20 世纪 70 年代滞胀时期西方国家产能过剩、加快了国际产业转移步伐，东亚国家由此获得迅速崛起的机会。这些国家成功利用经济危机促进经济发展的经验充分说明，把当前的次贷危机转化为发展机遇存在可能性和现实性。我国应该借鉴其成功经验，加强与陷入次贷危机的西方国家的经济技术交流与合作，以积极的态度参与国际金融新秩序的重建工作。

4）深化实施市场多元化战略，大力开拓发展中国家市场和区域性贸易合作，转换美国市场的进口需求。中国出口高度依赖美、欧的风险早已存在，当前的次贷危机使这一风险变为了现实，这使我国加大市场多元化战略实施力度显得尤为紧迫。从2008年前半年的数据来看，中国对美国出口的下降，在很大程度上被其他市场消化了，尤其是对发展中国家的出口增长弥补了对美国出口的下降。因此，结合党的十七大提出的自由贸易战略，我们认为，当前加大同亚、非、拉发展中国家的自由贸易区谈判，是开拓发展中国家和周边国家市场，拓展出口市场渠道的重要手段。相信随着我国自由贸易区网络的逐步形成，将进一步拓宽国际市场空间，增加贸易渠道，分散出口过度集中在少数发达国家的风险。

目前，非洲、拉美等国家拥有丰富的资源，具有强烈的发展欲望。我国外汇储备富余，在技术和人才方面具有明显的相对优势。考察近现代大国的发展历程可以看出，大国的持续发展需要满足两个条件，一是需要稳定的能源和原材料供应，二是需要广阔的国际市场以化解其产能过剩。加强与非洲、拉美等国家的经贸合作从近期看可以化解我国潜在的产能过剩，从长期来看则是实现我国和平崛起的必要条件。进出口银行或相关机构可以增加对出口企业的信贷支持，通过发放卖方信贷或买方信贷，支持机械、电力、通信等行业企业的出口，从而化解因欧美经济衰退导致的产能过剩和开工不足。

评注： 本文完稿于2008年12月，荣获2008年度中国证券业协会科研课题三等奖，作者为东兴证券研究所谭淞，笔者参与了研究和数据处理。中国最近一个周期的增长主要来自于城市化和工业化进程的推动。但是，在此过程中，中国对于全球资源性商品的消耗也日益增长，并对国内环境和可持续发展形成了严峻的挑战。在后续的研究中，我们发现，韩国、新加坡等东亚经济体不断加大研发投入，专利的年度增速明显高于美国、日本等发达国家。如果我们认可东亚地区研发与创新不断增强、正在从早先的模仿创新开始走向自主开发这一判断，那么基于中国近年来研发投入快速提升、专利爆发式增长以及国家鼓励民间投资进入节能减排、新材料等领域这一背景，我们有理由认为，中国新一轮周期的增长将体现为战略性新兴产业的兴起和发展。

13. 苏联利用西方经济危机的经验及启示

苏联是较早重视利用西方经济危机的国家之一，除个别时期以外，苏联始终把利用西方经济危机作为增强本国经济和军事实力的重要手段和途径，其经验对我国具有较强的借鉴意义。当然，历史不可能机械重复，在利用西方危机的模式方面也应有所创新。

一、列宁开创了利用资本主义经济危机的先河

十月革命胜利后，苏联经济处于崩溃的边缘，在此背景下，列宁在理论上充分论证了利用资本主义资金、技术和经验发展社会主义的必要性和可行性；在实践上巧妙抓住西方1920~1921年经济危机的有利时机，有效地促进了国民经济的恢复和振兴。事实上，这一时期，苏联工业生产以年均40%以上的速度高速增长，1925年国民经济基本恢复。

1. 实行租让制、兴办合资企业，克服国内经济困难

列宁指出，租让制是社会主义国家政权把自己的工厂、原料、矿山等生产资料交给资本家，资本家以租借人的资格从事生产，以其资本赚取利润，并把一部分产品交给社会主义国家，其实质是国家资本主义的一种形式。1921年开始，苏联与外商签订租让合同，到1922年同英、美、德、法、日等国实际签订的合同共有140多项，涉及当时44个经济部门中的43个。

针对国家无力建设但又不适宜租让的企业，1920年苏联开始建立合资企业，到1923年共建成23家，1925年则增加到64家。合资企业运作的模式基本上是苏联提供劳动力、承担基建工程，西方企业提供技术和设备。

上述措施充分利用了西方的资金、先进的技术、设备和管理经验，对迅速发展社会生产力和克服国内经济困难具有重要意义。

2. 签订贸易协定，实现经济和政治的双赢

在这轮经济危机中受打击最严重的是英国。为摆脱危机，一方面，急需出口

工业产品以化解产能过剩;另一方面,急需进口农产品。在这种背景下,1921年3月,苏联正式同英国签订了暂时的贸易协定,这也是苏联同资本主义大国所签订的第一个贸易协定。这一协定不仅推动了其他资本主义国家与苏联建立贸易关系,而且推动了资本主义国家对苏联政权的承认,具有重要的政治意义。随后,苏联同20多个国家签订了40多个贸易条约和协定,吸收了一些较为先进的技术和设备。

这些贸易协定对于西方国家同样具有重要意义。以德国为例,1922年两国签订拉巴洛条约,当年年底德国对苏联出口额增加一倍多,苏联对德国的出口则增加了近13倍,两国基本上采取原始的物物交换形式、各取所需。

二、大萧条期间,苏联利用西方资金人才和技术巩固了工业基础,提升了国际地位

国民经济恢复后,苏联从1928年开始执行第一个五年计划,此时苏联仍然是一个落后的农业国,工业方面存在工厂老化、技术陈旧落后、重工业基础非常薄弱等突出问题,财力仍然严重不足,同时各类技术人才都严重缺乏。在这种背景下,1929年大萧条成了苏联大国崛起的良机。

1. 根据经济发展形势的需要,以技术援助取代租让制

这一时期,租让制不能适应全面建设现代化企业的需要,1928年开始以技术援助取代租让制。1924年苏联同国外签订的技术援助项目只有5个,1929年则达70多个,1931年上升到124个。这些技术援助,对提高技术水平以及科技队伍的建设都起了很好的作用,直至苏联解体,这种形式始终是苏联引进西方先进技术和设备的重要形式。技术援助对苏联建立完备的工业体系产生了重要作用。美国人萨顿的《西方技术与苏联经济的发展(1930~1945年)》一书中介绍,斯大林曾承认,"在苏联,约有2/3的大型企业是在美国的帮助或技术援助下建成的,其余的也大多是在德国、英国、法国、意大利等国的技术援助下建立的。"

2. 进口了大量的先进技术设备,在建立现代化企业的同时缓解了西方经济危机

为走出经济危机,西方国家加大了对苏联设备和技术的出口,苏联成为世界市场上机器设备的最大买主。1931年,在美国出口的机器设备中,一半卖给苏联。1929~1930年,英国机器出口总量的70%是销往苏联,到1932年这个数字为90%。1931年,苏联购买机器设备的数量约占世界机器设备出口总量的30%,

1932年上升到50%。这些机器设备在帮助苏联建立一大批现代化骨干企业的同时在很大程度上缓解了西方经济危机。

3. 吸纳了西方智力因素，充分发挥"活技术"的重要作用

大萧条时期，西方国家出现了大量的失业技术人员，他们被招聘到苏联工作。1932年，在苏联工作的外国专家达1919人，技术人员10655人，分别比1928年增加4倍多和20多倍。同时，苏联也派遣人员出国学习，1929～1933年，仅苏联最高国民经济委员会派往国外学习的管理人员和工程技术人员就达2000人。这一做法弥补了苏联人才的不足，"活技术"对充分发挥先进技术设备的作用产生了重要影响。

4. 危机深化增强了苏联国防力量

随着危机的深化，西方国家军事技术也逐步向苏联开放，例如，1932年开始，苏联获得了西方航空方面的新技术。在这一历史时期，苏联的许多军工部门从无到有，初步形成了军事工业生产体系，为后来反法西斯战争奠定了军工基础。

5. 在国际经济关系中，提出合作共赢的建议

1933年6月，苏联在伦敦召开的世界经济会议上，提出一项发展对外贸易、加强国际经济合作的计划，建议西方国家向苏联提供长期贷款。苏联则保证在短期内向国外提供总值约为10亿美元的订单，并购买1亿美元的有色金属，2亿美元的黑色金属，约1亿美元的纺织品、皮革原料和橡胶，约4亿美元的设备和5000万美元的消费品。这些建议，既有利于苏联经济发展，也有利于西方国家缓解危机，展现了在国际舞台上负责任的大国形象。

6. 经济地位的提升巩固了国际政治地位

在西方大量失业的情况下，苏联在1930年消灭了失业者；1932年底第一个五年计划结束时，苏联的工业产量已从世界的第五位上升到第二位。随着经济地位的上升，苏联的国际政治地位随之上升，1933年11月16日，美苏宣布恢复邦交。与美国关系的正常化推动了同其他国家关系的改善，1934年苏联加入国际联盟，并成为国际联盟行政院的常任理事国。

三、忽视利用"二战"后西方经济危机，拉大了与发达国家的差距

"二战"结束后，欧洲基本上是一片废墟，美国因军火需求大幅下降再次陷入衰退，1945～1947年经济连续三年负增长。此时的苏联过高估计自己的力量，

认为资本主义不可能再有较大的发展，无需引进西方技术，再加上冷战环境的影响，苏联错过了利用这次西方经济危机的机会，从而拉大了与西方经济技术的差距。

1947年8月美国实施"马歇尔计划"，帮助欧洲重建，同时为国内企业和产品开辟了市场。"马歇尔计划"对美国的影响是迅速而直接的。1948年美国经济增长率为4%，1950年、1951年更是分别达到了8.7%和7.7%，是美国战后经济增速最高的年份。同时，"马歇尔计划"也推动了欧洲经济的复苏，1948～1952年是欧洲历史上经济发展最快的时期，工业生产增长了35%，农业生产超过战前水平。

事实上，从"马歇尔计划"实施开始，西方世界总体上经历了长达1/4世纪的繁荣。20世纪50年代末期，苏联逐渐认识到西方国家先进科技对本国经济发展的重大意义，并深感国内技术落后、效率低下等弱点，要求加强同西方国家的经济联系，但为时已晚。"二战"结束时，苏联的技术水平和西方接近，随后差距不断扩大，到赫鲁晓夫下台时，有的领域已落后西方10多年甚至20年。

四、20世纪70年代苏联利用西方经济危机推进经济增长方式的转变

进入20世纪70年代，苏联粗放式经济发展模式受到进一步限制：劳动力来源减少、投资增速放慢、西部地区资源枯竭、东部地区资源开发条件恶劣等。在这种情况下，苏共在1971年3月召开的"二十四大"上，提出了粗放式经济增长模式向集约化的转变。1973年开始的西方经济危机为此提供了有利条件。1974年美国总统出访苏联，1975年法国、联邦德国、英国、意大利等国家领导人先后纷纷出访苏联，大都和寻找摆脱经济危机的出路有关。而苏联也看准了这一有利时机，形成了苏联历史上引进西方资金、技术和设备的新高潮。

1. 加强研究，有的放矢地利用西方经济危机

勃列日涅夫比较重视专业人员的意见，因此，在苏联逐渐出现了一批研究西方国家经济问题的专家和学者，如苏联世界经济与国际关系研究所、美国与加拿大研究所的所长都是科学院院士、苏共中央委员并担任重要行政职务。他们领导的研究所通过文献资料、出国考察、参加国际学术会议等途径，及时和深入地研究各国经济发展特点和商品信息，有的放矢地利用西方经济危机。

2. 大量引进西方先进技术和设备，加速设备更新

20世纪70年代初，苏联电子计算机大约落后于美国10年。为缩短这一差

距，苏联在70年代上半期从美国购买了80台大型和中型电子计算机和一批生产计算机用的大规模集成电路的设备，这在很大程度上促进了苏联工业设备的自动化和现代化，包括国防工业的现代化。与此同时，在能源、化工设备及其他机器制造业等领域广泛的技术更新换代，大大提高了劳动生产率，在很大程度上实现了集约化经营。

3. 采取多种形式，加强与西方国家的经济技术联系

在西方经济危机期间，苏联不仅扩大与西方国家的贸易关系，而且尽量使这种经济联系形式多样化。包括签署长期经济合作协定，趁西方经济危机千方百计发展与西方国家的科技联系、扩大科技合作，以及补偿贸易。尤其值得一提的是补偿贸易，这一措施既化解了苏联对资本主义的戒备心理，又充分利用了西方国家的资金、设备及技术，实现了经济发展的互补。

4. 积极引进外资

苏联把从西方获得贷款看成促进其经济发展的战略措施，西方国家则把向苏联提供贷款看成是促进其产品出口的重要手段，两者存在双赢的合作基础。因此，1973~1975年苏联同许多西方国家签订了长期贷款协定。据统计，苏联在第九个五年计划期间共引进外资176.61亿美元，其中仅1973~1975年就引进145.32亿美元。同时，与西方国家建立股份合作制企业，在打开西方市场、赚取外汇的同时吸收了西方的技术和管理知识。

通过上述政策，苏联一些重要工业部门的技术水平有了大幅度的提高，经济实力在很大程度上得到加强。1976年，苏联的工业产值和美国相比已从1965的65:100上升到80:100，20多种重要工业产品产量超过美国而跃居世界首位，在军事上与美国的差距也明显缩小。当然，这对西方国家缓解经济危机、降低失业也起到了一定的作用，1975年联邦德国出口总体下降4.6%，但对苏联的出口却上升了50%。

五、苏联经验对我国应对当前金融危机的启示

通过上文分析可以看出，苏联在利用西方经济危机的模式上不是一成不变的，我国在利用当前金融危机方面在借鉴历史经验的同时也要与时俱进、有所创新。

1. 实现应对经济危机和产业升级的统一

苏联的经验表明，落后国家可以利用发达国家的经济危机实现产业技术升级。面对经济危机程度的加深，西方国家为了减轻经济危机的冲击，扩大外部需

求，对我国的技术封锁会有所减弱，为我国从西方引进先进技术和设备提供了较为有利的条件。当前，我国应当加强装备制造业、节能节水和环保技术、高新技术以及传统制造业高端产品和技术的引进，淘汰落后产能，实现相关设备的更新换代，提高劳动生产率，使我国的整体生产水平上一个新的台阶。

2. 加强"活技术"的引进，充分利用国际人力资源

经济危机不仅会导致普通工人和职员的失业，也会让一些专家和大量专业技术人员失去工作。在这种情况下，我国可以充分利用国际人力资源，吸收一些发达国家的专家和技术人员到我国企业从事研发、生产和教育、培训工作，加快我国对先进技术的消化吸收过程。

3. 开发外部需求，培育国际市场

在每次爆发经济危机时，西方国家都把落后的苏联作为化解产能过剩的市场。"二战"后，持续衰退的美国在欧洲废墟上实施"马歇尔计划"，援助欧洲的同时也促进了本国出口。目前次贷危机的蔓延导致发达国家需求减弱，我国部分产业面临产能过剩，也需开发外部需求。当前，非洲、拉美等国家和地区缺乏资金、技术和人才，不少国家拥有丰富的资源，具有强烈的发展欲望，这种情形类似大萧条时期的苏联之于西方和"二战"后的欧洲之于美国。我国外汇储备富余，具备支持拉美、非洲发展、实现双赢的可能。

基础设施落后是制约拉美、非洲经济发展的瓶颈之一，加快基础设施建设是其经济起飞的必要条件，但欧美国家不愿也无力涉足这一领域。我国处于基础设施建设的高峰期，具有比较优势，不少企业已经在拉美、非洲进行基础设施、资源开采等方面的投资建设，但是受全球经济放缓和自身盈利下降的影响，后续投资可能难以持续，原来对该区域机电类产品的出口有可能也受到影响。进出口银行或相关机构可以增加对出口企业的信贷支持，通过发放卖方信贷或买方信贷，支持机械、电力、通信等行业企业对拉美、非洲的出口。非洲、拉美经济只要持续增长，对我国众多轻工业品也会形成一定需求。这项措施与启动国内投资需求的政策共同作用，内外需求同时发力，应该可以较好地解决我们当前面临的需求不足的问题。

另外，借鉴苏联当年实行租让制、兴办合资企业、开展补偿贸易等多种经营模式，在我国具有优势技术的领域在拉美、非洲等地区开展技术和投资合作，可取得双赢。

4. 多方参与利用西方经济危机的研究工作，变被动为主动

历史经验表明，由于世界经济发展的不平衡性，欠发达国家可以利用发达国家的经济危机壮大自己，并为世界经济的发展做出自己的贡献。当前，借鉴苏联

的历史经验，我国应加强利用经济危机的研究工作。研究机构应从宏观上把握本轮经济危机的发展方向，借鉴并发展反危机的理论、政策和措施；企业应当研究国际市场上相关信息及投资机会；政府发挥领导和协调作用，适时出台相关经济政策。在多方的努力下，我们不仅可以战胜经济危机，而且能够迎来发展的机遇。

评注：本文2009年1月13日刊登于《经济预测分析》，我的老领导步德迎编辑好稿件之后在邮件中回复了六个字和一个感叹号："很有借鉴意义！"。这篇稿子主要参考了中国社会科学院杨家荣先生等老一辈学者1984年所著的《苏联怎样利用西方经济危机》一书，作为后学，我们对老一辈学者当年的远见卓识以及在信息技术不发达情况下细致入微的工作表示由衷的钦佩和感谢。近几年，我们阅读到一些不知名、非主流学者的著作，作者虽远离金粉世界但其智慧的光芒并不因时间的流逝而黯淡。

2010年春天，突然接到国务院研究室信息司领导的电话，告诉我这篇文章拟收入《政策研究与决策咨询：国务院研究室调研成果选（2010）》（谢伏瞻主编，中国言实出版社，2010年7月），问我是否同意，我自然表示同意。从书中的情况来看，这篇文章改编后于2009年1月23日上报国务院领导。

十年之后重读此文，有如下几点感悟：一是在经济研究中历史分析非常重要。这一点经济学大师熊彼特已经强调，本文则是一典型案例。2019年1月3日中国社会科学院成立了中国历史研究院，这必将是功在当代、利在千秋的大事。二是我需要继承和发扬老一辈知识分子耐得住寂寞、坐得住冷板凳、勇于担当历史使命的优良传统。《苏联怎样利用西方经济危机》在当时讲应该没有任何实际意义，做这项研究需要耐得住寂寞、坐得住冷板凳。这本书沉寂了24年后终于派上用场，完成了历史使命。作为一位中年学者，我需要传承老一辈学者的治学精神，为留下传世之作而努力。三是不以成败论英雄，虚心学习各国历史经验。苏联虽然已解体，但并非一无是处，其他所有国家同样如此。正如一些文明古国已经消失，但并不能否认其过去的璀璨辉煌以及对当前人类社会文明的影响。四是正确认识马克思主义经济学。马克思主义经济学是开放、创新、与时俱进的经济学，并非呆板的教条，通过本文的分析可以看出，列宁是传承和发展的典范。

14. 危机转化为机遇的国际经验及启示

世界经济发展的历史经验告诉我们,只要政策得当,经济危机完全可以转化为发展机遇。经济危机转化为机遇的有利因素,一是促使社会各界在改革的方向和路线上达成共识,推动改革;二是促使发达国家消除技术壁垒,促进我国技术水平和产业结构的升级与优化;三是迫使企业实现技术和管理创新,为下一轮经济繁荣奠定微观基础。本文通过经济危机转为发展机遇的案例提出几点启示。

一、经济危机转化为发展机遇的历史经验

1. 大萧条成了苏联大国崛起的良机

1928年苏联开始执行第一个五年计划时还是一个落后的农业国,存在工厂老化、技术陈旧落后、重工业基础薄弱、技术人才缺乏等突出问题。1929年西方经济大萧条成了苏联大国崛起的良机。首先,大量进口先进技术设备,同时广泛引进西方技术人才,对苏联建立一大批现代化骨干企业产生了重要影响;其次,在此期间大量吸收西方军事技术,许多军工部门从无到有,初步形成了军事工业生产体系;最后,经济地位的提升巩固了国际政治地位。之后,苏联又多次利用西方经济危机发展壮大自己。对此的详细论述参见本刊第三期《苏联利用西方经济危机的经验及启示》,本文不再赘述。

2. 马歇尔计划帮助欧美摆脱战后危机,并促进欧洲经济一体化

"二战"后美国的军火需求大幅下降,1945~1947年美国政府支出同比分别下降12%、57%和8%,经济陷入衰退期,连续三年负增长,私人投资较战时虽有明显增长,但占GDP比重较低,难以扭转整个经济的颓势。作为主战场的欧洲,此时基本上是一片废墟,欧美经济陷入全面危机。此时的苏联也认为资本主义不可能再有较大的发展,同欧美经济技术联系陷入低谷,如图14-1所示。

"二战"中美国军火贸易使黄金源源不断流入美国,美国的黄金储备从1938年的145.1亿美元增加到1945年的200.8亿美元,约占全世界的59%,相当于

图 14-1　1929~1953 年美国 GDP 与重大事件（以 2000 年价格折算）

整个资本主义国家的 3/4。此时，众多的美国私人企业需要在贸易自由政策下开辟新市场，欧洲重建也正需要来自美国的产品，但没有足够的资金进口这些必需物资，正是在此背景下，美国凭借其庞大的黄金储备和国际货币的主导地位，推出了"马歇尔计划"，通过提供资金帮助欧洲重建。

"马歇尔计划"于 1947 年 8 月开始实施，为期四年，截至 1951 年中期，向西欧提供的资金共 130 亿美元，约占战后黄金储备的 65%，由此可见计划实施力度之大。计划对美国的影响是迅速而直接的，1948 年美国经济增长率为 4%，1950 年、1951 年达到了 8.7% 和 7.7%，是美国战后经济增速最高的年份。同时，计划也推动了西欧经济的复苏，1948~1952 年是西欧历史上经济发展最快的时期，工业生产增长了 35%，农业生产超过战前水平。事实上，从"马歇尔计划"实施开始，西方世界总体上经历了长达 1/4 世纪的繁荣，尽管这一时期的繁荣与第三次技术革命有关，但没有马歇尔计划奠定的物质基础，第三次技术革命可能被大大推迟。

同时，长期以来，"马歇尔计划"也被认为是促成欧洲一体化的重要因素之一。该计划消除或者说减弱了历史上长期存在于西欧各国之间的关税及贸易壁垒，使西欧各国的经济联系日趋紧密并最终走向一体化，而欧洲一体化不论是对其自身还是对世界经济的发展都具有重要意义。

3. 1973 年石油危机加快了西方国家产业转移

1973 年石油危机爆发，欧美发达国家面对国内生产成本高昂和产能过剩的问题，只能将目光投向第三世界国家，将资金、技术与第三世界国家的低成本要素结合进行生产，从而实现了国际产业转移，发达国家的经济危机转化为发展中国家的机遇。据联合国统计，发展中国家的出口总额 1970 年为 565 亿美元，1980 年上升到 5671 亿美元，年均增长率达 26.1%，高于同期世界出口贸易

20.4%的年均增长率。这样,发展中国家在世界出口贸易中的比重由1970年的17.9%上升到1980年的28.1%。同时,出口的制成品占世界总额的比重也由1960年的3.9%上升到1980年的9.2%。一些工业化进程较快的国家和地区,逐渐由过去的初级产品出口发展为附加值较高的加工产品出口,其轻工、纺织、服装、电子、精密仪器、钢铁、造船等产品在国际市场上具有较强的竞争力,最典型的是亚洲四小龙的崛起。

4. 石油危机迫使日本技术进步和产业结构升级

1973年第一次石油危机爆发后,世界经济陷入严重的停滞状态,日本产业结构被迫调整。第一,放弃了自20世纪50年代中期以来实施的以重工业为龙头带动整个经济发展的路线。第二,在制造业中,对原材料型产业进行大力调整,放弃粗放式发展模式,推进集约化经营,重点扶持大型企业。第三,对能够维持国际竞争力的钢铁业、石油化工业、造纸业等,在加大实施节能措施的同时,重点发展深加工,以高附加值产品带动整个产业的发展。第四,对无力适应新形势的纺织业、有色金属业等,则采取转产或向海外迁移的对策。第五,对装配加工产业则采取大力扶植政策,以技术尖端行业为核心,以低能耗、高效益、高科技为方向,增强企业的国际竞争能力。虽然欧美市场不景气,日本汽车仍以小型化、质量高、消耗低的优势,迅速提高国际市场占有率,在美国市场占有率1975年为9.5%,1980年为21.3%;在欧洲,尽管英、法、意等国限制进口,但日本汽车市场占有率仍从1975年的4.6%上升到1980年的9.1%。

日本技术进步和产业结构升级也为摆脱石油危机困扰创造了条件,尽管日本经济发展受到国际环境的制约,发展速度放慢,但在1973年到1991年期间,经济增速仍保持4%的水平。

5. 印度国际收支危机成为推动改革的重要动力

1947~1991年,印度实行的是国有经济和私营经济并存的混合模式,其主要特点是强调政府对经济计划的主导作用,强调通过"进口替代"实现工业化,重视发展国营企业和重工业,限制私营企业,排斥外资,20世纪80年代,虽强调改革但进展缓慢。1991年印度爆发了国际收支危机,政府财政赤字达到国民生产总值的8.5%,外汇储备仅有10亿美元,只够维持三个星期的进口支付,当时的拉奥政府被迫实施经济改革,推出了以"自由化、市场化、全球化和私有化"为特色的新经济政策:放松对私营经济发展的限制、加快公营经济改革、由计划向市场转变、实施市场经济发展模式。改革的效果是立竿见影的,改革之后经济状况得到明显改善,财政赤字逐年下降,通货膨胀得到有效控制,国际收支状况持续好转,外汇储备大大增加,投资环境逐步改善,外商投资逐步增多,国民经济稳步发展。进入 21 世纪，印度进一步推行市场经济发展战略，使其经济一直保持快速发展势头，实现了有印度特色的经济增长。

二、对我国应对当前经济危机的启示

1. 将经济危机的压力转化为改革的推动力，加快改革

我国应将国际经济危机作为契机向纵深推进改革。在经济领域，应结合行业振兴规划重点推进投资体制改革，切实放宽社会资本的投资领域，打破市场垄断，解放生产力，促进经济健康发展。

以铁路建设为例，我国人均铁路里程不足 6 厘米，不到美国的 8%，落后于巴西、印度等发展中国家，也远低于日本这样人口密度极高的国家。因此，在未来相当长的时期内，铁路投资应该保持较高的增速。但目前铁路体制中的深层矛盾制约了建设速度和规模，如果能以刺激内需为契机，加强铁路改革、完善投资体制，则会推动铁路运输业乃至整个国民经济的快速发展，如图 14-2 所示。

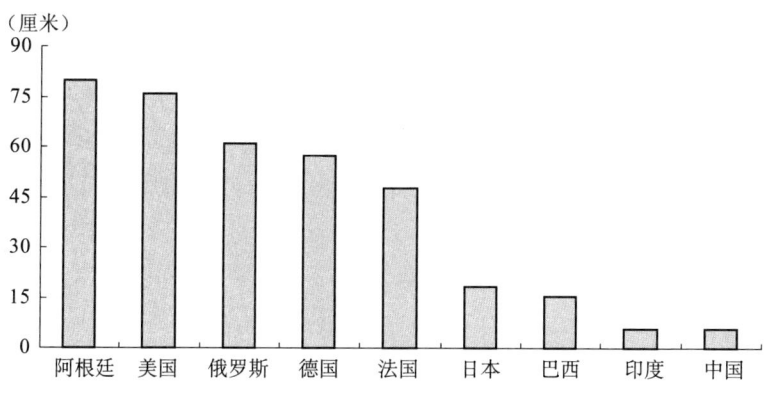

图 14-2 2006 年主要发达国家和发展中国家人均铁路里程

2. 以经济危机为契机，开创对外开放新局面

（1）通过技术和人才引进促进产业升级。随着经济危机程度的不断加深，西方国家为了减轻经济危机的冲击，扩大外部需求，对我国的技术封锁会有所减弱，为我国从西方引进先进技术和设备提供了较为有利的条件。当前，我国应当加强装备制造业、节能节水和环保技术、高新技术以及传统制造业高端产品和技术的引进，淘汰落后产能，实现相关设备的更新换代，提高劳动生产率，使我国的整体生产水平上一个新的台阶。与此同时，可以充分利用国际人力资源，吸收一些专家和技术人员到我国企业从事研发、生产和教育培训工作，加快我国对先进技术的消化吸收过程。

（2）积极参股国外企业，缩小技术差距。有的国家虽然规模较小，但是科技发达，产业创新能力很强，我们应抓住当前有利时机，通过多种方式吸收这些国家先进的生产技术管理经验。例如，挪威的炼油设备世界领先，该国的石油公司具有独特的技术创新理念和管理方法；瑞典拥有高质量的机械行业，机械产品具有精密、耐用和工艺水平高的特点。而这些国家经济保护主义和经济民族主义势力相对来说比较弱，国际开放程度非常高。通过在国际金融危机这样特定时期的战略收购，不仅可以将以金融资产形式存在的外储转变为企业股权，而且能够缩短我国和西方技术水平的差距。

（3）借鉴"马歇尔计划"，培育国际市场。目前金融危机的深化导致发达国家外需减弱，我国部分产业面临产能过剩，也需开发外部需求。当前，非洲、拉美等国家和地区缺乏资金、技术和人才，不少国家拥有丰富的资源，具有强烈的发展欲望，这种情形类似大萧条时期的苏联之于西方和"二战"后的欧洲之于美国。我国外汇储备富余，具备支持拉美、非洲发展、实现双赢的可能，因此，我国可以借鉴"马歇尔计划"，积极培育多元化的国际市场。这一举措与启动国内投资需求的政策共同作用，内外需求同时发力，应该可以较好地解决我们当前面临的需求不足的问题。

3. 以农民工返乡为契机，探索符合国情的农村发展模式

对于中国这样一个农业人口大国，农业发展究竟走什么样的道路是必须要解决的问题。效法美国的菲律宾农业发展模式不可取。而日本也是人口众多、人均耕地面积小的国家，日本的农业发展较为成功，它不是依靠资本改造和消灭小农，而是在土改的基础上，在限制大资本下乡的同时，扶持小农组织起来——建立以金融合作为核心的综合农协，变传统小农为组织化的现代小农，包括金融保险在内的农村经济都由农民协会主导发展，农民不仅分享种植业、养殖业的收益，几乎分享了农村金融保险、加工、流通储藏、生产资料供应、技术服务、农产品超市和土地"农转非"等诸多方面的绝大部分收益。日本通过限制城市资本流入农村，避免了优势极强的商业资本把农民从农产品加工、金融、流通、商业等诸多增加附加价值的产业领域里驱逐出来的可能性。同时，通过优惠政策和扶植，组织农民进入有快速提高劳动生产率空间的行业，实现较高的经济效率，获取高于农业生产的收益，以非农收益补贴农业生产的低收益。日本的农业发展模式值得借鉴。

4. 积极参与重建国际金融体系，逐步推进人民币国际化

当前，金融危机越演越烈，一些欧洲国家提出重建国际金融体系，我国应该利用这一机遇，增加在国际金融体系中的话语权。同时，也要意识到，虽然美元已经失去实体经济的支持，但是由于其科技、军事力量仍有巨大的优势，在相当长的时间内，美元作为主导货币的地位仍难以撼动。虽然欧元、日元都具有较大的影响力，但是仍难与美元分庭抗礼，而人民币的国际化又是一个长期的过程。我们可以先从与周边国家的贸易开始，逐步实现人民币的国际化。我国在与越南等东南亚国家的很多贸易中，已采取人民币结算方式，中俄边贸也是如此。这种结算模式可以推广到更多的双边贸易中去，为人民币国际化奠定坚实基础。

评注：本文 2009 年 3 月 19 日刊登于《经济预测分析》，6 月份发表于《宏观经济管理》，撰写于国际金融危机深不见底的拂逆困境，意在吹起反攻的号角。据新华社报道，时任国务院总理温家宝于 2009 年 4 月 29 日主持召开国务院常务会议，会议指出"必须把应对危机作为深化改革的契机，加大改革力度"。当读到这句话时我们意识到危机转化为机遇的序幕已经拉开。

15. 世界经济格局演变及我国政策取向

一、经济研究方法和长周期理论简述

经济学家熊彼特认为，进行经济研究，有三门专业知识必不可少，即经济史、经济理论与经济统计，其中经济史最为重要。笔者近年来的研究经历表明，以经济发展历史为主线，以经济理论为指导，以统计数据为依据，确实可以对一些国内外重大经济现象做出预测和分析，研究世界经济格局的演变更需要历史分析以及相关的长周期理论。

康德拉捷夫长波是长周期理论中最为人所知的一种，苏联经济学家康德拉捷夫认为，资本主义经济发展过程中存在着周期为50年左右的景气与萧条交替的长期波动。

世界体系论也是长周期理论中的一种，该观点由新马克思主义学者、美国纽约州立大学教授伊曼纽尔·沃勒斯坦综合多种重要观点后提出。他认为，资本主义世界体系先后出现三个霸权国家：16世纪中叶的荷兰、17~18世纪的英国以及20世纪中叶的美国，这些强国的兴衰引发了世界格局的一系列巨变。

乔万尼·阿里希提出了说明资本主义长时段历史的"积累周期理论"，认为资本主义发展史上的四个积累周期——热那亚积累周期、荷兰积累周期、英国积累周期和美国积累周期。基于这种周期视角的研究，早在20世纪90年代，他就预言了美国周期行将没落和东亚国家的崛起。

无论是世界体系论还是积累周期理论，都从大国（强国）的兴衰及更替角度观察长期经济增长。下面我们介绍荷兰、英国及美国的繁荣与衰落，为判断世界经济格局变化提供历史参照。

二、世界经济格局演变的回顾

1. 恶劣自然环境促进了荷兰经济发展，金融过度繁荣令其盛极而衰

荷兰国土面积不足4.2万平方公里，全境为低地，1/4的土地海拔不到1米，

1/4 的土地低于海面，土地多为沼泽地、泥塘和低洼地，经常遭受洪涝灾害，在与恶劣自然环境的抗争中，荷兰的水利工程得到了很大发展，同时推动了造船及相关制造业的繁荣，并促进了国际航运和商贸的发展。早在独立前的 1570 年，荷兰商船队运载量大致相当于法国、德国和英国之和。随着商贸日趋繁荣，一方面，荷兰有针对性地对外进行实业投资；另一方面，不断在非洲、美洲和亚洲进行殖民扩张。17 世纪中叶，荷兰东印度公司在全球已经拥有 15000 个分支机构，贸易额占世界的一半，首都阿姆斯特丹成为欧洲航运中心和金融中心。

凭借其金融中心的地位，荷兰很容易筹集到资金，这使荷兰政府背上巨大的债务包袱（1640 年，大约 60% 的税款用于支付国债利息），而靠消费税来偿付又使工资和物价上涨，这使荷兰商品失去了竞争力。同时，国内通过各种债权、所有权进行投机蔚然成风。1636～1637 年郁金香热是投机的高潮，郁金香球茎最高售价达 2 万英镑。当时，阿姆斯特丹资本市场还采用了复杂的交易，包括期货、期权等现代交易形式，涉及商品、政府债券等标的，现货交易可以半年后付款。

18 世纪中后期，荷兰的商业银行不愿将资金投入大规模的工业建设项目，而是投资于英国证券，在食利阶层收入不断增长的同时，老工业区的贫困也日益恶化，从而加剧了社会不平等。伴随政治、军事等诸多不利因素，进入工业革命时期，荷兰远远落在了英国、法国、比利时等国家之后。

2. 工业革命成就了日不落帝国，实体经济衰落让其步荷兰后尘

以蒸汽机为标志的第一次工业革命爆发后，英国工业生产居世界第一，成为头号强国。但是，英国很快遭遇国内市场狭小、不能满足日益扩张的生产能力的需求问题，在此情况下，英国大肆扩张海外殖民地。在第二次工业革命中，英国被统一后的美国和德国迅速赶超，但是综合财源、生产力、帝国殖民地以及海军力量等多种因素来看，它仍被视为当时的世界第一强国。

1870 年左右，英国大量的资本就像 130 年前的荷兰资本和 310 年前的热那亚资本一样，热衷于从事金融投机和经纪活动。国际金融中心的地位使得英国在"一战"前依旧维持盛世景象，尽管实体经济层面上它在 19 世纪 90 年代已被美国超越。与之前的荷兰相仿，这种国际金融中心的地位培养起庞大的金融食利阶层，而且直接左右和决定着一国的经济决策。进入 20 世纪 20 年代，英国实施维持本币价值高估的政策，目的是想恢复伦敦国际金融中心的地位，以及维护英镑债券持有者的利益，结果导致英国的失业率大幅攀升，出口产品丧失了竞争力。最终，第二次世界大战彻底改变了英国的经济和军事地位，曾经的庞大日不落帝国宣告谢幕。

3. 美国与世界经济交互影响，次贷危机结束本轮周期

（1）起飞阶段铁路充当了主导产业，"一战"化解产能过剩。在美国经济起飞阶段，铁路充当了主导产业，铁路大规模投入使用降低了运输成本、促进了国内市场的形成，并推动了中西部地区农产品的出口，1894年美国工业产量超过英国。美国工业生产快速发展之后也遇到产能过剩问题，恰巧第一次世界大战爆发，美国未直接参战，反而通过战争化解产能过剩的同时积累了大量黄金储备，工业实力进一步增强，而参战的欧洲国家元气大伤，1919年美国的经济实力压倒了欧洲，如图15-1所示。

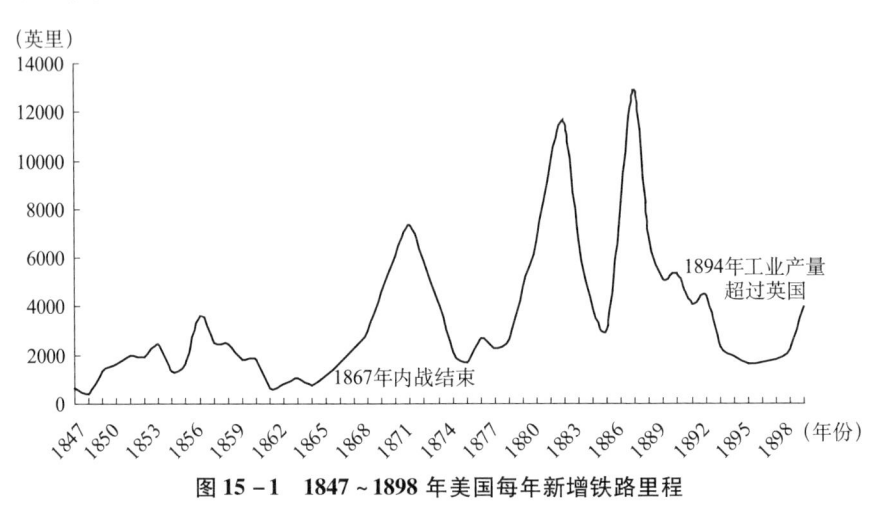

图15-1 1847~1898年美国每年新增铁路里程

（2）罗斯福新政效果有限，"马歇尔计划"帮助全球走出"二战"后危机。1933年罗斯福新政实施，1934~1937年GDP均实现了连年增长。但1938年GDP再度出现负增长（见图15-2），跌至1929年的水平，同年私人投资萎缩了41%。这说明，扩大财政支出、兴建大型工程等举措可以在一定程度上消除危机的负面影响，但不可能取代经济增长本身所需的动力。"二战"的爆发促使美国经济再次进入快速增长轨道，但是战争结束后，1945~1947年美国经济再次陷入持续衰退，产能严重过剩，战后的欧洲经济濒于崩溃，美国产品也失去了国际市场，在此背景下"马歇尔计划"应运而生。

"马歇尔计划"是从1947年8月开始实施的，由于经济衰退较为严重，当年美国对外援助在规模上较战后初期明显上升。值得注意的是，从表15-1可以看到，1948年开始，在保持高额援助的同时，援助结构发生了重大变化。1945~1947年，对外援助中信贷额度高达数千亿美元，但是1948年骤降至953亿美元，之后递减至1951年的114亿美元。与此同时，以赠与形式表现的援助急剧上升，换言之，减少信贷、增加赠与。调整的原因是，如果继续增加信贷，受援国势必面临日益严

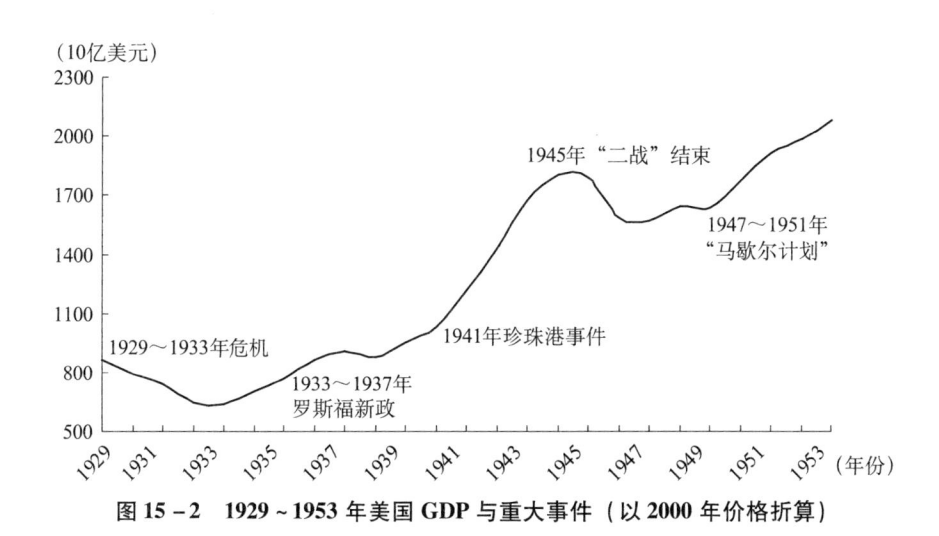

图 15-2　1929~1953 年美国 GDP 与重大事件（以 2000 年价格折算）

重的偿债压力，要么拒绝接受信贷，要么债务到期无力偿还；而且每年的利息支出对受援国及其企业也形成较大的压力，影响了再投资和生产的扩大。

表 15-1　"二战"后美国对外援助及相关指标　　　单位：百万美元

时间 类别	1945 年 6 月至 1946 年 12 月	1947 年	1948 年	1949 年	1950 年	1951 年
援助总额	7820	6224	5716	6146	4636	5029
收益	376	543	523	483	476	454
赠与净额	3611	1859	4240	5211	4027	4461
信贷净额	3833	3822	953	452	133	114
经常账户余额		8895	1864	528	-2304	90
援助总额/GDP(%)		2.5	2.1	2.3	1.6	1.5

实施大规模的对外援助之后，在经常账户顺差大幅缩减甚至出现逆差的情况下（原因是政府的对外援助尤其是赠与在很大程度上抵消了贸易顺差），美国经济反而实现了高增长，1948 年美国经济较 1947 年增长 4%，1950 年、1951 年达到了 8.7% 和 7.7%，是美国战后经济增速最高的年份。同时，西欧经济也迅速复苏，1948~1952 年是西欧历史上经济发展最快的时期，工业生产增长了 35%，农业生产超过战前水平。事实上，从"马歇尔计划"实施开始，西方世界总体上经历了长达 1/4 世纪的繁荣，尽管这一时期的繁荣与第三次技术革命有关，但没有马歇尔计划奠定的物质基础，第三次技术革命可能被大大推迟。

另外，长期以来，也被认为"马歇尔计划"是促成欧洲一体化的重要因素之一。该计划消除或者说减弱了历史上长期存在于西欧各国之间的关税及贸易壁垒，使西欧各国的经济联系日趋紧密并最终走向一体化，而欧洲一体化不论是对其自身还是对世界经济的发展都具有重要意义。

（3）新经济推动美国制造业繁荣，债务问题终结本轮增长。新经济时代的增长主要源自信息技术的广泛应用，工业利润由此改善，从而带动投资增长。1979~1992年，投资的年度平均增速只有1.3%，但1993~1997年，主要投向新厂房和设备的投资年均增速迅速跃升至9.5%，美国制造业重现繁荣景象。不过，债务问题一直是美国乃至全球经济的隐患。

1974年，西方经济陷入严重衰退，美国执行了力度较大的财政赤字政策。1992年克林顿坚持平衡性财政政策，在这种情况下美联储把提高私人部门的债务规模作为需求管理的新手段。这种手段能够实施的前提条件是股价不断上升以此实现财富效应。在美联储的干预下股价不断上升，从1994年到2000年第一季度，美国家庭持有的股票价值从4.5万亿美元上升到11.5万亿美元，但储蓄率从1992年的8.7%下降到0.3%，家庭债务占可支配收入的比例在1993~1999年高达94.2%。但是，这一政策随着新经济泡沫的破灭而破产。"9·11"事件后，美联储多次降息并长期维持低利率，美国房价持续上涨，在财富效应的带动下，家庭债务率不断提高、储蓄率进一步下降，2005年、2006年甚至接近于零（见图15-3），消费占GDP的比重也随之走高。信用膨胀将本轮增长推上了巅峰，但次贷危机的爆发为此画上了句号。

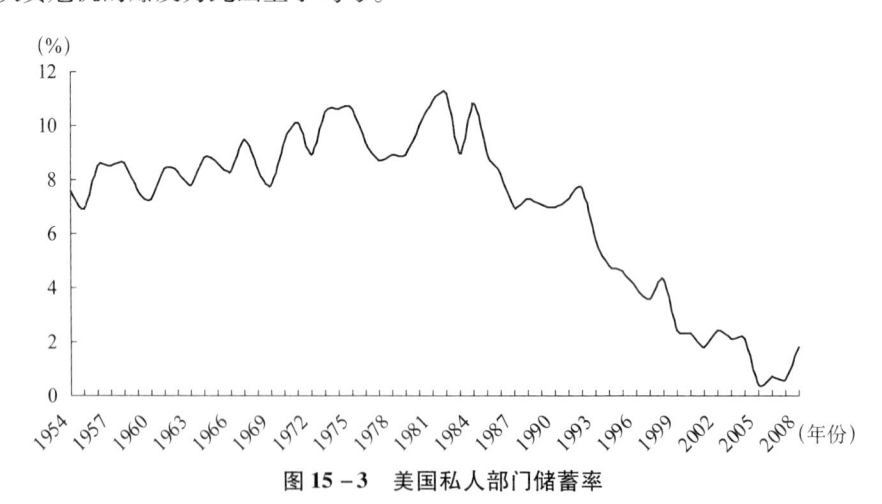

图15-3 美国私人部门储蓄率

综上所述，从荷兰和英国的发展来看，都经历了从国内生产、商贸繁荣，到开展对外投资、寻求海外市场，最终金融交易主导一国经济政策的历程（比荷兰更早的热那亚商业资本后来也转向金融资本）。纵观美国20世纪前后经济起飞到20世纪中期以后以制造业为代表的实体经济相对衰落、从而转向刺激消费、纵容金融扩张的种种举措，无不看到似曾相识的荷兰、英国的背影。

三、世界经济格局演变趋势分析

1. 人口因素决定欧美经济拐点,养老金与医疗问题将困扰美国经济

经济周期理论表明,长周期主要由人口因素决定。数据显示,美国人口结构拐点将在 2010 年出现,欧洲发达国家人口周期同美国基本一致,作为主要消费群体的"二战"后婴儿潮一代逐渐退休,即便没有金融危机,欧美等发达国家潜在的经济增速也必将下滑。

在退休人员急剧增加的同时,美国养老金却出现严重问题,在养老金 401K 计划中,有 56% 的比例将其中资金投资到股市,金融危机爆发后养老金不断缩水。另外,2008 财年医疗保险、医疗费用占美国政府支出的 23.5%,在美国政府赤字急剧膨胀的情况下,庞大的医疗费用对财政可持续性提出了挑战。养老金和医疗将成为困扰美国经济的中长期问题。

2. 经济过度依赖金融以及信贷消费,美国经济刺激政策效果有限

美国金融业增加值占 GDP 比重从 1947 年的 10% 上升到 2007 年的将近 21%,与此同时,制造业的比重则从 1953 年的 29.5% 降低到 2007 年的 11.7%,金融业在美国经济中处于举足轻重的地位。另外,私人消费支出在 GDP 中的比重高达 70%,这正是以消费信贷为支撑的。消费信贷占 GDP 的比重从 1947 年的不到 5% 上升到近年的 18%;私人消费信贷占私人消费的比例从 1947 年的 7% 上升到近年的 25%。换言之,如果没有消费信贷,私人消费将减少 1/4,GDP 规模将下降将近 18%(见图 15-4)。尽管金融危机不可能终结信贷消费模式,但过度消费的模式必将终结,经济增速随之下滑。

图 15-4 美国消费信贷、私人消费与 GDP

当前美国金融业严重受挫，原本比重不高的制造业也举步维艰，汽车行业就是典型代表。美国提出扩大基础设施建设以刺激经济，但是，20世纪大萧条时期美国产能过剩，增加基建、大兴土木有助于消化过剩产能，如今扩大基建受益的美国国内企业范围远远小于当年，其拉动经济增长的效果也将更小，如图15-5所示。

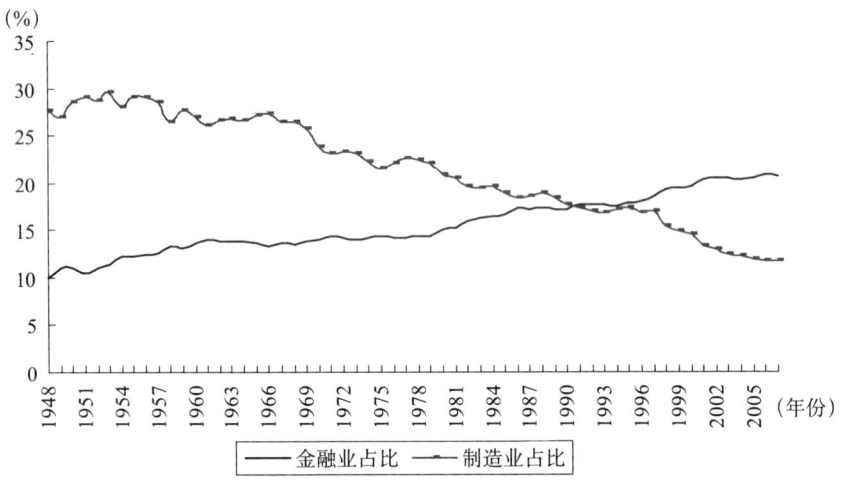

图15-5　1948~2007年美国金融业与制造业增加值占GDP比重变化

3. 美国难以找到主导产业以实现长期增长

一个国家要保持较长时期的高速增长离不开主导产业的发展，主导产业有三方面作用。第一，后向联系效应，即新产业部门处于高速增长时期，会对原材料和设备产生新的投入需求，从而带动一批工业部门的迅速发展；第二，旁侧效应，主导产业部门会引起周围一系列变化，这些变化进一步推进工业化；第三，前向联系效应，即主导产业部门通过增加有效供给促进经济发展，如降低其他工业部门的中间投入成本、为其他产业提供新产品和服务等。

在美国经济起飞阶段，铁路充当了主导产业，20世纪90年代IT行业基本符合了主导产业的三个特征。尽管美国大力提倡使用清洁能源，但是，如前所述，美国制造业在美国经济中的比重不大，这就使得新能源的推广和应用空间非常有限，生物科技等行业也存在类似的问题。

4. 南南合作具有了坚实的基础，发展中国家在新的长波中将发挥重要作用

南南合作的提出已近半个世纪，但并无太大进展。笔者认为，根源在于以前这些国家经济的互补性较弱，各国都缺乏资本、技术和熟练工人，而资源相对丰富，1993年之前我国还是石油净出口国。现在这一格局已经发生重大变化，经济的互补性明显增强，南南合作具有了坚实的基础。例如，印度与非洲的贸易过去5年中增长了5倍，预计未来4年内增长幅度还将超过5倍，2012年达到1500

亿美元；海湾国家投资者近期承诺向撒哈拉以南非洲地区投资数十亿美元；伊朗也表示欢迎建设一条经过吉尔吉斯斯坦、塔吉克斯坦和阿富汗通往中国的铁路；东亚的合作步伐在不断加快。

经济增长理论表明，资本积累、人口增长、技术及管理水平的提高是影响经济增长的基本要素，相对于发达国家，发展中国家在每一项发展要素上都具有明显的比较优势。首先，由于经济增长较快，资本积累速度超过发达国家；其次，发达国家的成熟技术和管理经验转移到发展中国家表现为技术进步和管理水平的提高，亚洲四小龙的崛起就是典型案例；最后，人口优势明显高于发达国家，2007年，欧美国家39岁以下人口占总人口的比重为55%，而金砖四国则为65%，只要通过教育将人口优势转化为劳动力优势，经济增长便具有较大潜力。

熊彼特认为经济发展过程中存在三种长度不同的周期，将他那个时代的世界经济划分为三个长波，后来荷兰经济学家范杜因对此进行了实证研究，并对第四波（截至1973年）进行了考察。本文根据大国兴衰的变化，对范杜因《创新随时间的波动》中的长波时段进行了微调（见表15-2），并将每一波动发展动力、技术创新与该时期大国国力的变化相联系。结合上文长周期理论，本文认为第四波的结束以2008年次贷危机全面爆发为标志，第五波将从2009年开始。尽管不可避免地受到金融危机的冲击，但发展中国家将会在这一长波中发挥重要作用。

表15-2　五个长波周期的划分

	时间	发展动力与技术创新	国力变化
第一波	1782~1845年	纺织机、蒸汽机	英国凭借工业革命兴起
第二波	1846~1913年	钢铁、铁路、电气	英国逐渐衰落；美国、德国崛起
第三波	1914~1945年	汽车、军工	美国霸主地位确立
第四波	1946~2008年	汽车、重化工、计算机	美国实体经济衰落、日本一度复苏、中国复兴
第五波	2009年至21世纪中叶	铁路、现代装备制造、节能环保与新能源、新材料	中国的崛起和其他发展中国家的兴起

综上所述，尽管美国仍具有人才、科技优势以及军事、政治的实力，短期内其他国家难以撼动，但是从长期经济增长来看，动力明显不足，世界经济格局正在逐步发生重大变化，我国应抓住这一历史机遇，有关问题需要进一步深入研究。

四、政策建议

1. 借鉴"马歇尔计划"，加快"走出去"步伐

仅从产能和外汇储备两方面来看，我国经济类似于"二战"后的美国，"马

歇尔计划"具有一定借鉴意义。当然,我国当前的情况和"二战"后的美国有很大差异,不具备大量无偿援助的实力,在并购方面也缺乏管理经验和人才基础,跨国并购的"七七定律"指出,70%的跨国并购没有实现预期目的,其中70%的失败于文化整合。但这并不意味着我们只能无所作为,国际投资理论和经验表明,由于对东道国市场、法律以及人文环境不熟悉,同时考虑当地民众的抵触情绪,对外投资首先是合资或合作经营等模式,时机成熟之后再采取控股或独资模式。当前,我们应当充分利用世界经济格局变化带来的机遇,认真研究"走出去"的模式,加快"走出去"的步伐。

2. 选择主导产业,加快改革

我国铁路建设落后于经济发展,长期的投资不足导致铁路客、货运力紧张。截至2006年底,我国铁路总里程为7.8万公里,人均铁路里程不足6厘米,落后于巴西、印度等发展中国家,也远低于日本这样国土面积较小、人口密度极高的国家。因此,可以把铁路建设作为主导产业之一,以此带动钢铁、机械等产业的发展,并促进商品的流通。

另外,应把节能环保、新能源作为主导产业。由于我国人口与制造业规模庞大,即使能耗水平达到发达国家的平均水平,环境也无法承受二氧化碳等污染物的排放,因此,必须进行节能(包括节水)、新能源、新材料等技术的推广,从而有效降低能源使用成本,提高经济效率。换言之,节能环保、新能源和新材料的使用与中国工业化进程相结合,在中国有广阔的发展前景,从而成为推动中国经济长期增长的重要支柱。

但是,我国铁路投资体制和资源性产品价格的改革相对滞后,因而,应当把国际金融危机带来的压力转化为推动改革的动力,进一步解放生产力,促进国民经济的可持续发展。

3. 降低商业流通成本,促进国内消费增长

据商务部的统计,我国流通成本约占商品销售价格的50%,是欧美发达国家的两倍以上。如果能够有效地降低流通成本,则会减轻消费者负担,有效促进消费增长。另外,马克思指出,一些商品会由奢侈品转向生活必需品。在这个过程中价格会迅速降低、消费会快速增长。

以美国为例,汽车最初作为奢侈品仅为上层社会所购买,到1905年,汽车市场就已基本饱和。1908年,当时很多汽车售价高达2000美元,而福特设计出T型汽车,凭借生产制度的创新,在提高工人工资的同时通过效率的改进还实现了成本的大幅下降,T型汽车上市之初只有800多美元,1916年又进一步下降到350美元左右。此举不仅使福特公司获得了商业上的成功,也使汽车转变为普通商品进入寻常百姓家,这一产业获得了巨大的发展机遇。

因而,当前需要提高劳动生产率、减少各个环节的费用,尽快将一些中高端商品转化为生活必需品,切实促进内需。

4. 扩大基础设施建设规模,扩大城市圈

和经济高速增长相比,医院、学校、轨道交通等基础设施的增长远远落后,而城市近郊的发展就更为缓慢。由于原有市区的面积有限,房价必然居高难下。只有通过改善城市周边的基础设施环境,有效增加住房供给,才能使房价回归合理水平,同时满足城市化带来的住房需求。同时,从各国发展历程来看,随着经济的发展,工业中心有从沿海沿江等交通方便的地区向内陆转移的趋势,新的城市集群或消费中心会随之兴起。我国产业转移以及铁路建设的推进也将推动我国中西部地区的崛起和经济的持续增长。

评注:本文完稿于 2009 年 3 月底,6 月 16 日刊登于《经济要参》,感谢何玉兴主编再次把我们这篇至今仍具有争议的文章用作特稿。三个多月之后,9 月 18 日,当从新闻联播听到党的十七届四中全会指出"国际金融危机影响深远,世界经济格局出现新变化"这句话时不由得感慨万千。至少,我们半年前在世界经济处于最困难时期的研究结论是同党中央保持一致的。这一结论能否经得起时间的检验,请看下面两篇文章。

16. 新兴市场经济体在全球经济衰退中继续保持增长

自金融危机全面爆发以来,从整体上来看,新兴市场经济体继续保持增长,为维护世界经济稳定做出了突出贡献,与发达国家全面陷入衰退形成鲜明对比。但新兴市场经济体也存在分化现象,亚洲国家表现较好,东欧及独联体国家表现欠佳。展望未来,新兴市场经济体面临着很好的发展机遇,我国应加强与新兴市场经济体和发展中国家的合作。

一、2009 年经济形势分析

1. 亚洲新兴市场经济体走在新兴和发展中经济体复苏前列

尽管以出口为导向的国家受国际金融危机影响较大,但亚洲新兴市场经济体仍保持了较强的增长态势,除我国之外,印度、越南等国经济在 2009 年始终保持增长。2009 年前两季度,印度经济增长率分别达到 5.8% 和 6.3%,增速仅次于我国,8 月印度工业生产同比增长 10.4%,达到 22 个月以来的高点。国际货币基金组织(IMF)的报告指出,在亚洲经济复苏带动下,新兴和发展中经济体普遍走在了复苏的前列,这一结论恰如其分地反映了亚洲新兴市场经济体的重要作用。亚洲新兴市场经济体之所以率先复苏,主要有如下六个原因:

(1)金融经营相对稳健。20 世纪金融危机给予亚洲国家深刻的教训,在这种情况下亚洲国家普遍采取了稳健的经营模式,大多数金融资源投资于实体经济,购买美国次级贷款数量微乎其微,金融体系受国际金融危机直接冲击相对较小。事实上,当金融危机全面爆发后,亚洲新兴市场经济国家只是采取宽松的货币政策,如降低利率和存款准备金率等,没有对金融体系大规模注资,这同发达国家经济政策存在明显的差异。2009 年春天,亚洲股市率先复苏,这对维护亚洲乃至全球市场的信心发挥了重要作用。

(2)经济刺激政策和改革措施促进了实体经济发展。当危机爆发后,亚洲各国纷纷出台各种刺激出口、投资和消费的财政计划,这些政策迅速稳定了市场信心,对企业的正常运营产生了积极作用。除了直接的刺激政策之外,一些国家还利用改革谋发展,2009年印度在公路建设方面不仅广泛利用民间资本,同时欢迎外资进入,在其他领域也放宽对外资的限制,这同危机爆发之前的政策迥异。

(3) 消费和投资需求旺盛。同欧美国家借贷消费模式不同,亚洲国家居民借贷消费观念不强,尽管大多数家庭在住房方面利用了银行贷款,但大多都量力而行,金融危机对家庭的冲击相对较小。相反,由于储蓄倾向很高,前几年经济快速发展使家庭储蓄迅速提高,不少居民具备了住房和汽车消费能力,在刺激内需政策的配合下,这些消费需求集中爆发。另外,由于亚洲新兴市场国家基础设施相对落后,各行业发展空间都比较大,固定资产投资需求旺盛。

(4) 多年积累外汇储备对经济稳定和发展产生了重要作用。在危机爆发前,亚洲新兴市场国家都积累了大量的外汇储备,这对维护国家经济的安全和稳定产生了重要作用。同时,印度、越南等国家的一些企业积极到海外投资,实现低成本扩张,积极化危机为机遇。

(5) 区域合作产生了积极影响。近年来,亚洲区域经济内部联系不断加强,增强了该区域抗御外来冲击的能力。同时,随着东盟自由贸易区的形成,区域间的交通、能源等基础设施建设加快,也在很大程度上促进了经济发展。

(6) 我国经济发展对亚洲经济稳定产生了重要作用。电子行业是印度尼西亚、韩国、中国台湾等国家和地区率先复苏的部门,研究表明,这同我国家电下乡等经济政策密切相关。2009年印度商工部部长指出,中国已取代美国成为印度第一大贸易伙伴,也说明中国经济发展对印度具有一定的促进作用。

2. 欧洲新兴市场经济体呈现两极分化

近年来,欧洲新兴市场经济体持续增长,成为世界经济中的亮点。在次贷危机向发达国家不断扩散时,该区域经济表现出相当强的"免疫力",但2008年11月危机不断加深之后,该区域成了国际金融危机的重灾区,这一现象并非偶然,有其深刻的历史和现实原因。

当危机爆发之前,欧元区发达国家在欧洲新兴市场国家过度投资,银行过度放贷,作为主要贸易伙伴的西欧经济的快速增长拉动了该区域的出口,上述因素共同促进了经济快速增长。由于国内需求旺盛,商品进口超过出口,欧洲新兴市场每个国家都保持着不同程度的经常项目赤字,经济失衡现象比较严重。经常项目的赤字可以由资本项目的流入抵消,波兰、捷克、斯洛伐克等国家吸引外资投资于可贸易部门,外商直接投资的出口在很大程度上改善了这些国家贸易状况,同时促进了经济增长。但其他国家并非如此，大量外资流入了房地产部门和证券市场，导致房价和股票价格的快速上升。1997年亚洲金融危机爆发之前的状况和该地区目前的状况类似，经常项目严重赤字、房价高企、本币升值以及资本项目具有大量盈余，经济理论和历史经验表明，这一状况是不可持续的。当美国次贷危机爆发后，国际资本快速撤离欧洲新兴资本市场，股价迅速下跌，本币也随之贬值，大量不良贷款形成。

由于东欧各国采取了不同的发展模式，该区域经济在金融危机中呈现两极分化的趋势。一类是波兰、捷克、斯洛伐克、斯洛文尼亚四国，由于经常账户赤字较小，经济结构相对合理，金融危机对这些国家的影响较小，2009年前两季度波兰经济仍保持增长，预计其他三国也会率先复苏；另一类是其余的国家，这些国家外债高企、经常账户赤字严重，金融体系稳定性较低，抵御金融危机的能力有限，匈牙利、拉脱维亚、土耳其等国已经接受国际货币基金组织的紧急援助，未来复苏的道路仍将艰难。

3. 独联体国家遭受高通胀和经济衰退双重困扰

以俄罗斯为代表的独联体国家经济显著的特点是衰退和高通胀并存。2009年上半年，俄罗斯经济下滑10%，且每个月的通胀率都在10%以上，缺少石油而且经济依赖于对俄罗斯出口的独联体国家深受其害。一般认为，俄罗斯经济衰退主要原因是国际油价下降，其实并非完全如此，独联体一些石油资源丰富的国家如阿塞拜疆、土库曼斯坦等国则通过降低石油出口价格的手段维持了经济增长与物价稳定，俄罗斯等国经济严重衰退和高通胀并存的现象有其特殊原因。

前几年经济高速发展时期，在乐观情绪影响下俄罗斯的企业不顾自身的实力大量从海外借款，在还款期到来时恰逢金融危机，很多企业因此陷入破产的边缘，油价的下调只不过加剧了这一矛盾。在这种情况下固定资产投资必然大幅下滑，本身就很脆弱的工业受到沉重打击，2009年前9个月工业生产下降16.5%。另外，金融危机爆发前国际游资纷纷流入俄罗斯，俄罗斯一些国内银行也从国外借入美元，然后兑换成卢布，从高利率和卢布升值中获取利益。当危机爆发后，这种外资比真正的外资逃得更快，放大了金融风险，金融体系受到严重冲击。

一般来讲，虽然金融危机可以减轻通胀压力，但在俄罗斯等国并非如此。其一，由于工业生产能力脆弱，独联体国家大量进口资本品和消费品，危机爆发后本币贬值，通胀压力自然增加；其二，由于无法争取到采购大批日用商品所需的贷款，许多俄罗斯批发商面临破产，这也加剧了通货膨胀；其三，在金融危机的背景下俄罗斯民族主义抬头，排斥外国商品经营者，国内供给不足，经营成本高昂，物价自然上升。

4. 拉美新兴市场经济体表现出较强的韧性

由于经历了20世纪90年代金融危机的洗礼，拉美新兴市场经济国家经济发展比较稳健，在金融危机爆发后表现出较强的韧性，在经历2008年第四季度和2009年第一季度的衰退之后，拉美经济开始复苏。

首先，金融危机对其影响主要表现在出口下滑导致投资和消费下降；其次，表现为国外务工汇款收入和旅游收入的减少。由于墨西哥对美国经济依赖性较强，该国受金融危机影响较大、衰退程度最为严重，IMF预计2009年墨西哥经济下滑7.3%，与美国经济联系相对较弱的秘鲁、乌拉圭仍然保持增长，其他国家只是出现轻度衰退。巴西由于资源丰富、工业体系相对健全、出口实现多元化而成为拉美国家经济复苏的领头羊，IMF预计2009年该国经济衰退0.7%，2010年实现3.5%的增长。

二、新兴市场经济体面临的发展机遇

党的十七届四中全会指出："国际金融危机影响深远，世界经济格局发生新变化。"显然，这种变化应该有利于新兴市场经济体。从历史的角度来看，每次大的经济危机都会导致世界经济格局发生局部变化。20世纪大萧条之后，苏联迅速崛起；1973年石油危机加快了西方国家产业向发展中国家转移，亚洲四小龙由此崛起。无论是从经济理论上还是从已发生的事实来看，本次金融危机都可能产生类似效果。

1. 新兴市场经济体的潜在优势

经济增长理论表明，资本积累、人口增长、技术及管理水平的提高是影响经济增长的基本要素，相对发达国家，新兴市场国家在每一项发展要素上都具有明显的比较优势。第一，由于基础薄弱，资本积累速度远远超过发达国家；第二，发达国家的成熟技术和管理经验转移到新兴市场国家表现为技术进步和管理水平的提高；第三，人口优势明显高于发达国家，2007年，欧美国家39岁以下人口占总人口的比重为55%，而金砖四国则为65%，只要通过教育将人口优势转化为劳动力优势，经济增长便具有较大潜力；第四，新兴市场国家会从西方金融危机中汲取教训，脚踏实地，实现经济的稳定发展；第五，新兴市场原有制度不够成熟，制度变迁同样会促进经济增长。

2. 新兴市场经济体的现实优势

从全球经济的发展趋势来看，经济危机的发生在新兴市场经济体具有显著的现实优势。第一，美国财富效应的消失导致廉价商品需求的增加，新兴市场经济体具有成本优势；第二，石油、钢材、机械等价格下跌在减轻通胀压力的同时有利于重大投资项目的实施；第三，土地和房产价格开始调整，有利于服务业尤其是零售业发展；第四，可以借机调整高管薪资，节省人力成本；第五，减少了跨国公司的竞争，民族工业可以得到快速的发展；第六，在金融危机的背景下发达国家对收购和兼并的管制略有放松，新兴市场国家的企业可以适时参股或收购海外优质资产；第七，制度变迁增添了经济的活力，例如，印度基础设施领域私有化改革在加速，这为基础设施建设带来大量资金，从而促进经济的可持续发展。

南南合作的提出已近半个世纪，但并无太大进展。笔者认为，根源在于以前这些国家经济的互补性较弱，各国都缺乏资本、技术和熟练工人，而资源相对丰富，例如，1993年之前我国还是石油净出口国。现在这一格局已经发生重大变化，经济的互补性明显增强，南南合作具有了坚实的基础。例如，印度与非洲的贸易过去5年中增长了5倍，预计未来4年内增长幅度还将超过5倍，2012年将达到1500亿美元；海湾国家投资者近期承诺向撒哈拉以南非洲地区投资数十亿美元；伊朗也表示欢迎建设一条经过吉尔吉斯斯坦、塔吉克斯坦和阿富汗通往中国的铁路；东亚的合作步伐在不断加快。

3. 从长周期的角度看新兴市场经济体的机遇

从更长历史视角来看，以中国为代表的新兴市场国家可能面临前所未有的发展机遇。粗略地划分，从15世纪开始世界经济经历了四个相互交叉和衔接的经济周期。第一个是热那亚周期，从15世纪到17世纪初；第二个是荷兰周期，从16世纪末开始，贯穿到18世纪的大部分时间；第三个是英国周期，从18世纪下叶开始到20世纪初；现在处于美国周期，从19世纪末开始，一直延续到现在的金融扩张阶段。前三个周期终止前的共同特征是实体经济出现衰退，但金融市场过度繁荣，目前，美国周期早已具备这一特征，金融危机的爆发可能是这一周期结束的标志性事件。种种迹象表明，下一个周期应当逐步过渡到新兴市场经济体，尤其是东亚，而东亚特殊的历史、文化和地理地位决定了中国在东亚的复兴过程中扮演重要角色。

4. G20取代G8成为世界经济格局变化的标志

全球19个主要经济体和欧洲联盟领导人2009年9月25日在美国匹兹堡宣布，二十国集团（G20）将代替八国集团，成为国际经济合作与协调的首要全球性论坛。G20同意将发展中国家在IMF的投票权提升5%，发展中国家和转型经济体在世界银行将至少增加3%的投票权。另外，决定未来IMF总裁人选应由个人能力而非国籍决定，这种改变意义非常重大，因为以往IMF总裁职位一向由欧洲人出任，而世界银行行长则由美国人担任。由此可见，新兴经济体在未来世界经济格局中将能发挥更大影响力。

三、2010 年新兴市场经济体经济发展趋势及我国的政策选择

1. 2010 年新兴市场经济体经济发展趋势

相对于 2009 年，2010 年新兴市场经济体外部经济环境将会明显改善，全球增速可能很低，但毕竟开始复苏，国际金融市场也开始稳定，能源和原材料价格也将处于上升通道。国际环境的变化有利于新兴市场经济体的发展，出口下滑将会得到有效遏制，国际资本流入加快，能源和原材料出口国经济情况将得到明显改善。另外，亚洲新兴市场经济体区域内部合作在不断加强，新兴市场经济体对发达国家的依赖程度在逐步降低，尽管脆弱的全球经济似乎仍容易受到一系列冲击的影响，但对新兴市场经济体的影响不会太严重。根据上述分析，本文认为，新兴市场经济体 2010 年将全面复苏并继续引领世界经济增长，如表 16-1 所示。

表 16-1　IMF 对各新兴市场经济体 GDP 增速预测　　　　单位:%

年份	亚洲	拉美	欧洲	独联体
2008	7.6	4.2	3.0	5.5
2009	6.2	-2.5	-5.0	-6.7
2010	7.3	2.9	1.8	2.1

2. 我国的政策选择

由于我国同其他新兴市场国家在经济方面存在较强的互补性，相互影响越来越大，随着世界经济格局的变化，这种趋势在未来将不断加强。我国应顺应这一历史潮流，加强与新兴市场经济体的合作和交流。

（1）发挥地缘优势，加强与东亚等邻国的经济合作，加快向西开放的步伐。2010 年 1 月 1 日，中国—东盟自由贸易区将正式成立，2012 年日本和韩国将纳入"东盟加三"。东亚自由贸易区形成必将积极推动我国广西、云南、贵州乃至四川和重庆等西南省区参与国际经济合作。另外，新疆与周边国家的贸易具有悠久的历史，近年来，新疆与中亚及周边国家的经贸联系保持了良好的发展态势，随着上海合作组织在经济领域合作的加强，新疆将成为中国向西开放的主战场。我国应抓住这一历史机遇，采取积极有效的财政金融政策，推进西部地区融入国际市场，促进我国区域经济协调发展。

（2）积极参加新兴市场经济体基础设施建设。基础设施落后是制约大多数新兴市场经济国家经济发展的瓶颈之一，加快基础设施建设是其经济起飞的必要条件，但欧美国家不愿也无力涉足这一领域。我国处于基础设施建设的高峰期，

具有显著的比较优势。同时，基础设施建设有利于我国重工业产品、工程与交通运输设备以及劳务的输出，对化解我国产能过剩、缓解就业压力具有重要意义。

（3）加强对新兴市场经济体与发展中国家的投资与金融支持。我国庞大的外汇储备需要转化为实体财富才能最大限度地创造价值。在当前经济形势下，社会各方都对政府启动的投资报以热切希望，同时还有人提出将外汇储备用于国内投资。但是从经济意义上来看，外汇储备投资国内意味着二次换汇和央行创造货币供给，是行不通的。但是，外汇储备投资于国外，则不存在这些问题。因此，建议将外汇储备有计划地投资于新兴市场经济体和发展中国家。

受国际金融危机影响，新兴市场经济体和发展中国家普遍存在融资困难。因此，我国应当继续加强进出口银行和保险公司以及国家开发银行对新兴市场国际业务的支持力度，同时，引导商业银行配合国家战略，在新兴市场经济体和发展中国家建立分支机构或参股、收购当地银行。在东部非洲和南部非洲，印度已经开设了大量银行，与其相比，我国已经相对落后。

（4）帮助发展中国家发展教育，加强文化合作与交流。新兴市场经济体和发展中国家科教水平相对落后，我国可以考虑帮助一些发展中国家尤其是非洲国家发展教育。对于非洲国家来说，发展教育首先要提高识字率，培养出大量农技人员和产业工人，将非洲的人口优势转化为劳动力优势，形成经济发展所需的人力资本。另外，非洲的社会精英接受的是欧美教育，对我国在非投资存在误解，加强高层次的教育合作交流有利于澄清他们对我国经济政策的认识，同时也可以有效地传播我国源远流长的文化，促进非洲经济和文化的双重繁荣。

评注：本文2009年11月19日载于《经济要参》，一年前《当前世界经济困境成因、发展趋势及我国政策取向分析》指出"新兴市场经济国家具有潜在优势，世界经济未来格局将发生重大变化"，一年之后的事实表明，这一判断是比较正确的。但是，值得进一步研究的是这种格局的变化是否会逆转。

17. 当前国际直接投资特点及我国政策建议

受国际金融危机影响，全球国际直接投资持续下滑，发达国家尤为突出。从总量上来看，发达国家仍然主导国际直接投资格局，但从增量和发展趋势来看，新兴市场国家正在改变国际直接投资格局，发达国家限制外资的政策也有所松动。我国应抓住有利时机，优化利用外资结构，提升利用外资水平，同时，加快我国海外并购与投资步伐，借鉴国际经验，健全对外投资促进机构，为我国对外直接投资的企业提供服务。

一、当前国际直接投资现状与特点

1. 全球国际直接投资持续下滑，发达国家尤甚

在全球金融危机影响下，许多跨国公司暂停或放弃海外投资的计划，非洲资源开发因外资撤离而停滞，拉美地区也受到部分跨国公司撤资的影响。在此背景下，全球国际直接投资持续下滑。由于发达国家是金融危机的重灾区，问题尤为突出。根据联合国贸发会议的统计，2008年国际直接投资下降21%，2009年又降39%，其中发达国家吸收的投资下降41%，发展中国家下降39%。2009年美国仍为吸收国际直接投资最多的国家，总额为1370亿美元，但比2008年下降57%；英国仅吸收70亿美元，降幅高达92.7%；日本也大幅减少了55.7%。相比之下，我国实际利用外资额从世界第六位跃居第二，为900亿美元，下降幅度仅为2.6%。

2. 从总量上来看，发达国家仍然主导国际直接投资格局

尽管受到金融危机的影响，但从总量上来看，发达国家在国际直接投资格局中仍占主导地位。以法国为例，2009年吸收国际直接投资650亿美元，位居世界第三。其中68%的外国直接投资项目来自欧洲企业，19%来自北美企业，10%来自亚洲企业。德国以113个投资项目名列第一，美国以106个项目位居第二，意大利和英国分别以56个项目和39个项目名列第三、第四。

当前发达国家对外投资以独资为主,大多采取并购的形式,谋取垄断地位的倾向没有改变。以我国为例,新设独资项目占外商直接投资合同项目的比重不断提高,从 2002 年的 65% 上升到近年的 80%,而原有的合资企业独资化的趋势比较明显,如图 17-1 所示。

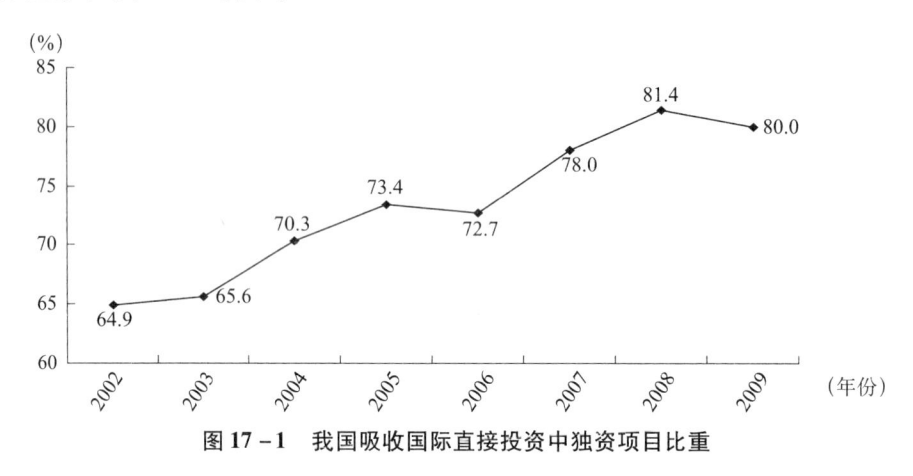

图 17-1 我国吸收国际直接投资中独资项目比重

3. 从增量和发展趋势来看,新兴市场国家正在改变国际直接投资格局

由于金融体系受次贷直接影响较小、外汇储备富余,新兴市场国家尤其是亚洲国家在国际金融危机中对外直接投资步伐并没有停滞。相反,毕马威的研究报告显示,新兴市场国家企业在发达国家并购活动大幅增加。2009 年下半年,新兴国家企业并购发达国家企业交易额为 354 亿美元,是上半年交易额的两倍多。同期,发达国家并购新兴国家企业继续降温,交易额为 183 亿美元,萎缩近 1/4。事实上,发达国家企业在发展中国家的并购活动自 2007 年底以来持续下降,目前还没有企稳迹象。

印度是新兴市场国家对外投资的主角,在金融危机中一直在加快海外收购的步伐。2009 年 11 月,印度最大的上市公司信实工业集团计划出资 100 亿美元,收购总部位于荷兰、已宣告破产的美国石化巨头利安德巴塞尔的控股权。此外,其他印度企业集团也在寻求全球扩张机会,印度的移动通信运营商一直在寻找中东和非洲的合作伙伴;多家印度信息技术服务出口商一直在收购美国和欧洲的小企业;印度石油天然气公司的海外子公司也正在积极寻求海外扩张。经济实力并不强大的越南也在危机中加快对老挝、柬埔寨等周边国家的投资步伐,越南已连续 2 年保持对老挝最大投资国的地位,我国居第二。同时,越南计划 2015 年对柬埔寨投资 60 亿美元,成为柬埔寨最大的投资国。我国 2009 年非金融类对外直接投资额 433 亿美元,比 2008 年增长 6.5%。

从以上分析可以看出,尽管规模较小,但新兴市场国家对外投资比较活跃,作为世界经济格局变化的一部分，国际直接投资格局也在发生新的变化。

4. 发达国家限制外资的政策有所松动

美国在金融危机全面爆发之前，通过立法禁止外国资本对美国实体经济进行收购。美国国会 2007 年度通过的《外国投资与国家安全法》就在于加强行政部门对在美企业收购的监督和控制，使外国公司对美国实体产业的收购难度大大增加。而 2008 年 4 月美国财政部颁布了《关于外国人兼并、收购的条例》，更为严厉地加强对外资收购美国实体产业的限制，这也是美国历史上最严格的限制外资的条例和法案。欧洲国家对于非欧盟国家的投资者，普遍存在"歧视性"问题。2008 年上半年，法国表态不会同意外资"恶意"并购法国大银行，这意味着外资能否并购该国银行，首先需要证明不含恶意，这就给该国监管部门的运作留下了足够的空间，至少仅仅具备资金实力无法实现并购。也正是在这种背景下，2008 年中国投资公司在欧洲的收购行为受阻。当然，这客观上避免了我国的投资损失。

发达国家经济全面陷入衰退之后，一些国家对外资的政策有所松动。法国政府实施了鼓励外国企业投资，特别是扶持外国投资创新项目的政策，大大提高了法国对外国投资的吸引力，在 2009 年所有新增的外资项目中，研发项目约占总数的 8%，比例比 2008 年翻了一番。2010 年 3 月份在伦敦召开的全球投资大会上，英国大力宣传吸引外资的优惠政策，以缓解债务压力、促进经济复苏和可持续增长。

二、当前国际直接投资新变化的理论分析

1. 主流国际直接投资理论对当前现象的解释

主流国际直接投资理论以发达国家对外直接投资作为研究对象，20 世纪 60 年代，海默提出垄断优势理论，指出跨国公司的垄断优势使其能排斥东道国企业的竞争，导致不完全竞争，并指出跨国公司对合资不感兴趣，最终要走上独资化的道路。这一理论也充分揭示了国际并购是当前国际直接投资的主要方式以及合资企业独资化的内在原因。

在同一时期，钱纳里的"双缺口理论"认为，为维持经济的一定增长速度，储蓄缺口与外汇缺口必须保持平衡，而吸收外资可以同时填补这两个缺口。这一理论为发展中国家通过利用外资弥补国内资金短缺的做法提供了理论支持。然而，现在存在双缺口的国家已由发展中国家转化为发达国家，这也说明了为什么美国是吸收外资最多的国家和英国为什么不遗余力地吸引外资。可以预见，在相

当长的时期内发达国家都会存在双缺口，因而，发展中国家对发达国家的投资绝非暂时现象。

2. 非主流国际直接投资理论对当前国际直接投资变化的解释

非主流国际直接投资理论以发展中国家之间投资及发展中国家对发达国家的投资行为作为研究对象，这一理论体系包括小规模技术理论、技术地方化理论、技术创新升级理论、投资发展周期理论等，它们从不同的角度解释了发展中国家对发达国家及发展中国家之间投资的动因。

小规模技术理论指出，发展中国家的中小企业可利用其小规模生产技术在激烈的竞争中获得优势并开展对外投资。这些中小企业拥有为小市场服务的生产技术，具有劳动密集、成本较低等特征，而发达国家的跨国企业则不能。技术地方化理论认为，发展中国家对发达国家的技术引进不是被动地吸收，而是有着自己的创新，并使引进的技术得以在发展中国家使用，从而使发展中国家的企业在当地市场和邻国市场具有竞争优势。这两种理论从微观层面论证了发展中国家对外投资的可能性，越南对外投资就符合这两种理论。

技术创新升级理论认为，发展中国家对外直接投资是在引进外资和技术以及积累经验的基础上结合自身优势实现的，并且在对外投资的过程中进一步实现技术升级。该理论指出，在产业分布上，首先以自然资源开发为主，其次以高新技术为主；在区域选择上，首先应在周边国家投资，积累海外投资经验，其次向其他国家扩张，最后向发达国家投资。这一理论清晰地指出了发展中国家对外投资的方向和路径以及对外投资和产业升级的关系，我国和印度的对外投资比较符合这一特征。

20世纪80年代初，邓宁提出对外直接投资发展阶段理论，该理论认为发展中国家对外直接投资同一国经济发展阶段相关，并提出四阶段观点：第一阶段是人均GDP低于400美元的国家，对外直接投资几乎为零；第二阶段是人均GDP处于400~1500美元的国家，对外直接投资刚刚起步且投资有限；第三阶段是人均GDP在2000~4750美元的国家，对外直接投资日益增多；第四阶段是人均GDP超过5000美元的国家，对外直接投资有了相当大的规模。该理论可以解释我国和印度等国对外投资缘何快速增长。

三、我国利用外资和对外投资的政策建议

1. 优化利用外资结构，提升利用外资水平

从总体上来看，外资对促进我国经济增长、提高企业管理水平、开阔国际视

野的作用是毋庸置疑的。不过，我国早已不存在外汇和储蓄缺口，利用外资应尽快实现由量向质的转变。为实现经济结构调整，我国应优化利用外资结构，鼓励外资投向高端制造业、高新技术产业、新能源和节能环保等产业，并鼓励外商以先进的技术和生产设备等实物入股，从而直接促进我国产业技术升级。同时，应借鉴发达国家的经验，采取有效措施防范跨国公司的垄断行为，尽可能降低其负面影响，全面提升利用外资水平，实现与跨国公司战略共赢。

2. 抓住有利时机，加快我国海外并购与投资步伐

根据投资发展阶段理论，我国对外投资正处于快速发展阶段。受金融危机影响，一些发达国家的企业处于破产的边缘，非洲和拉美等落后地区都或多或少受到撤资的影响，世界各国均需海外资金；而一旦经济全面复苏，发达国家海外并购的步伐将加快，一些国家也将加强对外资并购的限制，我国企业走出去将面临更多的困难。因而，我国应抓住当前有利时机，加快海外并购与投资步伐，实现与并购所在国战略共赢。

一方面，扩大对发达国家的投资，以获取先进技术。英国拥有欧洲最具实力的生命科学、金融服务和创意产业，是世界第六大制造业国家，当前正在积极吸引外资。其他发达国家也有类似情况，我国应该充分利用这一时机。另外，有的国家虽然规模较小，但是科技发达，产业创新能力强。例如，挪威的炼油设备世界领先，该国的石油公司具有独特的技术创新理念和管理方法；瑞典拥有高质量的机械行业，机械产品具有精密、耐用和工艺水平高的特点。而这些国家经济保护主义和经济民族主义势力相对来说比较弱，国际开放程度非常高。通过在国际金融危机这样特定时期的战略收购，不仅可以将以金融资产形式存在的外储转变为企业股权，而且能够缩短我国和西方技术水平的差距。

另一方面，发挥比较优势，加强对新兴市场和发展中经济体的投资。我国在对发展中国家投资方面具有一定的比较优势。因而，一应发挥地缘优势，加强与东亚等邻国的经济合作，加快向中亚国家和俄罗斯、蒙古国投资的步伐；二应加强对其他新兴市场经济体与发展中国家的投资与金融支持。

3. 借鉴国际经验，健全对外投资促进机构

从世界各国的经验来看，各国都成立了对外投资促进机构。最为典型的是日本贸易振兴机构，成立于1958年，最初为促进国际贸易，随着对外投资的扩大逐步演化为投资促进机构，我国在海外有73个办事处，负责市场调研、信息搜集、促进各层次的国际交流等活动。1998年，与日本最大的区域研究机构——亚洲经济研究所合并，成为集振兴贸易与投资、研究发展国家经济及其相关课题为一体的全新的综合对外投资促进机构。目前在我国北京、上海、广州、青岛和香港地区就设立了五个代表处，雇员多达 300 余人。我国企业缺乏跨国经营经验，且规模普遍较小，因而需要借鉴国际经验，整合现有的资源，健全对外投资促进机构，为我国企业尤其是中小企业走出去提供强有力的支持。

评注：本文 2010 年 4 月 6 日刊登于《经济预测分析》，6 月转载于《发展研究》。从国际直接投资的角度来看，世界经济格局正在发生改变，与时俱进，我国的对外政策也应做出适当调整。

18. 设备投资的国际经验及对供给侧结构改革的启示

根据发达经济体的经验，在经济转型期，设备投资普遍逆势上扬，这也是摆脱"流动性陷阱"、降低成本、防范产业空心化和群体性失业的有效措施。同时，设备投资既是创新的载体，也为新供给创造了新需求。在当前形势下，我国应有序推动设备技术投资，深化国际设备技术合作，加强财政金融政策支持，培育新动力，形成新周期。同时，要完善投资统计制度，在客观反映设备投资对经济增长贡献的同时积极引导市场预期。

按现行统计口径，我国固定资产投资由建筑安装工程、设备工具器具购置和其他费用三部分构成。长期以来，建筑安装工程占总投资规模的比重一直保持在60%~70%，2015年高达69.1%，而设备工具器具购置比重只有19.8%。因此，经济周期波动与建筑及房地产有着更直接和紧密的关系。相反，发达国家设备技术投资比重为65%，经济增长周期也主要由设备与技术投资推动。借鉴国际经验，加快增长周期由建筑周期向设备投资的切换，应是供给侧结构改革的重要内容，也是实现"十三五"经济发展目标的重要途径，如图18-1所示。

一、设备投资的国际经验及启示

1. 设备投资加速是经济转型期的普遍规律

国际经验表明，在工业化向纵深发展的过程中，设备技术在总投资中的比重呈上升趋势，在经济转型和下行压力较大时期，则呈现出加速的态势，并最终居于主导地位。

从20世纪50年代初开始，西方国家经济步入发展的"黄金时代"，经历了持续二十多年的繁荣，但建筑与住宅投资占固定资本形成比重是在不断下降的，以美国为例，1950年高达60.4%，到了1980年则下降到49.5%。2000年美国建筑与住宅比重下降到40.6%，创出历史新低，设备与知识产权产品投资则进一步

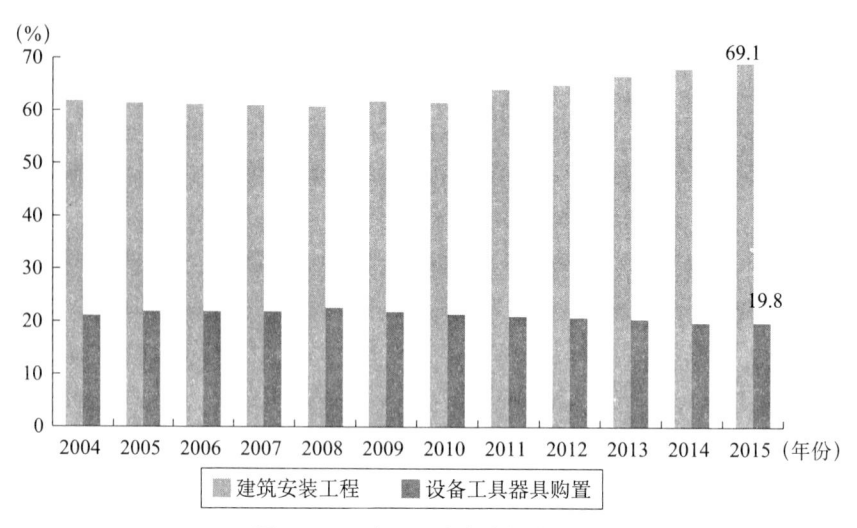

图18-1 中国固定资产投资构成

资料来源：《中国统计年鉴》。

提升。当纳斯达克泡沫破灭之后，美联储连续16次降息，直接推动了房地产泡沫，2005年建筑与住宅投资比重提升到48.7%。当次贷危机之后，建筑与住宅投资急剧下滑，设备与知识产权产品投资占比再次重返上升态势，2011年上升到65.1%，这对拉动经济复苏、重塑美国竞争优势产生了至关重要的作用，如图18-2所示。

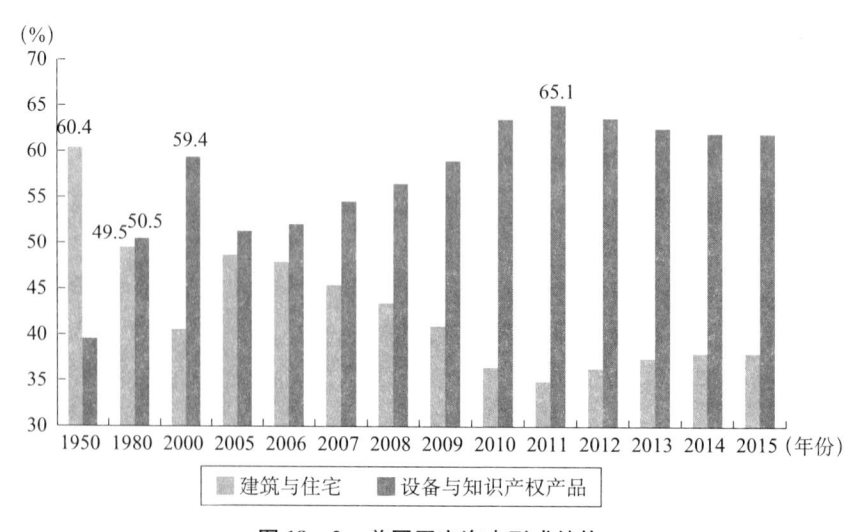

图18-2 美国固定资本形成结构

资料来源：美国商务部。

两次石油危机之后，日本加快经济转型，1980年建筑与住宅投资在固定资本形成的比重高达65.4%，2008年下降到45.7%，设备与软件投资比重则提高到54.3%，如图18-3所示。我国台湾1991~2000年GDP增速较20世纪七八十年代的高增长明显放缓，但设备投资反而加快。1980~1990年，民企制造业设备投资年均增长10.4%，90年代大幅提高至19%以上。美国、日本以及中国台湾的经验表明，设备和技术完全可能取代建筑与住宅，形成新的增长动力和周期。

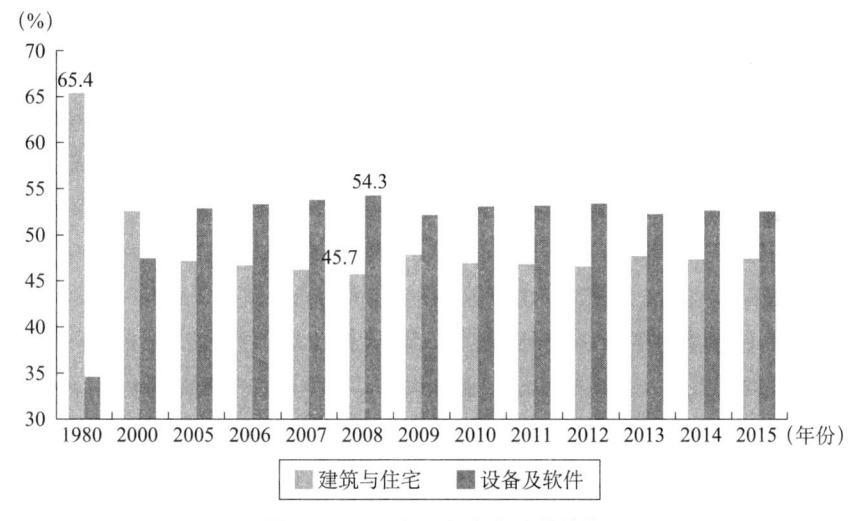

图18-3　日本固定资本形成结构

资料来源：日本统计局。

2. 加快设备投资是摆脱"流动性陷阱"的有效途径

中国人民银行最近的研究报告指出，目前企业又陷入了某种形式、某种程度的"流动性陷阱"。新建厂房和房地产开发投资大、见效慢，在经济低迷的背景下企业自然降低投资意愿，从而容易形成所谓的流动性陷阱。这一问题在1929年美国大萧条时期非常突出，但2009年次贷危机后这一现象并不明显，原因之一在于设备投资的加速。由于设备投资规模相对较小，且灵活多样，容易快速持续回升，从而破解"流动性陷阱"魔咒。

2008~2011年美国政府设备投资增幅放缓但并没减少，在官方投资的撬动下，私人设备投资从2009年第二季度开始回升，随后则出现上文所述的爆发式增长。在设备投资的引领下，各种景气指数快速回升，即使官方投资2012年之后逐年减少，但私人投资仍然保持旺盛的增长态势，并在当年第一季度恢复到危机前水平。

从2009年第二季度数据来看，美国私人建筑和住宅投资2012年第一季度才确立复苏趋势,比设备投资迟了三年,投资规模恢复到危机前水平也比设备落后了三年。换言之,实体经济的发展带动了建筑和房地产的复苏。这点对我国也具有一定启发意义,在当前形势下,我们可以启动设备投资周期,通过发展的方式逐步化解"三去"过程中潜在风险。

3. 加快设备投资可以有效降低成本、防范产业空心化和群体性失业,从而推动经济持续增长

上文指出,面对产能过剩和成本上升,日本采取了加速设备投资的做法,设备投资提高了劳动生产率,有效化解了通胀压力,避免了产业空心化和高失业率,企业国际竞争能力和盈利水平不断提升,工资水平持续提高,居民消费能力不断改善。相反,欧洲国家更多采取了加快产业海外转移的做法,这直接导致了产业空心化,失业率长期保持在10%以上。尽管世界经济长期低迷,但在1974~1991年,日本经济平均增速为4.4%,同期欧洲不到2.5%,美国只有2.9%,世界经济格局在这18年中发上了巨大变化,如图18-4所示。

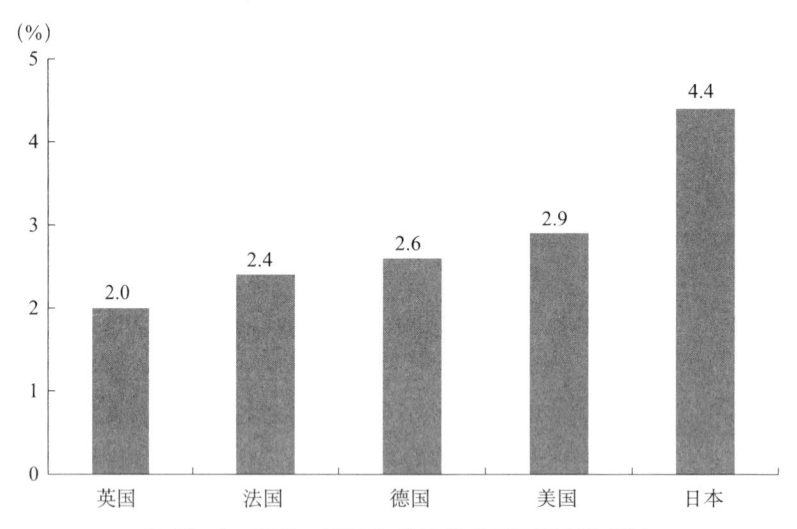

图18-4 1974~1991年英法德美日五国经济增速

资料来源:世界银行。

我国汲取欧日两大经济体的经验教训,可以通过加快设备技术投资"降成本、补短板",同时有效防范"去产能、去库存、去杠杆"过程中带来的群体性失业、产业空心化等潜在风险,确保供给侧结构改革成功。

4. 设备投资既是创新的载体,也为新供给创造了新需求

设备与技术投资作为新技术和新知识的孵化器,是实现经济创新发展的根本动力和载体。同时,创新的最终成果一部分表现为消费品,另一部分则是生产设备及其他生产资料。根据马克思两大部类的分析方法，生产资料的增长应快于消费品，换言之，设备投资为也新产能创造了更为广阔的市场需求，从而形成供需两旺的新局面。

20世纪90年代，美国不断加大信息技术与设备投资力度，在克林顿执政时期的八年间，作为投资品，知识产权产品年均增速高达10.2%，设备投资增速为9.1%，信息技术投资的加速直接提高了电子设备和计算机产业的劳动生产率，而传统制造业和服务部门的信息化改造也促进了投资的增加和生产率的提高，如图18-5所示。设备与技术投资的扩大有效拉动了经济增长，促进了消费的繁荣，也带动了建筑与房地产的发展。1993~2000年，美国经济平均增速高达3.9%，是1973年第一次石油危机以来最为繁荣的时期，个人消费名义和实际增速分别为6.2%和4.2%。

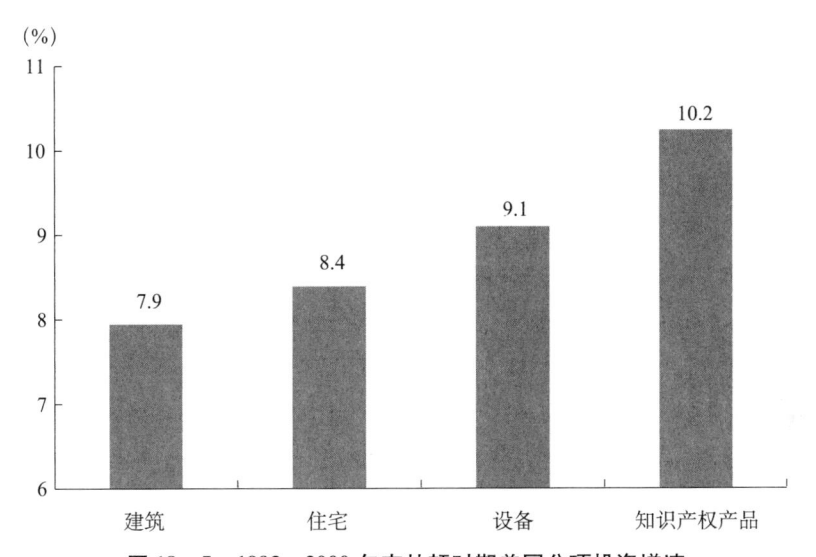

图18-5　1993~2000年克林顿时期美国分项投资增速

资料来源：美国经济分析局。

二、政策建议

1. 优化投资结构，丰富供给侧结构改革内涵

2016年前七个月我国固定资产投资增速下降到8.1%，这一增速已低于美国20世纪90年代。我国固定资产投资需要加速，但应优化投资结构，有序推动设备和技术投资，开启新的增长周期。结合国内外经济形势，当前应重点加快如下领域的投资：一是传统优势产业，这些产业普遍面临人工成本压力问题，通过设备和技术改造可以重塑国际竞争力，避免产业过度转移带来的"无工可打"现象；二是战略新兴产业，"十三五"规划提出了五大战略新兴产业，这些产业的发展离不开先进的设备和技术投资；三是产能过剩行业，在兼并重组过程中需要加快技术升级；四是现代服务业，无论是生产性服务业还是消费服务业，其生产及管理效率的提高，都需要在设备与软件支出方面加大投资；五是农业与水利业，进一步推动机械化和信息化，从而保障农业安全，提高抗旱排涝以及应对自然灾害的能力。

2. 以设备技术为核心，深化国际产能合作

一是进一步扩大技术设备进口，在促进我国产业升级的同时带动世界经济复苏，展现负责任大国形象。二是以小国为突破口，深化高端产能合作。有的国家经济规模较小，但是科技发达、产业创新能力很强，如挪威的炼油设备世界领先、瑞典拥有高质量的机械行业，这些国家开放程度强，保护势力弱。通过产能合作吸收这些国家先进的技术设备具有重要意义。三是加大对发展中国家设备技术输出，促进东道国产能升级。

3. 加强财政金融政策支持，促进实体经济与金融业的协调发展

一是加速设备折旧，鼓励企业设备更新；二是制定有关设备投资税收优惠政策，降低企业成本；三是对先进技术设备实施免税政策，2010年3月，加拿大对绝大部分设备进口实施了单边免税政策，有效提升了生产效率和国际竞争力；四是综合采取各种措施，切实降低企业融资成本；五是加快发展设备租赁业，解除中小企业资金瓶颈。实体经济是金融业的根基，只有实体经济健康发展才能有效化解潜在的金融风险，当前金融与制造业需要同舟共济、协调发展。

4. 完善投资统计制度，积极引导市场预期

当前我国固定资产投资统计存在两个问题：一是500万元以下的不纳入统计范围，但大量中小及"双创"企业投资不足500万元，从而不能反映它们对供给侧结构优化的贡献；二是软件等无形资产支出也不在固定资产之列，设备投资被大大低估。这些投资尽管反映在GDP核算中的固定资本形成中，但官方没有公布，更没有月度和季度数据，从而不能及时反映供给侧结构优化状况。因此，需要完善投资统计制度，在客观反映设备投资对经济发展贡献的同时积极引导市场预期。

评注：本文以《加快设备技术投资促进供给侧改革》为标题，2016年发表于《瞭望》第38期。从方法论的角度来看，本文充分体现了历史分析、理论分析和统计分析相结合的特点。

第三篇

粮食安全与通货膨胀篇

19. 关于提高"十二五"粮食产量增速的对策建议

"十一五"前四年我国粮食产量年均增长2.3%，超过0.65%的规划目标，但粮食消费年均增速达3.2%，2012年粮食自给率将会低于90%，供求关系已处于历史拐点。为确保粮食安全，"十二五"期间我国粮食产量年均增速不应低于3%，自给率力争达到或超过100%。为此，应通过提高农业科研投资强度、加快培养新型专业化农民、弥补农田水利建设投入缺口、平衡产销区粮食安全责任等措施，促进"十二五"粮食生产持续较快增长。

一、提高"十二五"粮食产量增速迫在眉睫

1. "十一五"期间我国粮食产量增速远超规划目标，但自给率却逐年下滑

《全国农村经济社会发展"十一五"规划》提出粮食产量年均增长0.65%，2010年粮食综合生产能力稳定在5亿吨以上。事实上，"十一五"前四年粮食产量年均增速为2.3%，2007年我国粮食产量就超过了5亿吨，2009年达到5.3亿吨，规划目标提前完成。但我国进入新的发展阶段后，粮食需求大幅上升。2006~2009年粮食消费年均增速为3.2%，各年净进口增速接近11%，粮食自给率逐年降低。如果不计大豆，近年我国粮食自给率保持在95%这一规划目标之上；但如果按现行统计口径，将大豆计入粮食生产和消费，2008年和2009年粮食自给率分别约为93%和92%。2012年前三季度大豆进口4016万吨，同比增长24%；谷物进口481万吨，同比增长114%；粮食进口总量高达5044万吨，同比增长28%。按此速度，2012年粮食进口将超过6500万吨，自给率下降到90%以下，这与95%的规划目标相去甚远，由此产生的负面影响不可低估。

2. 玉米贸易拐点已经到来，需要避免对外依存度过高问题

我国玉米进出口波动一直较大，自2000年以来净出口和净进口时有发生，但2012年玉米贸易拐点已经到来，未来几年将进入每年进口200万~300万吨甚

至500万吨以上的时期。从生产角度来看，过去30年玉米年均增产4%；从需求角度来看，最近8年玉米消费年均增长5%以上。未来我国玉米产量增速应不低于过去30年的水平。但由于2009年玉米减产，2010年产量增长处于停滞状态，为弥补这两年的缺口，"十二五"前两年产量需要保持更高的增速，按当前形势，这很难达到，因而增加进口在所难免。事实上，2012年6月开始玉米进口逐月加快，前三季度累计进口123万吨，是2011年同期的83倍；按照最近三个月的进口量，全年进口将超过200万吨。如果这一现象延续到"十二五"开局之年，则不利于经济平稳较快发展。因此，未来五年需要将玉米产量年均增速提高到5%以上。

3. 消费升级增加粮食需求，未来五年粮食生产增速需要保持3%以上的水平

发展中国家由低收入向中等收入阶段转变时，消费结构相应地处于快速升级阶段，直接消费谷物数量停止增长或开始减少，但畜产品消费急剧增加，由此形成的谷物需求爆发性增长。2003年以来，发展中国家经济进入快速增长轨道，农副食品消费量相应提高，加之玉米用于生产生物燃料，导致在全球粮食产量年均增长3.1%的情况下，供需矛盾仍然突出，粮食价格仍面临持续上涨压力。1960年以来全球以及部分发达国家、新兴市场国家的数据表明，尽管经历了多个经济周期，粮食消费的年均增速为3%。在消费升级背景下，粮食消费需求将进一步加快，"十二五"期间粮食产量不应该低于过去50年3%的平均增长水平。

4. 汲取"十一五"经验教训，防范农产品价格过快上涨

"十一五"期间，输入型通胀主要表现为能源和原材料等初级产品价格的上涨。"十二五"期间，我国粮食需求将与全球同步增长，供需缺口也将逐步拉大，由此诱发的通胀压力不容忽视，这一问题已初露端倪。海关总署数据显示，2012年9月我国大豆进口均价同7月相比上涨5.3%；而9月30日天津港一级散装豆油的价格同7月1日相比则上涨了17.2%，国内其他食用油价格也大幅上涨。为防范"十二五"期间这一现象向其他农产品蔓延，我国需要提高粮食自给率。

5. "十二五"期间发达国家有可能通过粮食手段制约我国经济发展

在工业技术方面，发展中国家可以从发达国家直接引进技术；而在农业方面，受气候、土壤、水资源、经营模式等条件限制，自我开发能力较强的发达国家占有优势，其农业技术并不能直接向发展中国家转移。为巩固这一优势，发达国家又通过贸易和补贴等诸多政策加以保护。当前发达国家主要采取新能源、气候变化、金融等手段制约新兴市场经济国家的发展，维护其在世界经济格局中的地位，未来很有可能利用农业的优势影响我国经济发展。

综上所述，我国粮食供求已处于历史拐点，为保证人民基本生活的需要，维护粮食安全，化解通胀压力，促进"十二五"期间经济健康发展，我国粮食产量年均增速至少需要保持3%的水平，自给率目标应设定为100%甚至更高水平。

二、提高"十二五"粮食产量增速的对策建议

1. 将农业科研投资强度提高到平均水平

我国农业科研投资强度（农业科研财政投入占农业增加值比重）为0.62%，远远低于全国所有行业3.47%的平均水平，科技对农业发展的贡献率约为48%，发达国家则在60%~80%。从技术的角度来讲，我国粮食生产还有很大潜力，因而，应努力加大农业科研投资。

2. 加快培养新型专业化农民

我国大量农村青壮年劳动力向城市转移，其中多数不再从事农业生产，少数农忙期间回去收种，粮食生产呈现业余化趋势。日本同样存在类似问题，该国农业专家认为，农民业余化、老龄化和女性化影响了劳动生产率。相反，德国和澳大利亚农民以全职为主，德国农民都经过三年农业技术培训，澳大利亚农民1/3达到大学文化水平。"十二五"期间我国应加大农民教育投入力度，提高其劳动生产率，推进专业化、规模化经营。

3. 弥补近十年农田水利建设投入缺口

近年来，中央财政不断加大对农田水利建设的投入，但因取消农村义务工和劳动积累工，新的投入主体没有落实到位，形成了巨大的投入缺口。按当前投资强度，完成大中型灌溉区骨干工程改造规划任务至少需要30年，因而需要尽快弥补近十年农田水利投入缺口。另外，我国大江大河防洪体系建设基本完成，可以把这方面的专项资金部分用于农田水利建设。

4. 降低工业用水挤占农业用水的负面影响

根据对黄河流域用水情况的调研，由于流域的供水量是基本稳定的，新增的工业用水完全"挪用"农业灌溉用水，这在一定程度上影响了粮食生产。因此，在提高农业节水水平的同时应加大工业节水力度，在工业布局方面也要充分考虑水资源的约束。

5. 加大对非洲、拉美等地区的农业投资力度

我国具备一定的农业技术优势，可通过扩大投资帮助非洲、拉美地区发展粮食生产，这既能在一定程度上保障国内供给，也有利于我国农产品的研发与生产，提高相关行业的经济效益。非洲"保定村"的经验表明，我国农业走向非

洲是可行的。日本粮食进口部分来自于在国外收购的农场，韩国也在我国建立了一些蔬菜生产基地，其做法可资借鉴。

此外，需要平衡产销区粮食安全责任，健全利益补偿机制，逐步改变粮食大县、财政穷县的状况，实现粮食增产、农民增收、财政增加三者的统一。

评注：此文 2010 年 12 月被国家社科基金《成果要报》采用，国家有关部门领导批示并要求调阅研究报告全文，全国哲学社会科学规划办公室发布了《关于国家信息中心程伟力同志研究成果受到有关领导和部门重视的通报》。2011 年，"中央一号"文件作出了关于加快水利改革发展的决定，这也是笔者一直在呼吁和期盼的。

20. 警惕我国粮食自给率下降及相关对策建议

我国粮食产量虽然实现八连增，但进口总量逐年上升，预计今年自给率将下降到88%左右。与此同时，国际粮食供给和价格也在剧烈波动，粮食安全问题须重新审视。为避免粮食问题影响经济社会稳定，必须切实落实中央支持农业发展的各项政策，采取财政和市场手段提高地方政府积极性，进一步完善粮食直接补贴政策，避免集中居住浪费良田，促进农业对外投资，完善粮食预警系统。

一、当前我国粮食安全形势

我国作为一个拥有13多亿人口且正处于工业化和城镇化加速推进阶段的大国，确保粮食安全不仅是实现经济社会平稳发展的基础，而且是保证国家经济、政治和社会安全的关键。2011年全国粮食总产量达到57121万吨，比2004年增加21.7%，实现了粮食总产量的"八连增"，农业部预计2012年全国夏粮总产将创历史新高，冬小麦将实现"九连增"，这不仅为国内粮食供应提供有力保障，也为世界粮食市场稳定做出积极的贡献。值得关注的是，近年来在粮食总产量连年增加的同时，我国农产品和食品贸易逆差加大，已成为农产品的净进口国，现阶段粮食供需处于"脆弱的紧平衡"。在经济全球化背景下，国内与国际因素相互交织，客观上加剧了我国粮食安全形势的不确定性和复杂性。

1. 我国粮食自给率显著下降

2007年6月颁布的《全国农村经济社会发展"十一五"规划》目标是，粮食产量年均增长0.65%，2010年粮食综合生产能力稳定在5亿吨以上。事实上，当年我国粮食产量就超过了5亿吨，"十一五"期间粮食产量年均增速为2.46%，产量和增速目标均远超预期。2009年11月，我国又颁布了《全国新增1000亿斤粮食生产能力规划（2009~2020年）》，其主要规划目标是，2020年粮食综合生产能力达到5.5亿吨。现实情况是，2011年我国粮食产量就达到了5.7

亿吨，产量目标提前九年实现。

随着粮食总产量的提高，我国粮食自给率却逐年下滑，2010年不到90%，远远低于《国家粮食安全中长期规划纲要（2008~2020年）》的规划目标，即粮食自给率基本保持在95%以上，稻谷、小麦和玉米自给率为100%。在国家强有力的政策干预之下，2011年我国粮食增产4.5%，自给率也略有提高。但从2012年上半年的统计数据来看，我国粮食进口4085万吨，同比增长41.2%，按此进度全年进口将超过8000万吨，自给率将下降到88%左右，我国粮食供求处于历史拐点。

2. 主要品种对外依存度过高

1995年，我国进口大豆占全国大豆总供应量的比例为5.6%，2000年上升到39.4%，2011年则高达80%，在此背景下，我国既无干预国际大豆市场价格的能力，也失去了对国内价格的宏观调控能力，国际大豆价格在国内形成了连锁反应。豆价上涨直接影响豆油价格，并带动其他食用油价上涨；同时，作为重要饲料原料的豆粕价格随之上涨，饲料价格的上涨推动肉类价格上扬，所谓的输入型通胀由此产生，大豆对外依存度过高的负面影响已经凸显。值得警惕的是，自2010年以来，玉米和小麦这种风险已经显现，2012年上半年尤为突出。

2008年之前，我国玉米贸易始终保持顺差，2010年逆差激增至144万吨，2011年在国内玉米增产8.2%的基础上还进口了175万吨。2012年上半年，我国玉米累计进口240万吨，超过2011年全年，按此速度，全年进口480万吨，自给率下降到98%以下。与此同时，小麦进口219万吨，约为2011年同期的7倍，按此速度，全年进口430万吨，自给率将下降到97%以下，明显低于100%的规划目标。

3. 消费升级增加粮食需求

研究表明，发展中国家由低收入阶段向中等收入阶段转变时，消费结构相应地处于快速升级阶段，突出表现为直接消费用粮食数量停止增长或开始减少，但畜产品消费急剧增加，畜产品生产所需的粮食需求爆发性增长，我国粮食进口增加很快也与此有关。我国动物食品以猪肉为主，依赖粮食饲料。发达国家奶制品消费较多，主要饲料为草。我国耕地紧缺但畜牧业却主要依靠粮食。在农户散养的传统模式下，养猪尚可充分利用各种食物来源，但在规模化养殖情况下，无论养猪还是养鸡只能完全依赖饲料。耗粮畜牧业造成我国耕地与粮食处于"紧平衡"状态，饲料用粮增长成为粮食需求增长的主要原因。

4. 经济结构变化影响粮食生产

一是农业部门在同非农部门竞争中完全处于劣势地位。在非农部门空前繁荣的背景下，人、财、物等生产要素快速从农业部门向非农部门转移，由此导致农业供给相对不足。与此同时，非农部门有能力支付更高的生产要素价格，农业生产成本因此快速上涨，生产利润下滑挫伤了农民生产的积极性。在工业化、城市化进程中，以牺牲农业换取工业发展，已使印度、埃及、菲律宾、马来西亚等国家从农业大国沦落为农业弱国。二是粮食在同非粮食的经济作物竞争中处于劣势地位。在生产要素价格上升的背景下，农民有较高的动力种植经济作物尤其是小品种作物以及蔬菜等不受国家价格调控的农产品。一方面，较高的价格可以弥补成本的上升；另一方面，这些经济作物具有较高的收入弹性，即在收入增长的情况下，相比粮食以及普通农产品，消费者更多地选择消费这些小品种的农产品。以美国为例，蔬菜中的莴苣、豌豆以及水果中的柑橘、桃子等具有较高的收入弹性，而"准主食"土豆收入弹性较低，在"无形之手"的作用下，生产将选择收入弹性高、符合消费升级趋势的经济作物。以玉米为主食的墨西哥，玉米消费却严重依赖进口。在我国，原本用于粮食作物的耕地转种经济作物和"生物原料"，对粮食产量的增长形成制约。三是国外农业对国内农业形成较强竞争关系。日本和韩国农产品价格远远高于我国，我国农产品对其出口激增，同时日韩不断加大对我国农副产品生产的投资力度，也在一定程度上挤占了粮食用地。我国粮食进口国具有明显的价格优势，也压缩了我国通过提高粮食价格增加供给的空间。

5. 利用国际市场调剂的空间有限

自由贸易理论认为，我国粮食问题可以通过进口解决，进口粮食等于进口土地。但是，这一理论成立的前提条件是世界人口、耕地、水资源、气候、能源、和平等因素超级稳定，国际市场有足够的粮食可供贸易，现实情况是全球可供贸易的粮食约为我国消费的一半，世界政治经济形势动荡不安。目前日本的粮食自给率约为40%，如果我国也下降到这一水平，国际粮食市场将无法弥补我国供需缺口。另外，极端气候也在很大程度上影响国际供给和价格。美国农业部近期宣布，美国超过一半的陆地面积正遭受严重干旱，单产预计下降7.7%。受此影响，2012年6月15日至7月20日，全球农产品期货价格出现2012年以来最猛烈的上升，主要国际农产品大豆、玉米和小麦期货价格分别上涨28%、41%和54%。美国是世界上最大的粮食出口国，粮食年出口量占全球份额常年稳定在35%左右，其中小麦出口所占份额更是高达60%，美国粮食生产出现波动必然会影响世界粮食市场。

二、确保我国粮食安全的对策建议

面对粮食自给率下降的现状，必须切实落实中央支持农业发展的各项政策，积极应对农业生产中面临的新问题。

1. 积极促进地方政府实现"要我产粮"向"我要产粮"态度的转化

一些地方政府对粮食生产往往是"说起来重要,做起来次要,忙起来不要",根本原因在于经济利益。因此,一方面,需要从国家层面平衡产销区粮食安全责任,健全利益补偿机制,逐步改变粮食大县、财政穷县的状况;另一方面,需要采取市场手段,积极探索新型粮食生产和加工合作模式,延伸产业链,以粮食产业带动当地工业和服务业的发展,促进地方税收和非农就业的增长。

2. 进一步完善粮食直接补贴政策

当前的粮食补贴政策主要是根据农户的耕地面积,这对提高农民生产积极性产生了重要作用。这一政策目前存在的主要问题有四个方面,一是种植经济作物甚至将耕地用作养殖场的农户同样获取了粮食补贴;二是土地经过转包之后真正的种粮者无法获取粮食补贴;三是只种一季的和种多季的获取同样补贴;四是单产高低的获取同样的补贴。今后可以考虑综合采取按照实际种植面积和实际出售粮食数量进行补贴。

3. 避免集中居住浪费良田

农村集中居住是集约用地的重要手段,但在实施过程中一些地区出现相反效果。首先,居住点多是异地重建,老村庄经过几百年甚至上千年的居住土地已经硬化,且地势相对较高,不再适合规模化耕作,而新村庄则占用了大量耕地;其次,一些集中居住项目导致村民不满,出现新旧村庄同时存在现象;最后,搞"一刀切",为集中而集中。集中居住应根据当地经济社会发展需要,在原有村落的基础上科学规划,尊重农民的选择,并适度保护庭院经济。

4. 促进农业对外投资

一是尽快制定我国农业走出去发展规划。2010年起,国家开发银行已为20多个国家提供规划咨询服务,每个国家都涉及农业专项规划,可以在此基础上研制更全面、科学的战略规划;二是政府有关部门应根据农业特点制定一系列走出去扶持性政策;三是加强双边沟通协调,重点解决土地制度、税收政策、工作签证等难题。从长期来看,应组建粮食生产安全网络,联合新兴市场经济国家,争取建立一个全新的粮食生产体系来取代由欧美主导的体系。

5. 完善粮食预警系统

一是完善粮食供求预警系统,全面监测国内外不同品种粮食生产、消费、进出口和库存等情况;二是根据国内外经验,建立国家粮食安全的警戒等级,确保不因粮食安全诱发社会问题;三是建立专门的预警机构,将相关信息汇总、加工、分析,形成综合研究报告,及时提交决策部门。此外,需要平衡产销区粮食安全责任，健全利益补偿机制，逐步改变粮食大县、财政穷县的状况，实现粮食增产、农民增效、财政增收三者的统一。

评注： 此文 2012 年 8 月被国家社科基金《成果要报》采用。2012 年 8 月 17 日，全国哲学社会科学规划办公室发出了《关于程伟力副研究员研究成果受到中央领导同志和有关部门重视的通报》，同年 12 月，中央经济工作会议强调："只有把饭碗牢牢端在自己手中，才能保持社会大局稳定。"

21. 结构性通货膨胀理论及其对我国的借鉴意义

一、引言

自 2007 年以来"结构性通胀"这一概念被广泛使用,一般将其理解为"一部分商品价格上涨的同时另一部分商品价格保持基本稳定"。这种认识不仅同经济理论有较大出入,也容易引起对通胀成因及趋势的误判。

事实上,早在 20 世纪 60 年代,针对发展中国家通胀特点,西方学者就创建了结构性通胀理论并逐步形成其理论体系。20 世纪 80 年代,拉美新结构主义提出了与货币主义通胀理论迥异的反通胀政策,认为对于结构性通胀,不宜采取紧缩性政策,而应通过结构调整、增加供给来消除结构性因素,在促进经济增长的同时化解通胀压力。

在当前全球经济增速下滑但通胀压力上升的形势下,结构学派的反通胀思想对我国具有较强的借鉴意义。换言之,通过适当的经济政策可以实现调结构、反通胀、促增长三者的有机统一。

二、结构性通胀理论及其对我国的解释

1. 鲍莫尔不均衡增长模型及其对我国农产品价格上涨的解释

结构学派模型的原型为鲍莫尔不均衡增长模型(Baumol,1967),该模型将经济划分为两个部门:一是劳动生产率提高较快的先进部门,二是劳动生产率提高较慢的保守部门。该模型非常简单,它只有劳动力这一生产要素并假定两部门工资增速一致。其主要结论是:先进部门可以通过提高劳动生产率在实现工资上涨的同时保持价格稳定;保守部门产出因劳动力向先进部门转移而出现相对或绝对下降,供给不足导致价格上涨。

2007 年我国猪肉价格上涨比较符合这一理论。农民工工资 2004 年之前基本上常年不动,之后逐年上涨,农村劳动力转移加快,2007 年达到一个高峰,生猪养殖户减少,供给出现不足,猪肉价格随之上涨。由此可见,以猪肉为代表的农产品价格上涨原因之一在于农村劳动力就业结构变化。不过,导致农村劳动力快速转移的原因则在农业和农民之外。研究表明,这同外贸和房地产两大部门的快速发展有关,两者的繁荣又同国内外宽松的货币政策密切相关(程伟力、谭淞,2007)。因此,始于 2007 年的通胀既有经济结构变化因素,也有货币因素,其成因不是唯一的。

2. 结构学派的关键假设及在我国的表现

结构学派模型的核心假设是两部门工资增速的一致性和劳动生产率的不一致性,西方经济学家对这一假设提供了各种解释,其中影响较大的是希克斯的劳动供给合同理论(Hicks,1974)和托宾的劳动供给函数理论(Tobin,1972)。

工资增速一致性在我国表现为"工资攀比"(张元生、程建林、王远鸿,1993),20 世纪八九十年代,我国就出现过这样的现象,不论企业有多少冗员、劳动力过剩的供给有多大,只要某一阶层的人员加薪,必然导致工资水平的全面上升。近年来,我国农民工短缺是结构性的,但工资上涨则是普遍性的。

3. 典型的结构性通胀模型能够较好解释我国结构性通胀成因

在鲍莫尔模型的基础上,奥德·奥克鲁斯特(Odd Aukrust,1977)及其合作者以巴拉萨—萨缪尔森效应为桥梁,通过把经济分为贸易部门和非贸易部门,将结构性模型的基本原理同开放小国假设联系到一起,创立了斯堪的纳维亚模型,这一模型是结构通胀的典型模型,主要结论如下:

其一,贸易部门的国际价格和现行的汇率共同决定贸易部门的国内价格水平;其二,贸易部门可以通过提高劳动生产率化解工资上涨压力而使价格同国际水平保持基本一致;其三,同一劳动力在贸易部门和非贸易部门之间的工资水平应相同;其四,非贸易部门的工资增速和劳动生产率增速共同决定该部门通胀水平,由于非贸易部门劳动生产率增速缓慢,其通胀水平主要由工资水平决定,这表现为非贸易部门具有较强的提价能力;其五,两部门的通胀水平共同决定了国内通胀水平,这就表现为部分商品价格基本稳定,但另一部分价格快速上涨。

众所周知,我国出口部门的繁荣吸纳了大量农村劳动力,民工荒出现导致出口企业持续提高工资水平,非贸易部门(包括农业)价格率先上涨。需要指出的是,多数非贸易部门诸如劳务、交通、建筑、电力、公共设施等,其价格变动大多不反映在 CPI 方面,但会影响 GDP 平减指数。以此指标衡量,2006 年我国通胀水平为4.3%（CPI仅为1.5%），并不存在所谓的高增长、低通胀并存现象（程伟力、谭淞，2007）。

4. 拉美新结构主义通胀理论及借鉴意义

新结构主义理论是20世纪70年代中期至80年代中期在拉丁美洲形成的一种通胀理论，它是在总结60年代结构通胀理论的基础上，批判货币主义通胀理论及反通胀实践过程中形成和发展起来的。这一理论至少有如下几个观点（张元生、程建林、王远鸿，1993；邱崇明，1998）值得参考：

（1）该理论认为，紧缩货币性政策不是治本的办法。即使把总需求水平压下来，影响通胀的压力依然存在，随时都会重现。当前印度的情况就是典型案例，2009年印度粮食批发价格上涨14.5%并导致通胀加剧，央行不断提高利率，但2010年上半年又上涨了13.2%，原因在于农业投入不足这一结构矛盾没有解决。

（2）价格上涨不一定会刺激供给增加。该理论认为，发展中国家市场机制不同于发达国家，价格的上涨并不一定会促进供给增长。例如，2007年之前我国生猪养殖模式以散养为主，价格上涨的收益远远低于务工收入，按照这一生产模式，价格上涨供给不会明显增加。

（3）主张对国内外经济和社会变革进行有效的控制，以消除结构性障碍。该理论认为，如果通胀只是结构性的，可以通过结构调整、扩大生产来消除结构性因素，在促进经济和就业增长的同时降低通胀水平。2007年，针对农村劳动力就业和收入结构变化这一经济现实，我国采取了扶持规模化养猪的经济政策，这一政策优化了农业生产结构，提高了产量，在提高农民收入的同时保持了农产品价格的基本稳定。

（4）相对价格的扭曲会使反通胀的宏观经济政策失效。该理论认为，从总量上控制需求以抑制通胀的做法没有消除部门之间因涨价行为不一致而引起的相对价格扭曲，物价在不同部门之间轮番上涨的压力仍然存在，最终将会形成全面通胀。

从20世纪80年代中期开始，新结构主义的反通胀战略在通胀较为严重的阿根廷、巴西、墨西哥等国先后实行，在一定时期内取得了显著的成效，创造了在刺激增长的同时大幅度降低通胀的先例。尽管由于社会和政治等方面的原因，致使反通胀政策最终失败，但其理论本身仍具有较强的借鉴意义，因而需要探索影响我国物价上涨的结构性因素。

三、影响我国物价上涨的结构性因素

1. 农产品存在持续上涨压力，蔬菜价格上涨有其必然性

在不同的结构学派中，农业都是核心部门。我国正处于工业化和城镇化快速发展时期，农业耕地减少、劳动生产率提升空间有限两大因素将导致农产品供给相对不足，农产品价格存在持续上涨压力。从农业自身生产结构来看，潜在结构性涨价压力同样不可忽视。

（1）粮食和经济作物用地矛盾将日益突出。由于种植经济作物的收益远远高于粮食，经济作物用地将挤占粮食用地。这一矛盾过去并不明显，经济作物耗工时较多，务工农民会放弃经济作物但不会放弃粮食，所以粮食生产基本稳定。但是，我国农业正在逐步实现从以家庭为生产单位向规模化经营的转变，规模化经营者将更多选择种植经济作物而非粮食，这可能影响粮食供给。

（2）农村劳动力年龄结构和生产模式影响农业生产。由于农村青壮年劳动力大量转向非农行业，我国农村劳动力老龄化趋势明显，这不可避免地影响农业生产。这一现象并非我国特有，日本也是这样。据统计，日本有70%以上的农民年龄在60岁以上，39岁或以下的只占8.5%，日本粮食自给率不断下降与此高度相关。另外，我国以家庭为单位的生产模式也在一定程度上阻碍了农业劳动生产率提高。

（3）生产成本加大，农业服务价格上涨。2004年以来，国内外宏观经济因素导致种子、化肥、农药、农膜、土地、人工等生产要素价格全面持续上涨，农业成本不断加大。另外，农业服务价格上涨呈现不可逆转的趋势，2006年CPI仅上升1.5%，但农业生产服务价格指数则上升7.8%，随后两年分别为9.7%和10.3%，即使在2009年也高达7.9%。从月度环比数据来看，2006年1月以来该指标几乎从未下滑，呈现出不可逆转的趋势，同农产品的季节性波动形成鲜明对比。

（4）农产品易被炒作。农产品种类繁多但相关统计信息建设滞后，在投机资金炒作下容易出现价格轮番上涨现象。

上述因素对推动我国前期蔬菜价格产生了重要影响。一方面，城市化和工业化挤占了城市周边蔬菜用地，本地供给减少，流通成本上升；另一方面，不同于粮食，蔬菜投入成本高于粮食，而且难以通过机械化提高劳动生产率。上述矛盾在美国、韩国以及中国台湾同样存在，从历史数据来看，蔬菜价格涨幅远远超过CPI和其他农产品。

2. 贸易部门的繁荣对非贸易部门形成价格上涨压力，贸易顺差导致的货币供应量被动增长大大削弱了央行调控能力

贸易部门对非贸易部门价格的影响在本轮通胀中已经显现，突出表现为不受政府控制的服务价格持续上涨。能够充分说明这一问题的是耐用消费品和家庭服务及加工维修服务这两种价格，两者同属家庭设备用品及维修服务这一大类，前者价格一直稳中有降,后者则不断大幅上涨。农业服务价格上涨原因也在于此。从国际经验来看,以出口为导向的日本和韩国服务价格上涨幅度也明显高于其他部门。

更为突出的问题是,贸易顺差导致的货币供应量被动增长大大削弱了央行调控能力。2003年以来,我国出口快速增长,贸易顺差持续扩大,由此导致的外汇储备增长给央行控制货币供给造成了很大压力。在开放经济中,外汇储备(FX)、国内银行信贷(DC)和货币供应(MS)存在如下关系:

$$FX + DC = MS$$

即货币供给等于中央银行持有的外汇储备加上银行提供的国内信贷。换言之,一国货币供给的变化等于外汇储备的变动加上国内信贷的变动。

在原有的强制结售汇体制下,企业出口创汇收入必须要出售给商业银行,获得相应的人民币收入,形成企业在商业银行的存款(一般情况下划归M2),从而扩大了商行信贷扩张的能力,同时由于商行在央行的存款准备金增加,也造成基础货币扩张。央行为了冲销这部分新增的基础货币,可以通过向商行出售央行票据回笼资金。而商行持有的央行票据虽然也是商行资产的一部分,但是和央行存款准备金不同,央行票据并不是基础货币,也不具备乘数扩大的功能。通过冲销操作,虽然央行回笼了部分基础货币,但是,企业外汇收入转换成的人民币收入(即企业存款)作为商业银行的负债,却已进入经济体系中,这一部分资金是无法通过央行的操作予以消除的(程伟力、谭淞,2007)。虽然现在已不存在强制结售汇制度,但是企业基于人民币升值预期以及对外投资短期内难以大规模开展,因此,仍将多数出口所得的外汇兑换为人民币。

近年来外汇占款占货币供应量的比重始终在30%以上,同国内信贷相比调控难度更大,在一定程度上削弱了央行对流动性和通胀的调控能力。

3. 人力资源结构性短缺抵消了产能过剩对通胀的抑制作用

一般情况下,产能过剩可以抑制通胀,但西方国家滞胀时期出现两者并存现象,原因之一在于劳动力出现结构性短缺。目前我国这一矛盾初见端倪。尽管我国就业压力巨大,但高级技术工人、青壮年体力劳动者以及研发、管理、创意等人才均出现短缺,从而导致部分职位工资快速增长。结构学派认为,不同职位之间工资绝对水平存在差异是合理的,但实际中局部工资的上涨常常演化为工资全面上涨。

4. 消费结构变迁直接推动物价上涨

伴随我国经济快速发展,城乡居民消费结构也在发生巨大变化。在农村,无论是务工还是务农人员对农副产品的消费都在快速增加,但供给相对不足;在城镇，对住房和汽车的需求必然导致其产业链条上所有产品价格上升。在这种情况下，结构需求变化客观上导致了总需求变化，从而形成需求推动的通胀。

5. 收入分配结构直接影响物价上涨

除了传统的不合理分配结构之外，新型不合理收入分配结构正在形成，如资本与劳动、管理层与普通员工的分配差距悬殊。另外，不同行业之间的收入差距也在拉大，特别是垄断行业的人员收入水平大大高于非垄断行业同等岗位的收入水平。不合理的分配结构在某种程度上改变了消费需求结构和投资需求结构，导致部分商品价格过快上涨。

6. 财政赤字影响通胀

拉美结构学派认为，财政赤字是诱发通胀的重要原因。我国始终把收支平衡、略有结余的方针作为基本财政政策，从1950年建立新中国国家预算到1978年，我国有19年有效贯彻了这一政策。不过，与此形成鲜明对比的是，在随后31年间，我国只有3年出现少量财政盈余，其余年份均为赤字。中央财政赤字连同地方隐性赤字的累积效应对通胀的影响不可低估。

7. 资产价格上涨掩盖并推迟了实体经济价格上涨

自20世纪90年代以来，全球货币供给的增幅和物价涨幅严重不匹配，出现了所谓长期低通胀现象。研究表明，主要原因在于股票和房地产市场价格的上涨吸收了超发的货币量，弱化了货币供应量与通货膨胀的关系。在经济周期的顶峰，往往表现为高增长、低通胀和资产价格的急剧抬升；在股市和房地产持续繁荣之后，通胀压力才逐渐转向实体经济，从而表现为通常意义上的物价上涨，但通胀幅度远低于改革开放初期同等货币投放力度所引起的通胀幅度。

四、物价上涨趋势及政策建议

2010年1~8月，我国CPI同比上涨2.8%，结合当前国内外经济形势判断，全年控制在3%左右的目标可以实现。需要指出，同印度、巴西、俄罗斯等新兴市场经济国家相比，我国CPI始终处于较低水平。而且结构性通胀有其积极合理成分，工资上涨、居民消费结构升级都是经济发展的目标，服务价格上涨也有利于第三产业的发展。因此，即使我国CPI略高于3%，也是可以承受的。不过，以GDP平减指数衡量的通胀水平2010年第一季度已达4.6%，上半年则上升到5.1%。由于该指标能够更为全面地反映物价水平，这说明当前通胀已经达到较高水平。同时，上述影响我国物价上涨的结构性因素将长期存在，未来面临较大通胀压力。因而，需要采取积极措施实现调结构、反通胀、促增长三者的有机统一。

1. 提高农业与流通等关键部门规模化经营程度

一方面，在条件成熟的农村地区促进规模化生产，同时加大对农业的科技投入，用现代科技改造传统农业，把农业变为一个现代化和具有高科技含量的行业；另一方面，逐步推进流通领域的规模化经营。据统计，我国流通成本约占商品销售价格的50%，是欧美发达国家的两倍以上。如果能通过规模化经营降低流通成本，则会减轻消费者负担，在化解通胀压力的同时促进消费增长。

2. 尽快做到河河通、河沟通、沟沟通，提高抗旱排涝能力

改革开放前，农民有自发兴修水利的热情和动力，由于经济结构发生巨大变化，目前这一现象不复存在，大量农村水利设施失修，抗旱排涝能力有所削弱。另外，局部地区存在水利资源条块分割现象。可见，当前形势需要政府主导农村水利建设，提供相应公共服务，从而稳定农业生产。

3. 促进内外收支平衡，提升对外开放水平

继续贯彻平衡财政的方针政策，积极促进国际收支平衡，进一步提升对外开放水平。抓住有利时机，加快对外投资尤其是农业对外投资步伐，从历史上来看，西班牙、荷兰、英国等强国在发展初期都在农业方面大量对外投资，即使地域辽阔的美国也不例外。同时，逐步实现从贸易大国向贸易强国的转变，积极争取进出口商品的国际定价权，降低贸易部门对非贸易部门价格上涨的影响。

4. 加强农民工就业统计和技能培训

尽快将农民工纳入就业统计体系，并细化统计指标，为相关研究和宏观调控提供参考和依据。同时，继续加强农民工技能培训，增加劳动力的有效供给，提高劳动生产率，在保持工资持续上涨的同时实现物价的基本稳定。

5. 加强财政政策对通胀的调控作用

财政政策应侧重通过税收政策和优化支出结构等方式消除影响通胀的结构性因素。一方面，通过促进创新提高生产率，降低成本；另一方面，通过补贴等方式支持短缺部门的结构调整，提高保障供给。

6. 控制资产价格过快上涨，实现价格体系的合理化

资产价格过快上涨从多方面扰乱了价格体系，是导致通胀及形成通胀预期的主要原因之一，应积极探索稳定资产价格的长效机制，实现价格体系的合理化。

此外，稳定货币供应是控制通货膨胀的根本手段。要根据经济增长需要继续降低货币供应量增幅，使之逐步回到正常水平，防范由货币因素导致的物价上涨。

评注： 本文主要内容2010年6月22日刊登于《经济预测分析》，7月26日刊登于《经济要参》，9月初简写版通过国家社科基金《成果要报》上报中央，有关领导作出批示并要求调阅详细的研究报告。除了预测预警及政策之外，本文也在澄清结构性通胀这一基本经济学概念。有关结构性通胀理论，高鸿业、李晓西等教授编著的教材以及有关西方经济学流派的著作都有介绍，国家信息中心经济预测部王远鸿研究员20世纪90年代初的专著，做了更为详尽的阐释。

22. 通胀的历史溯源和前瞻：货币、商品及资产价格

一、货币与通胀关系再思考

1. 货币供应量与通胀反常关系的提出

现代货币主义的代表人物、诺贝尔奖获得者弗里德曼认为，"无论何时何地，通货膨胀都是一个货币现象"。从货币数量论的公式来看，从理论上来说，除非货币流通速度明显放缓，否则货币供应量增速的大幅增加应该导致通胀明显加快（尽管不一定是严格的一一对应关系）。但是自20世纪90年代以来全球外汇储备与通货膨胀的关系似乎颠覆了这一论断。

如图22-1所示，相对于货币供应量以及全球外汇储备的迅速增长，自20世纪90年代以来，通货膨胀幅度呈现出走低态势。尤其是2000以来全球储备增长明

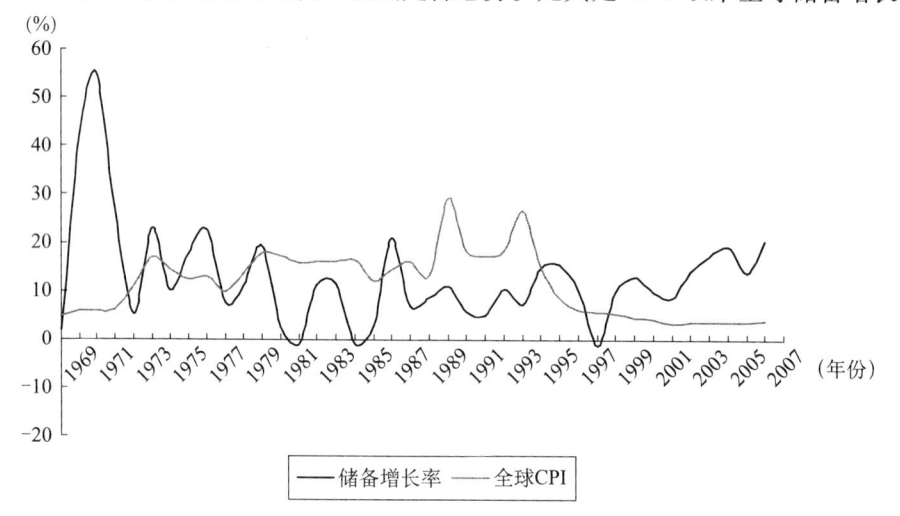

图 22-1 1969~2007年全球外汇储备（不含黄金）增长率与全球CPI

资料来源：IMF，东兴证券研究所。

显高于20世纪八九十年代的水平，但是全球CPI却由10%以上降到不到5%。

这种现象在工业国家以及亚洲国家（可以代表新兴市场）也都存在。这说明，这种低通货膨胀现象不是发达国家独有的，新兴市场国家的通胀水平也比20世纪七八十年代有了明显下降，如图22-2所示。

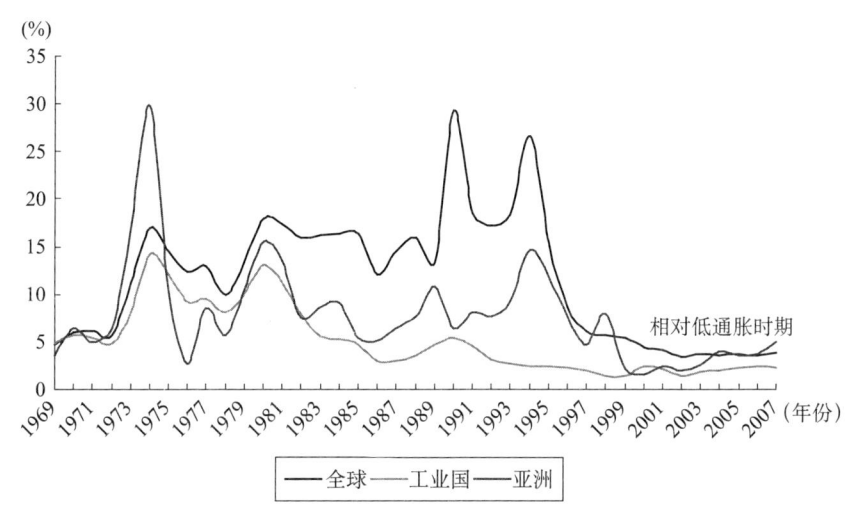

图22-2　1969~2007年全球通胀水平

资料来源：IMF，东兴证券研究所。

由此引发的问题是，在全球流动性持续快速增长的情况下，20世纪90年代以来尤其是进入21世纪，从欧美发达国家开始，之后中国等新兴市场国家相继表现出的低通胀是否可以持续抑或是高通胀即将发生？

2. 几种可能的解释

（1）货币供给的时滞效应。关于货币供应量与物价水平之间的反常关系，现代货币主义者将之归结为时滞效应。从长期来看，认为货币供应量与物价是稳定的，在短期两者关系可能是不稳定的，而这种不稳定是由于时滞效应的存在。时滞效应假说否认长期货币供应量与物价变动之间存在的反常规关系，只适合作短期分析，对长期货币供应与物价变动的反常关系无能为力。因此，将货币供应量与物价变动的反常规关系归因于时滞效应显然值得进一步探讨。

（2）统计方面的问题。有人提出了价格指数偏低假说，指出由于指数编制过程中存在的种种缺陷导致中国的价格指数存在低估的可能，其中主要原因是包括房地产在内的服务业权数过低，而食品的权数过高；提供食品的农业在GDP中的比重不到20%，而食品在CPI中的权数超过了50%，因此，中国的通货膨胀水平可能被低估了。还有人指出，由于不同层次的货币流动性不同，对物价的影响也不一样。他们认为，通货膨胀归根结底是一种货币现象，但究竟是存量货币还是流量货币，是M0、M1还是M2导致物价上涨存在争议。统计偏差假说在一定意义上有利于缓解两者之间的反常关系，但是即使考虑到数据失真问题和统计方面的原因，它仍然无法解释全球普遍性的货币供应与物价变动之间的反常关系越来越突出的现实。

此外，还有劳动生产率提高、产业结构变化等理论，但是都不能解释额外货币的流向，只能解释部分商品价格的走低。

3. 我们的观点：虚拟经济的发展弱化实体经济的通胀水平

自20世纪70年代以来，随着信息技术和金融创新浪潮席卷全球，虚拟经济迅速发展，金融自由化和金融全球化进程加速等因素大大促进了各国资本市场的发展，金融自由化和金融全球化创造了大量的虚拟资产，金融资产存量急剧增加，以金融为核心的虚拟经济部门相对于传统的实体经济部门变得日益重要，整个社会已经进入金融经济时代。

虚拟资产在发达国家的财富中占有十分重要的地位，虚拟经济部门总量已经远远大于实体经济部门总量。虚拟经济的迅速发展，资产交易规模的不断壮大，对交易媒介的货币需求增加了，同时货币作为一种资产，作为财富储存手段发挥着越来越重要的作用，经济虚拟化进程对货币的定义，货币的本质和货币的职能，货币政策传导机制以及货币政策的最终目标和中介目标等带来了巨大冲击，对传统货币数量论提出了严峻挑战。

传统货币数量论是建立在实体经济之上的，反映的是商品市场和货币市场的两部门均衡，是一个两部门收入货币流量模型。它忽视了作为资产存量的货币的存在，没有考虑证券交易量和货币供应量之间的关系，正是以资本市场为核心的虚拟经济部门的扩张打破了原有的均衡，在虚拟经济条件下货币供应量与物价之间的关系发生了变化。

国外学者研究显示，自20世纪80年代以来，银行总贷款规模与股票价格变动之间存在因果关系，而同时货币供应与通货膨胀之间的因果关系却逐渐减弱。资本市场的扩张将通过价格上涨和交易量的增加对货币供应量起到分流作用。弗里德曼在分析股票价格与货币需求关系时注意到了股票价格与货币需求的反向关系。1982~1987年美国M2增长率为48%，名义GDP只增长了40%，但是在这一时期美国物价基本处于稳定状态，而美国400种工业股票指数则上涨了175%，股票市值增加了近1万亿美元，恰好和同期的M2增加额相抵。

类似的现象也同样出现于日本。相关研究表明，1987~1990年日本货币供应量年均增长10%以上，而GDP的增长率不超过6%，物价基本上处于零增长状态，超额货币主要被股价和地价的大幅上涨所吸收。实证分析结果说明资产价格对分流超额货币供应量具有十分明显的作用。

二、美国不同货币体系下经济增长与通胀

为了考察不同的货币体系下通货膨胀是否存在显著差异，我们主要以美国作为研究样本。根据货币体系的变迁，自1870年开始，将百余年历史划分为四个时期，如表22-1所示。

表22-1　1870~2008年美国经济增长与通胀率

货币体系	年份	经济增长（%）	CPI（%）	PPI（%）
（1）金本位	1870~1914	3.9	-0.3	-0.3
（2）金汇兑本位	1915~1944	1.6	2.1	2.2
（3）布雷顿森林体系	1945~1973	3.2	3.2	3.2
（4）后布雷顿时期	1974~1992	2.8	6.3	6.2
	1993~2008	2.9	2.7	4.5

资料来源：东兴证券研究所。

在金本位时期，虽然货币流通速度时有变化，货币供给因受到黄金产量的制约而导致通胀或通缩，但总的来看，价格涨幅接近于零。尤其是在1870~1900年，价格总体水平呈下降趋势，原因是随着劳动生产率的提高，商品成本随之降低（见图22-3）。进入金汇兑本位之后，由于货币发行开始摆脱贵金属的制约

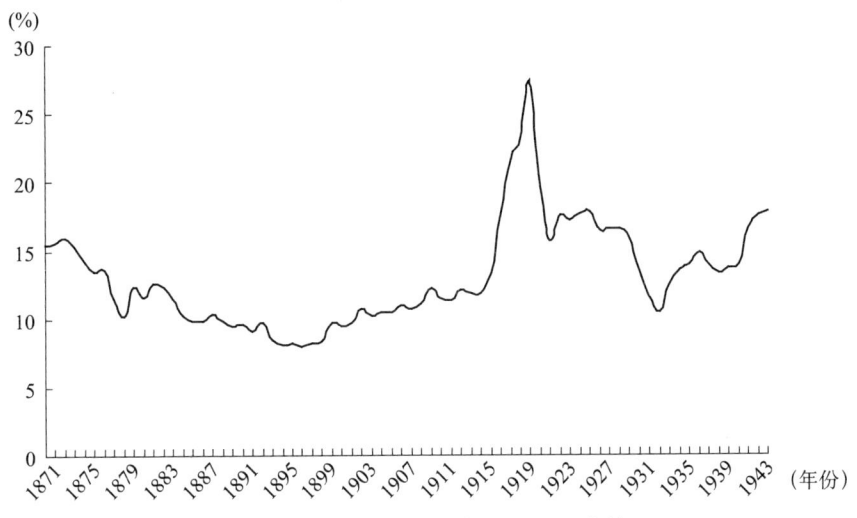

图22-3　1871~1943年美国PPI走势

资料来源：东兴证券研究所。

而由央行或政府掌控，物价水平开始呈现长期走高的趋势，尤其是布雷顿森林体系崩溃之后。但是，进入20世纪90年代以来，包括美国在内全球普遍呈现出低通胀的态势（所谓低通货膨胀，是和滞胀时期相比）。

三、美国不同历史时期主要商品价格涨幅

1891~1929年，在美国工业化成熟阶段（1894年美国工业产量超过英国居世界第一），农产品、燃料和建材是涨幅较高的几类商品，如图22-4、表22-2所示。

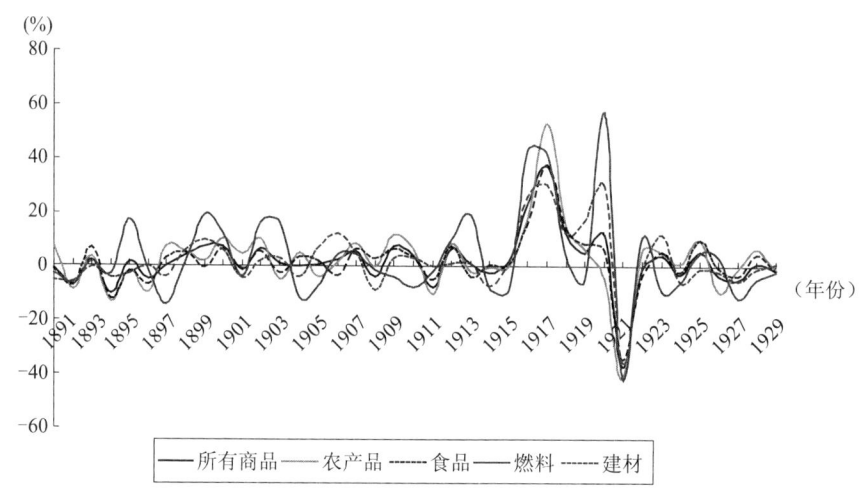

图22-4　1891~1929年美国主要商品年度价格波动

资料来源：东兴证券研究所。

表22-2　美国主要商品1920年和1929年价格水平相对于1891年的涨幅　单位：倍

	所有商品	农产品	食品	燃料	建材	纺织品	金属制品	化工产品
1920	1.7	2.0	1.5	3.3	2.2	1.9	0.4	1.3
1929	0.7	1.1	0.8	1.2	1.1	0.6	0.0	0.3

资料来源：美国商务部，东兴证券研究所。

从1910年开始，美国原油库存快速增加，直到大萧条才终止这一趋势，如图22-5所示。

石油库存的大幅增加与20世纪初期美国汽车的普及密切相关。汽车最初作为奢侈品仅为上层社会所购买，到1905年，汽车市场就已基本饱和。1908年，很多汽车售价高达2000美元，福特设计出T型汽车，凭借生产制度的创新，在提高工人工资的同时通过效率的改进还实现了成本的大幅下降，T型汽车上市之

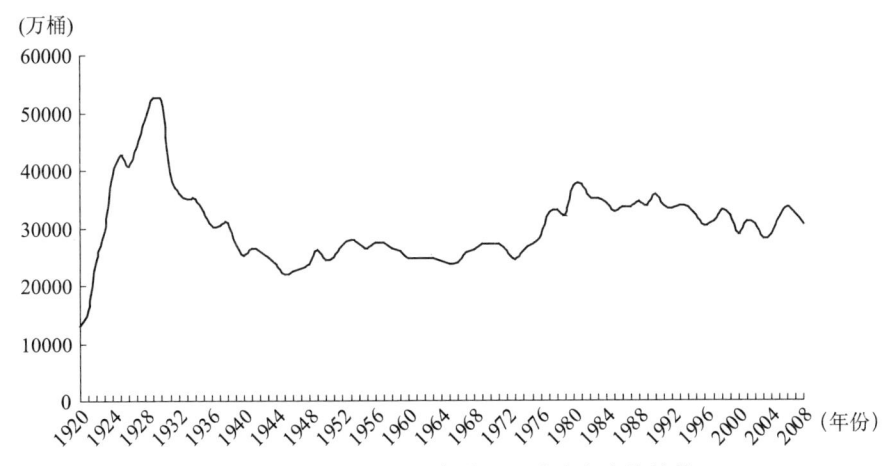

图 22 - 5　1920~2008 年美国石油库存变化趋势

资料来源：美国能源署，东兴证券研究所。

初只有 800 多美元，1916 年又进一步下降到 350 美元左右。此举不仅使福特公司获得了商业上的成功，也使汽车转变为普通商品进入寻常百姓家，这一产业获得了巨大的发展机遇，如图 22 - 6 所示。

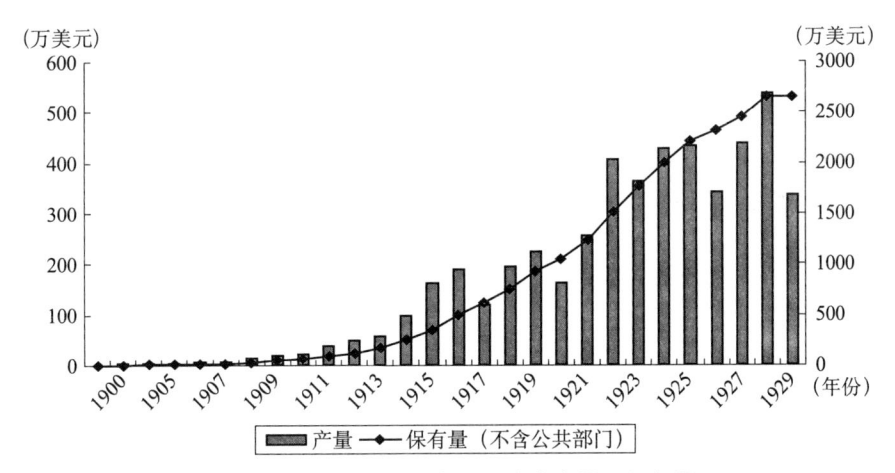

图 22 - 6　1900~1930 年美国汽车产量及保有量

资料来源：东兴证券研究所。

1865~1920 年是美国工业革命和城市发展最重要的时期，美国的城市规划也在这一时期产生，城市化进程大大加快。"一战"结束后，美国兴起了房地产建设的热潮，同时在汽车普及的推动下，城市近郊也得到了进一步发展，如图 22 - 7 所示。

正是汽车的普及以及城市化、郊区化的发展带来的相关需求，使燃料、建材

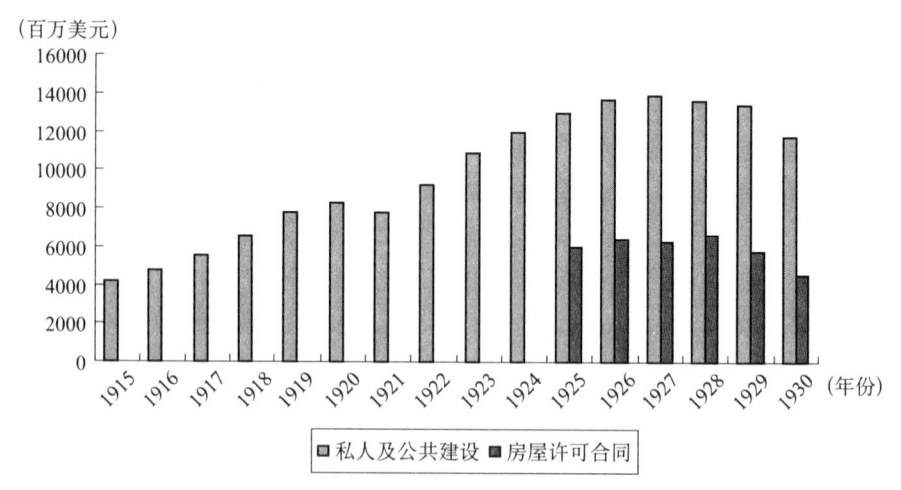

图 22-7　1915~1930 年美国私人及公共建设

资料来源：东兴证券研究所。

等商品价格在 20 世纪 30 年代之前的涨幅显著超越多数商品。

四、美国资产市场价格涨幅：房地产及股市

美国的人口密度较低，加上实施物业税制度，房地产投机风气较轻。在 1891 年以来的多数时间里，房地产涨幅仅略高于通胀。但是转折点同样发生在 20 世纪 90 年代，如图 22-8、表 22-3 所示。

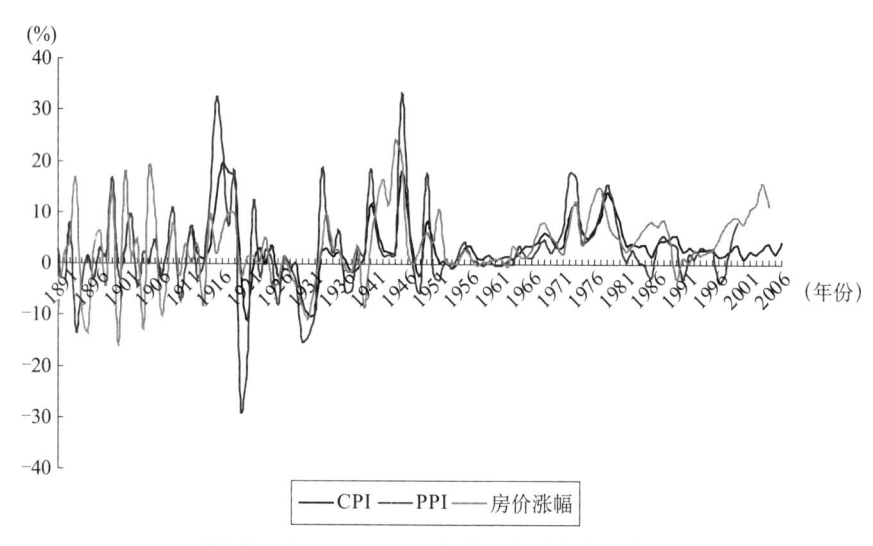

图 22-8　1891~2008 年美国物价与房价涨幅

资料来源：东兴证券研究所。

表22-3　1891~2008年美国房价涨幅与通胀

	年份	房价涨幅（%）	CPI（%）	PPI（%）	对比
（1）金本位	1891~1914	1.4	-0.3	-0.3	战胜通胀
（2）金汇兑本位	1915~1944	1.4	2.1	2.2	弱于通胀
（3）布雷顿森林体系	1945~1973	4.4	3.2	3.2	战胜通胀
（4）后布雷顿时期	1974~1992	6.8	6.7	6.2	基本持平
	1993~2007	6.2	2.7	4.5	战胜通胀
	1974~2008	5.8	4.7	4.0	战胜通胀

资料来源：东兴证券研究所。

2008年美国房价较2007年下跌-15.9%，即使如此，1974~2008年，美国房价年均涨幅仍达到5.8%。从表22-3可以看出，总体而言，持有房地产可以战胜通胀，尤其是在20世纪90年代之后。在90年代之前，房价涨幅多数时候略高于通胀；90年代之后则超过2个百分点。从美国100多年的历史来看，持有房地产虽然保值有余，但是未能分享经济增长应有的收益。当然，中国的情况与此有所差异。

在股票市场方面，战后黄金时期，在准金汇兑本位的布雷顿森林体系下，由于美元发行受到约束，股指的涨幅相对有限。20世纪90年代之后，由于金融创新和金融全球化的发展，股指涨幅明显超越经济增长与通胀涨幅之和，如图22-9、表22-4所示。

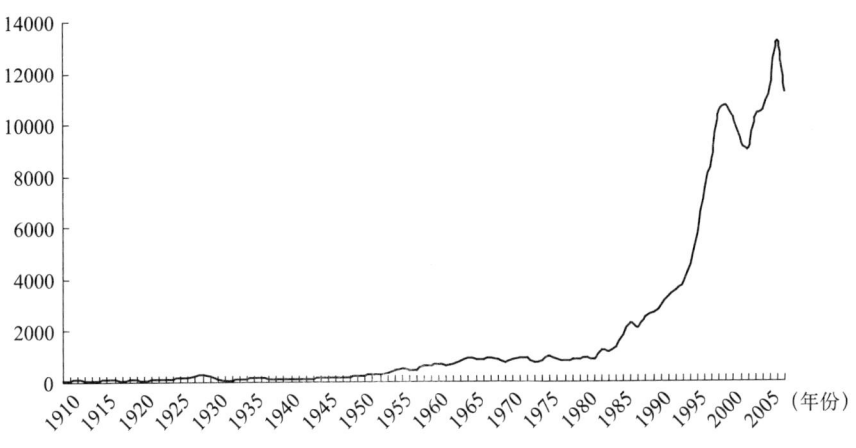

图22-9　1910~2005年道琼斯平均工业价格指数

资料来源：东兴证券研究所。

此外，德国、瑞士等发达国家1992~2008年，股指涨幅也高于GDP和CPI之和。日本是发达国家中的例外，1992~2008年，股指年均收益为-2.4%，如

表22-5所示。

表22-4 道琼斯工业平均价格指数涨幅、GDP增速与通胀率　　单位:%

年份\类别	道琼斯工业平均指数涨幅（a）	GDP增速（b）	CPI（c）	PPI（d）	a-b-c	a-b-d
1950~1973	7.7	4.2	2.5	1.9	1.0	1.6
1974~1992	7.9	2.8	6.3	5.7	-1.2	-0.6
1993~2008	8.7	2.9	2.7	2.3	3.2	3.5

资料来源：东兴证券研究所。

表22-5 1992~2008年主要发达国家股指涨幅、GDP增速与通胀率　　单位:%

	股指涨幅（a）	GDP增速（b）	通胀率（c）	a-b-c
德国	10.6	1.5	2.0	7.1
瑞士	10.5	1.6	1.3	7.6
澳大利亚	7.9	3.6	2.6	1.7
法国	7.3	1.9	1.8	3.6
加拿大	8.7	3.0	1.9	3.8
英国	5.4	2.7	2.6	0.1

资料来源：IMF，东兴证券研究所。

由于以CPI等指标衡量的通胀水平的走低，进入20世纪90年代以后，包括美联储在内的多国央行执行低利率的政策，长期的低利率环境进一步推动了房地产和股票等资产价格的上涨，如图22-10所示。

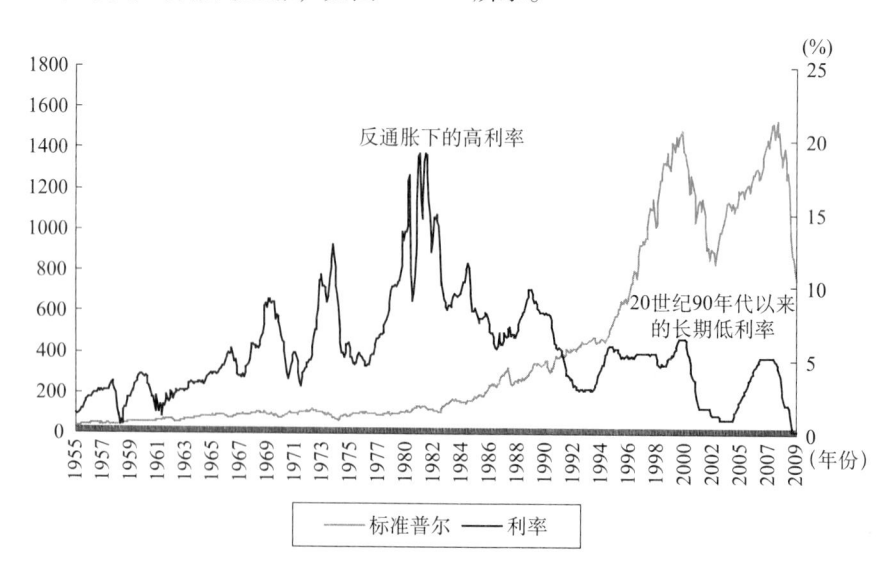

图22-10 1955~2009年美国标准普尔与长期利率走势

资料来源：CEIC，东兴证券研究所。

综上所述，正是房地产、股市等资产市场的储水池效应，减缓了货币供应量变化对商品价格变动的影响。这就是 20 世纪 90 年代中期以来普遍低通胀的原因所在。

五、结论

（1）从历史上来看，物价水平并不必然长期走高。相反，劳动生产率的提高，通过降低生产成本，可以使物价水平趋于下降。这是金本位时期的典型情景。

（2）金本位制度崩溃后，尤其是进入信用货币制度时代，物价水平的长期走高，确实源自货币供给的超额供应。从这个角度来看，货币主义"无论何时何地，通货膨胀都是一个货币现象"的说法无疑是正确的。

（3）自 20 世纪 90 年代以来，货币供给的增幅和物价涨幅严重不匹配，出现了所谓长期低通货膨胀的现象。这主要是因为金融创新和金融全球化时代，虚拟经济空前发展，股票市场和房地产市场的上涨吸收了额外的货币量，从而使商品市场呈现出低通胀态势，以美国为例，股指涨幅明显超越经济增长与通胀涨幅之和。欧美等发达国家虚拟经济过度发展，远远脱离其实体经济，而在宽裕流动性的支撑下，中国的资产市场具有巨大的上升空间。从抵御通货膨胀和分享经济增长的角度来看，进入资产市场显然是较好的选择（20 世纪滞涨时期资产市场则未能战胜通货膨胀和经济增长——这是当前和未来的市场与 20 世纪七八十年代滞涨时期的差异）。

（4）美国的历史表明，在工业化时期，随着重工业化进程以及城市化带来的房地产需求，燃料、建材等商品价格涨幅显著超越商品价格总体涨幅。由于包括中国、印度在内的诸多新兴市场国家正处于这一历史进程，在当前国际流动性依然充裕的背景下，加上庞大财政赤字导致的美元长期实际价值的下降，可以预见石油、金属等大宗商品的美元标价仍将处于上升通道（金价也是如此）。

评注：本文是东兴证券研究所谭淞于 2009 年 6 月所做的工作论文，笔者参与了研究和数据处理，此文是典型的将历史分析和统计分析相结合的文章。

23. 新兴市场经济国家劳动力有效供给不足

在欧美发达国家经济增速明显放缓的情况下，新兴市场经济体被寄予厚望，期盼其成为劳动全球经济增长的中坚力量。不可否认，新兴市场经济体的确具有巨大的增长潜力，但面临着诸多制约因素，正是这些原因导致新兴市场经济体难以同世界经济脱钩，尽管不可能出现经济衰退，但在全球经济放缓的情况下也难以逃脱增速放缓的命运。事实上，作为新兴市场经济体的代表，2008年3月印度工业生产增速仅为3%，创6年来新低，与此同时，通货膨胀创4年来新高，已具备滞胀的早期特征。尽管印度是仅次于我国的人口大国，但是，出现这种局面的原因之一在于劳动力有效供给不足，其他新兴市场经济国家同样面临类似问题。

一、人口第二大国劳动力短缺

作为一个拥有11亿人口的大国，印度在最需要人手的领域却长期面临着劳动力短缺的局面。随着印度迅速地从停滞不前的农村经济向持续扩张的城市经济发生转变，成千上万的住房、办公楼、商场、机场、公路、港口、发电站和工业园正在兴建之中。由于有这么多的项目要进行，就连只具备最基本技能的工人也日渐稀缺。砖瓦工、钳工、焊工、油漆工以及其他熟练和半熟练工人的短缺很可能阻碍那些对印度经济发展至关重要的项目的建设。

改善陈旧的基础设施是摆在印度面前最紧迫的问题之一。其当务之急就是清除那些正给飞升的通货膨胀火上浇油的发展瓶颈，这将决定印度能否保持高速的发展势头。预计在未来6年中，印度每年在港口、发电厂和道路等重大基础设施方面的投入将超过600亿美元，需要9200万人的劳动力。据智囊机构印度建筑产业发展委员会的数据，即使不考虑工业、住房及商业建筑同时也在迅速发展的实际情况，上述数字也比市场当前所能提供的劳动力数量高出了33%左右。

财政部长奇丹巴拉姆最近接受采访时指出："在民用建筑领域，我们的人手不够，没有足够多的熟练工人。我们的经济正以超过 8% 的速度增长，所需要的熟练工人远远超出供应。"

二、罗马尼亚建筑工人短缺

得益于经济的快速增长，罗马尼亚就业形势得到很大改善，但问题又走向一个极端，劳动力有效供给不足给经济增长带来巨大压力。以建筑业为例，快速的发展使得罗马尼亚建筑业不得不面临劳动力短缺问题，当前工业领域需要 20 万~30 万名工人，建筑公司即使愿付欧盟水平的工资，也很难找到合格的建筑工人。这意味着罗马尼亚已经非常接近其经济增长的极限，如果经济增速超过了罗马尼亚的潜在增长率，将会引发较大的通货膨胀压力。

三、波兰高失业率与工资上涨并存

加入欧盟后，波兰的失业率持续下降，从 2004 年的 19.5% 下降到 2007 年 3 月的 14.4%。一方面是由于经济状况好转，企业雇佣需求增加，另一方面是由于波兰人大批到西方打工形成的。但波兰一些行业专业技术人员不足已经导致工资全面迅速上涨。这正如地租理论，在优质土地涨价的时候劣质土地同样涨价。

四、培训不足导致俄罗斯缺乏高级技能人才

俄罗斯不仅缺乏高级科技人才也缺乏高级技能人才，苏联解体后流失近 80 万科技人员，其中 20 多万顶尖的科学家移居西方，另外，20 世纪 90 年代中期的生产危机和工业品需求量下降导致工业人才培训需求的下降，工业人才培训实际上中断了，企业比较缺乏高级技能人才。俄罗斯宣布，2008 年需要 150 万名外籍技工。

五、不稳定的刘易斯拐点在我国出现

在经济快速增长的形势下，随着农村劳动力不断向非农产业转移，农村青壮年劳动力正在逐步向供不应求转变。这与国际产业转移以及房地产业的空前繁荣紧密相关的，前者无需赘言，而后者涉及的产业链条最长，涉及钢铁、有色金属、建筑材料、木材加工、家具制造等多个环节。随着房地产的繁荣，该链条上

相关企业对农民工的需求随之大幅增加，从而使多年来富余的农村劳动力供给开始日益紧张。2006年国务院发展研究中心对农村劳动力利用状况进行了一次全面调查，覆盖17个省、自治区的2749个行政村。从调查来看，74.3%的村庄认为，本村能够外出打工的青年劳动力都已经外出务工，只有1/4的村认为，本村还有青壮年劳动力可转移。

农业部全国农村固定观察点系统2003~2007年的调查数据表明，近年的农民工工资呈现明显上涨的趋势，且速度加快。2003~2007年，到本村以外从事生产经营活动的农民工，人均月工资由781元增加到1055元，2004~2007年增长率分别为2.8%、6.5%、11.5%和10.7%。另外，国家统计局2008年4月统计数据显示，第一季度农民的工资性收入同比增长16.9%。其中，农民务工收入增长19.8%。在务工收入中，本地务工收入增长21.0%；外出务工收入人均增长19.0%。

经济学理论中的刘易斯拐点理论很好地解释了这一现象。在发展初期，大量农村劳动力剩余的存在，使工业、制造业部门在相对固定的、略高于维持生存水平的工资水平上，就可无限雇佣到农村劳动力（即劳动力供给曲线为水平线）。但是，随着经济的发展，在剩余劳动力被现代化部门全部吸收之后，劳动力的供给曲线出现转折，在此转折点上，农村劳动力成为稀缺的生产要素；如果需求进一步增长，就必须提高农民工实际工资。在2004年之前农民工工资长年不动，但随后连年上涨的事实面前，无法否认农民工的供给曲线已由过去的水平线转变为向右上方倾斜的标准的供给曲线形式，即农村劳动力供给已出现转折，或说刘易斯拐点提前出现。但是，这一拐点的稳定性值得进一步研究。

通过上述分析可以看出，新兴市场经济国家普遍面临劳动力有效供给不足问题，为了解决这一问题，近期需要加强职业技能培训，长期需要增加教育投资，只有这样，才有可能突破劳动力供给瓶颈，实现可持续发展，为世界经济繁荣做出自己的贡献。

评注：本文2008年6月3日刊登于《世经要参》，旨在强调劳动力无限供给时代已经结束，未来经济发展需要充分考虑这一因素。

24. 不宜以人民币升值抑通胀

金融理论指出，本币升值可以抑制通货膨胀，但在实践中它是一把双刃剑。升值固然可以降低进口商品价格，但升值预期和预期的不断实现将导致国际资本快速流入，国内货币供应量被动增长，从而加大通胀压力，同时挑战国内货币政策的独立性。中央银行应尽快停止以人民币升值抑通胀的做法。

一、以升值抑通胀的愿望和现实背道而驰，俄罗斯和印度被迫加息

俄罗斯和印度是以本币升值抑制通胀的典型代表，但俄罗斯2008年6月通胀率高达15.1%，印度通货膨胀率接近12%，处于13年来的高点。什么原因导致该项政策的破产呢？原因在于升值预期和预期的不断实现将导致各种国际资本快速增长，国内货币供应量被动增长，从而诱发严重通货膨胀。

以俄罗斯为例，在升值的预期下，一些国内银行从国际上借入美元，然后兑换成卢布，从卢布升值和资产价格上涨中获取双重利益。同时，2007年流入俄罗斯的外资规模达到1209.41亿美元，是2006年的2.2倍，外汇储备迅速增长，年底达到4764亿美元，在此背景下全年基础货币增长33.7%。俄罗斯副总理兼财长库德林明确指出，2007年物价上涨的主要原因是货币因素。

正是基于这种惨痛的教训，2008年，俄罗斯开始不断提高利率。俄罗斯央行2008年7月10日宣布，自7月14日起央行将再次提高再贷款利率，利率从10.75%提高到11%，这已是本年度第四次提高再贷款利率。与俄罗斯央行步调一致，印度央行7月29日也将基准的"再回购利率"上调50个基点至9%，为7年来的高点，这是该国央行2个月来第三次上调利率以对抗通货膨胀。

尽管俄罗斯和印度加息的勇气可嘉，但笔者认为，由于加息时机不当，不是在经济高速增长、通货膨胀开始抬头时期加息，而是在增速回落、通货膨胀高企的时候提高利率，这样可能难以有效地消除通胀，又会恶化国内经济形势，从而

容易诱发金融风险。

二、以升值抑通胀得不偿失，最终将会加剧通胀压力

输入型通货膨胀观点认为，国际原油、矿石等价格上涨是我国通胀的成因，但通过投入产出表构建的价格模型显示，在原油和矿石价格同时下降10%的情景下，总体成本水平仅仅下降0.95%，为了降低不到1个百分点的通货膨胀让人民币大幅升值显然得不偿失。

同时，当前热钱流入的主要原因是人民币升值，换言之，在外贸顺差持续收窄的情况下人民币升值已经成为我国货币流动性过剩的主要原因。流动性过剩的后果是什么呢？本刊2006年6月的研究结论是：这必将导致通货膨胀，资产价格泡沫最终会破灭。随着时间的推移，这一预测在逐步转化为现实。因此，我们认为人民币升值将加剧通货膨胀压力。

三、人民币升值挑战我国货币政策的独立性

在人民币升值的预期下，热钱不断流入，由此形成规模庞大的流动性。对此，央行无法通过操作予以消除，目前只有被动地上调存款准备金率，货币政策的独立性已经受到严重冲击，下面予以说明。

投机者将热钱出售给商业银行，获得相应的人民币收入，形成他们在商行的存款，相应增加了商行的信贷扩张能力。由于商行在央行的存款准备金增加，基础货币随之等额增加，央行为了对冲（有时也叫"冲销"）这部分新增的基础货币，可以向商行出售央行票据回笼资金，但对商业银行而言，这只是其在央行资产存放方式的不同，对业已形成的信贷能力没有影响。

不少人认为，央行已经对冲了外汇储备增加导致的流动性扩张，而央行也确实公布了相关的数据。问题在于，目前的对冲操作，只是改变商业银行持有的央行资产的名目，随着名目的改变，基础货币也随之有所减少，对冲仅仅是在统计数据上减少了基础货币的数量（商业银行在央行的存款准备金计入基础货币，央行票据则不计入），对商业银行信贷扩张的能力并无实质影响。这种对冲不可能减少整个经济体系的流动性。通俗地讲，企业出口创汇多了，钱（人民币）就多了，这些钱存在企业的银行账户上，只要企业和个人合法使用就可以自由支配（如炒房炒股），无论如何是不可能被央行的任何操作"冲"走一丝一毫的。

国外经验表明，从短期来看，冲销有效，但代价高昂，从长期来看，不可持

续，而短期有效是以企业参与外汇市场操作为前提的。即持有外币的企业，将外汇卖给央行，央行则卖出央行票据，票据到期后央行还本付息。这样在短期内经济体系中的流动性暂时被央行回笼，代价则是央行为其票据支付利息。显然，如果不解决外汇持续流入的问题，冲销操作在长期是无法持续的。在我国，企业不能参与外汇市场操作，因此，对冲或冲销操作即使在短期也无法减少流动性。

但是，随着央票存量的增多，以及热钱的不断流入，央行日益面临尴尬境地：一方面，旧央票到期，形成大规模的资金释放；另一方面，外储增长仍旧带来基础货币的增长。如果仍旧以发行央票（即"借新还旧"）来应对这两个问题，意味着央行负债的继续快速增长。更为关键的是，随着通货膨胀率的上升，央票的利率成本远高于存款准备金的成本，存款准备金的利率为1.89%，而无论进行正回购还是发行央票，利率都远在3%之上。在此情况下，央行幡然改悔，不再那么关注基础货币数额的增长，转而以提高存款准备金率的方式来紧缩流动性。

四、结束语

提高利率可以让企业优胜劣汰，从而实现资源的有效配置；尽管提高存款准备金率让所有的企业都感到融资的困难，但无法实现优胜劣汰。从控制通货膨胀、实现经济增长方式的转变这个角度来看，加息政策优于提高存款准备金率，但本币升值的预期让央行做出了相反的选择，货币政策的独立性已经受到严重冲击。鉴于此，我们认为不宜以人民币升值抑制通货膨胀。

评注：本文2008年8月5日刊登于《世经要参》，当时以人民币升值抑制通货膨胀呼声很高，笔者认为不妥，遂写出本文。

第四篇

国际合作与中国前景篇

25. 从危机后美国产业兴衰看贸易战终极目标及我国对策

通过美国金融危机后过去十年的产业发展变化可以发现如下特点，一是制造业尚未恢复到危机前水平，在20个细分行业中只有四个行业产值恢复到金融危机前的水平；二是虽然美国高科技发达，但高科技产品贸易一直处于逆差状态，且呈上升趋势，2017年达到1103.8亿美元；三是在量化宽松的货币政策的支持下，金融、房地产以及建筑业是美国经济稳定的核心力量，但房地产增加值存在严重"浮夸"成分；四是医疗服务直线上升，人口老龄化和贫困成为拉动美国经济增长的另类动力；五是科学和技术服务是美国经济增长的重要动力，但也在很大程度上来自外部需求，也是美国服务业出口的中坚力量；六是农业在美国经济中比重很低，但对国内外市场均存在较大影响；七是能源独立战略取得了积极成效，油气在美国经济增长中"四两拨千斤"作用凸显。

美国拥有广袤的土地，丰富的石油和天然气资源，农业的繁荣为国民经济的稳定发展奠定了坚实的基础，能源自给战略可以为经济发展提供充足和廉价的石油及电力，同时科技创新能力任何一个国家都暂时无法替代，美国经济仍然存在巨大的发展优势。但是，当前美国经济同样面临诸多问题，缺乏长期增长动力，特朗普挑起贸易战在影响全球经济复苏的同时对其自身的冲击也不可低估。

美国经济增长的软肋在于缺乏产业工人，贸易战不可能改变当前国际产业分工格局，美国也不具备持续作战能力。金融和高科技是资本有机构成最高的，由少量的人员控制中国金融市场、通过金融手段控制中国高科技企业才是美国挑起贸易战的终极目标。在这一判断下，我国应抓住美国经济软肋，保持定力，做好打持久战的准备。一是加强货物贸易领域反制，做好其他领域反制预案；二是实施对等开放战略，增加我国谈判筹码；三是调动多方力量参战，加强统一协调；四是以贸易战为契机，加快改革步伐；五是警惕贸易战终极目的，高度重视金融和产业安全，注意对外开放策略。

一、制造业拖累经济增长,至今尚未恢复到十年前水平

美国次贷危机导致制造业遭受重创,2008年和2009年按不变价计算的总产值分别下降4.6%和13.7%,2010年之后始终处于缓慢复苏的状态,2017年制造业总产值比2007年还低4.5%,而GDP则在2011年就超过了2007年。换言之,制造业仍然没有恢复到金融危机前的水平,不仅没有成为美国经济增长的引擎,反而拖累了经济增长,奥巴马政府再工业化政策基本上没有取得预期效果,如图25-1所示。

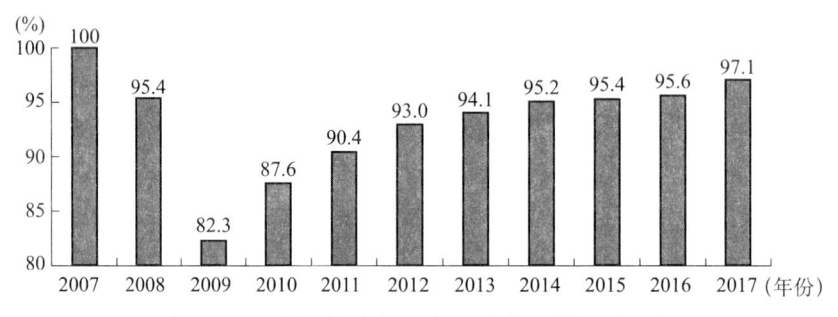

图25-1 美国制造业生产指数(2007年=100)

资料来源:美联储。

按照美国统计口径,制造业分为耐用品和非耐用品两大类,其中非耐用品的复苏更为乏力,2017年的总产值比2007年还低8.6%。从非耐用品的九个细分行业来看,只有食品、饮料及烟草制品这一行业产值比2007年增长了4.9%,其余的八个行业均未恢复到十年前的水平。其中"服装和皮革制品""其他非耐用制品""纺织品及其产品""印刷和相关支持活动"这四个行业产值比十年前分别下降59.2%、50.1%、26.5%和25%,而且都还没有恢复到2009年金融危机最严重的时期的水平。化工产品、纸制品、塑料和橡胶制品、石油和煤炭产品这四个行业产值虽然恢复到2009年水平,但比2007年仍然分别下降15.6%、14.6%、6.5%和1.5%。从最近几年的数据来看,也没有好转迹象,如表25-1、图25-2所示。

表25-1 美国非耐用品产值指数(2007年=100,不变价)

年份 类别	2007	2008	2009	2016	2017	增幅(%)
非耐用品总产值	100	94.1	86.8	90.1	91.4	-8.6
服装和皮革制品	100	80.6	59.4	43.9	40.8	-59.2

续表

年份 类别	2007	2008	2009	2016	2017	增幅（%）
其他非耐用制品	100	91.1	76.2	53.1	49.9	-50.1
纺织品及其产品	100	87.9	69.7	74.4	73.5	-26.5
印刷和相关支持活动	100	93.6	78.4	75.2	75.0	-25.0
化工产品	100	92.5	83.5	83.4	84.4	-15.6
纸制品	100	95.8	85.4	85.7	85.4	-14.6
塑料和橡胶制品	100	90.6	75.7	93.0	93.5	-6.5
石油和煤炭产品	100	95.6	94.3	96.3	98.5	-1.5
食品、饮料及烟草制品	100	97.2	96.5	102.4	104.9	4.9

资料来源：美联储。

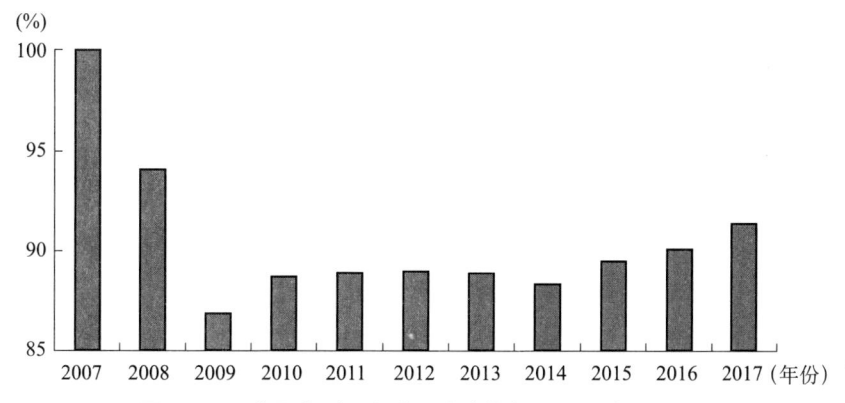

图 25-2 美国非耐用制造业生产指数（2007年=100）

资料来源：美联储。

耐用品制造业复苏状况明显好于非耐用品，2017年产值比2007年提高了2.9%。其中，计算机和电子产品、汽车及零部件、航空航天及其他运输设备这三个行业产值比十年前分别提高了42.7%、20.7%和7%。但是，其他八个行业产值仍不及十年前的水平。其中家具和相关产品下降幅度仍然高达25.8%，非金属矿物制品、木制品、加工金属制品、电气设备、用品和部件四大行业下降幅度均超过10%，分别为16.7%、13%、13%和10.9%。其他耐用品、初级金属制品和机械三个行业下降幅度分别为8.3%、7.5%和4.1%。初级金属制品主要是包括铁和铝等产品，受房地产复苏影响，近年复苏相对较快，成为特朗普贸易战的首选产品，如表25-2、图25-3所示。

表 25-2　美国耐用品产值指数（2012年=100，不变价）

类别＼年份	2007	2008	2009	2016	2017	增幅（%）
耐用品总产值	103.0	99.4	80.7	104.1	105.9	2.9
家具和相关产品	142.1	128.3	93.1	105.8	105.5	-25.8
非金属矿物制品	139.7	123.4	93.0	112.3	116.3	-16.7
木制品	139.2	119.0	90.9	116.5	121.1	-13.0
加工金属制品	114.9	110.8	85.2	97.6	100.0	-13.0
电气设备、用品和部件	118.4	113.9	89.5	104.0	105.4	-10.9
其他耐用品	105.9	107.7	99.8	100.5	97.1	-8.3
初级金属制品	104.0	104.2	77.5	93.7	96.3	-7.5
机械	97.1	94.5	73.5	87.7	93.1	-4.1
航空航天及其他运输设备	96.3	98.2	89.4	104.8	103.1	7.0
汽车及零部件	106.3	85.1	62.3	128.4	128.3	20.7
计算机和电子产品	79.6	85.7	76.2	110.5	113.7	42.7

资料来源：美联储。

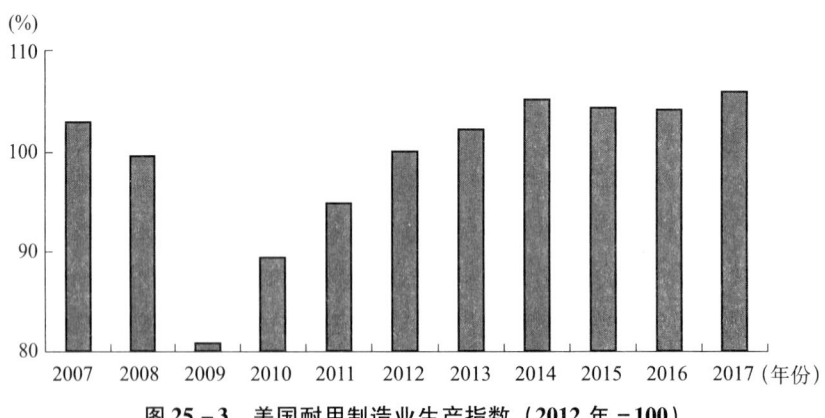

图 25-3　美国耐用制造业生产指数（2012年=100）

资料来源：美联储。

从以上数据可以看出，在美国制造业20个细分行业中只有四个行业产值恢复到金融危机前的水平，其中计算机和电子产品、汽车及零部件、航空航天及其他运输设备是美国的优势行业，食品、饮料及烟草制品则与美国充裕的国内供给有关。由此可见，奥巴马制造业振兴计划基本无效，在一定程度上来讲，美国制造业经历了"失去的十年"。

二、农业在经济中比重很低，但对国内外市场均存在较大影响

最近二十年来，美国农业增加值占 GDP 的比重一直维持在 1% 左右，从总量上来看，似乎处于无足轻重、可有可无的地位。其实不然，无粮则乱的道理同样适用于美国。

从图 25-4 可以看出，按可比价格计算，2007 年种植业增加值比 2006 年下降 15.9%，从而形成了以粮食和食品为先导的通货膨胀，这一趋势迅速向全球扩散，2007 年中国也出现了 21 世纪以来最为严重的物价上涨。为控制通货膨胀，美联储不断提高加息，从而刺破房地产泡沫并形成次贷危机。2009 年是美国次贷危机最严重的年份，绝大多数行业产值大幅下滑，但种植业增加值则提高了 15.9%，充足的粮食供给维护了社会的安定，对民生的冲击远远低于大萧条时期。2011 年和 2012 年种植业再度减产，其中 2012 年增加值比 2009 年下跌了 14.7%，由此导致全球粮食价格暴涨。2016 年，美国经济增速只有 1.6%，但种植业增加值却提高了 10.7%，对抑制经济下行做出了积极贡献。

从更长的历史时期来看，1973~1974 年以及 1978 年，美国粮食都出现大幅减产，两次石油危机相继出现，2007 年粮食减产之后出现了次贷危机，也许正是基于这一原因，美国对农业的保护可谓不遗余力，在中美经济合作百日计划中农业合作也列入首位。

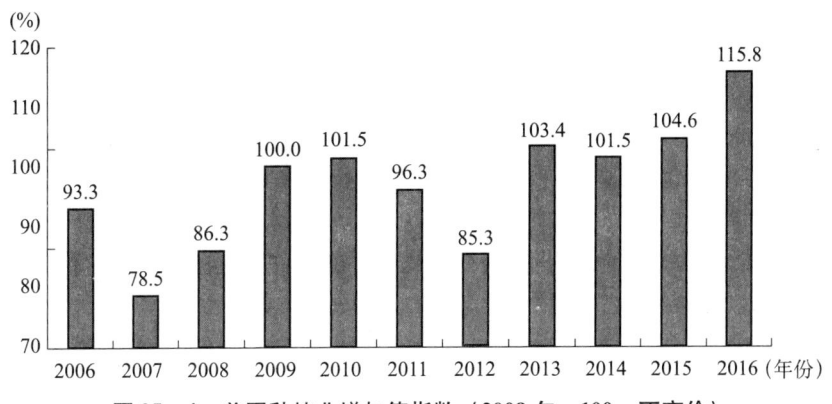

图 25-4　美国种植业增加值指数（2009 年 =100，不变价）

年份	2006	2007	2008	2009	2010	2011	2012	2013	2014	2015	2016
指数(%)	93.3	78.5	86.3	100.0	101.5	96.3	85.3	103.4	101.5	104.6	115.8

资料来源：美国经济分析局。

三、能源独立战略取得了积极成效,油气"四两拨千斤"作用凸显

与农业一样,石油和天然气开采在经济中的比重不高,但却有左右经济走向的能力。在经济政策和高油价的双重刺激下,2012~2015年,以不变价计算的石油和天然气增加值年均增速保持在11%~19%,2015年比2007年翻了一番,如图25-5所示。

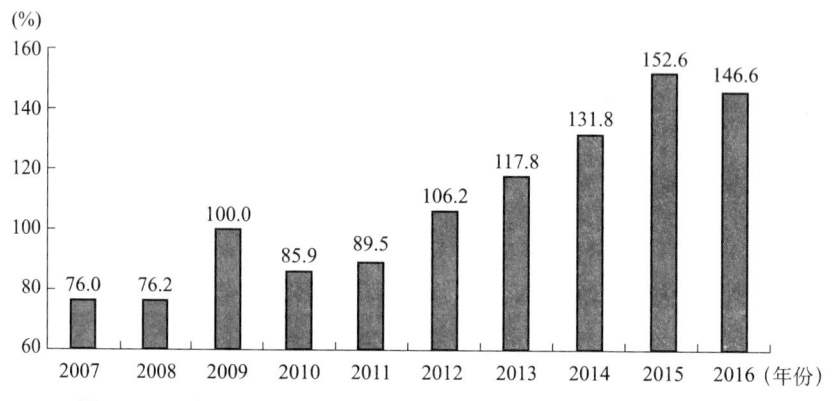

图 25-5 美国石油和天然气增加值指数(2009年=100,不变价)

资料来源:美国经济分析局。

谷贱伤农,油贱同样伤及国民经济。2015年国际油价大幅下跌,尽管产量仍然在增加,但以现价计算的增加值减少了1320亿美元,直接导致名义GDP下降0.8个百分点,采掘业增加值在GDP的比重由2014年的2.8%下降到1.8%,2016年下降到1.4%。2017年以来随着油价的上升,油气开采以及炼油行业的投资不断增加,并有效促进了新能源产业的发展,在此背景下2017年经济表现良好。

与此同时,油气产业也拉动了运输和仓储业的快速增值增长。美国运输和仓储业可以分为八类子行业,其中航空、铁路、货车、旅客及其他运输五个行业2016年的增加值与2007年相比是下降的,尤其是铁路运输和陆地客运。而水路运输、管道运输、仓储和保管三个行业分别实现了39%、26.2%和59.3%的增长,显然,这三个行业主要是石油和天然气所带动的,如表25-3所示。

表25-3 美国运输和仓储业增加值指数（2009年=100，不变价）

年份 类别	2007	2016	增幅（%）
运输和仓储业	108.9	114.0	4.7
航空运输	117.1	116.2	-0.8
铁路运输	109.4	98.6	-9.8
水路运输	70.9	98.5	39.0
货车运输	118.6	116.5	-1.8
中转和陆地旅客运输	112.0	101.4	-9.5
管道运输	110.1	139.0	26.2
其他运输和支持活动	105.7	103.7	-1.9
仓储和保管	94.9	151.3	59.3

资料来源：美国经济分析局。

2010年3月，奥巴马宣布取消近海油气开采禁令，并称此举是为了降低对外能源依赖，增加国内就业岗位。2011年3月又宣布，到2025年美国石油进口将减少1/3，以提高美国能源的独立性，同时强调大力发展清洁能源。石油和天然气的快速发展说明能源独立战略取得了积极成效。

四、金融、房地产以及建筑业是美国经济稳定的核心力量，但房地产增加值存在严重虚拟成分

在美国的统计体系中，金融、保险、房地产及租赁业分同属一类行业，该行业又被分为两个行业，一是金融和保险，二是房地产及租赁业。2016年该行业增加值占GDP比重为20.6%，比2007年提高了0.7个百分点，其中金融和保险贡献了0.1个百分点，房地产贡献了0.6个百分点。

金融和保险又可以细分为四类行业，一是联邦储备银行、信贷中介和相关活动，二是证券、商品合约和投资，三是保险公司和相关活动，四是基金、信托和其他金融工具。2013年之前，基金、信托和其他金融工具保持平稳增长态势，但2014年增长72%，主要原因是当年的量宽政策及经济相对走强吸引了大量国际资本以基金、信托等方式流入美国，如图25-6所示。

量化宽松政策及低利率促进了房地产的繁荣，2012年以来，新建住房销售量快速增长，如图25-7所示。房地产在经济中的比重提高了0.6个百分点，2016年房地产增加值在GDP中的比重高达12.1%，成为美国经济第一大支柱产业。

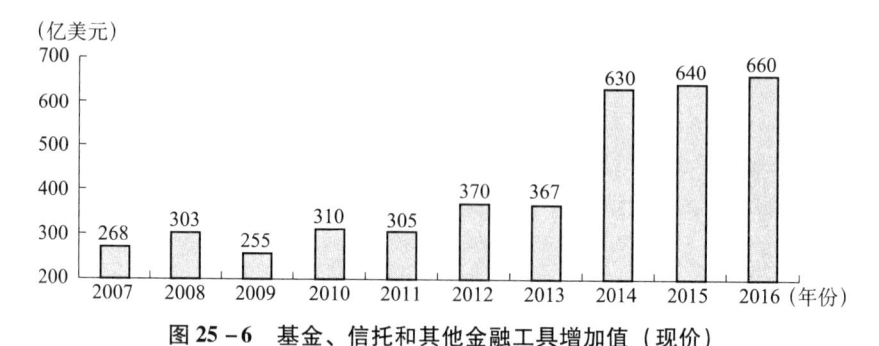

图 25-6　基金、信托和其他金融工具增加值（现价）

资料来源：美国经济分析局。

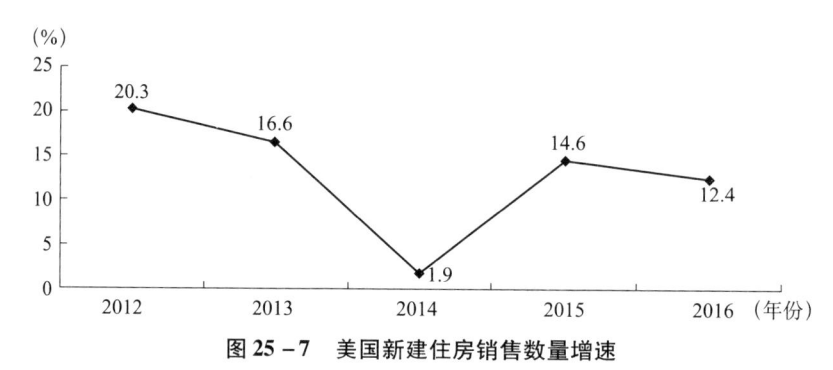

图 25-7　美国新建住房销售数量增速

资料来源：美国商务部。

房地产的繁荣的确对美国经济做出了积极贡献，但如此高的贡献则令人怀疑。事实上，这与美国 GDP 核算方式有关。与我国相比，美国房地产增加值中多了一项"虚拟租金"。自有住房自住是不需要缴纳租金的，也和 GDP 无关，但在美国 GDP 核算中则视同缴纳，并计入房地产增加值，这一做法无疑大大抬高了房地产经济增长的贡献。以 2016 年为例，全年新建住房销售额为 2098 亿美元，二手房买卖总额低于新房销售，但房地产行业的增加值却高达 2.25 万亿美元。从图 25-8 可以看出，美国房地产增加值保持持续增长态势，即使在 2009 年次贷危机最严重的年份也没出现衰退。因此，按照我国统计口径，美国大大高估了 GDP。

与房地产荣辱与共的是建筑业。2006 年，建筑业增加值占 GDP 的比重高达 5%，次贷危机爆发后建筑业持续衰退，2011 年占 GDP 的比重下滑到 3.5%，2012 年开始快速复苏，2017 年上升到 4.3%，增加值也上升到 8280 亿美元，如图 25-9 所示。

图 25-8 美国房地产增加值（现价）

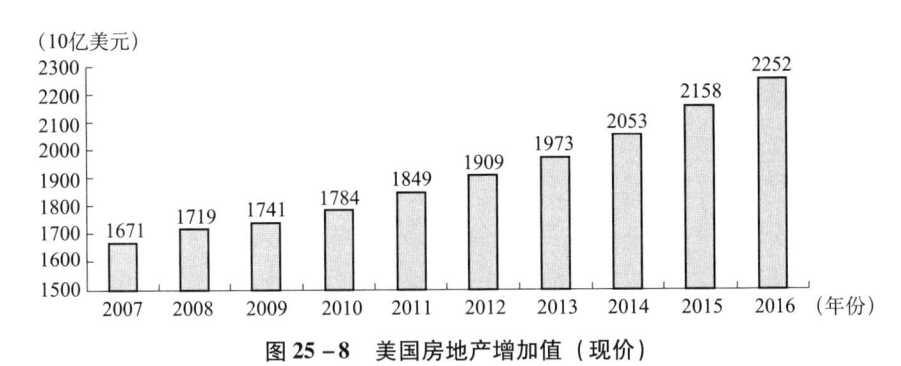

资料来源：美国经济分析局。

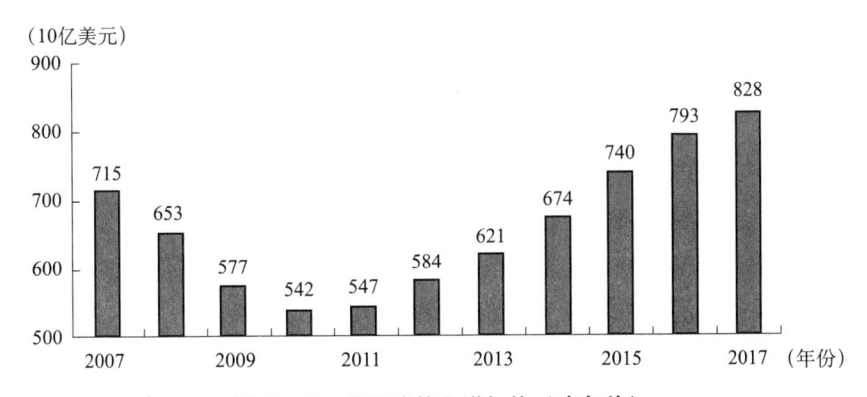

图 25-9 美国建筑业增加值（当年价）

资料来源：美国经济分析局。

五、服务业仍然是美国发展的主导力量，但增量主要来源于少数行业

按照美国统计口径，服务业分为十大类，从表 25-4 可以看出，批发与零售贸易、信息业、其他服务业和政府这五大部门的增加值占 GDP 比重是稳定或者降低的，这些部门在经济中的比重超过 30%，但并非拉动经济增长的主导力量。2016 年，其他五大部门增加值占 GDP 比重为 51.5%，比 2007 年提高了 3.5 个百分点，但增量主要来自于少数行业。

表 25-4 美国服务增加值占 GDP 比重（现价）　　　　单位：%

年份 类别	2007	2009	2011	2013	2015	2016
批发贸易	5.9	5.7	5.8	6.0	6.1	5.9
零售贸易	6.1	5.8	5.7	5.8	5.9	5.9

续表

类别＼年份	2007	2009	2011	2013	2015	2016
信息业	4.9	4.9	4.7	4.7	4.7	4.8
其他服务	2.3	2.3	2.2	2.2	2.2	2.3
政府	13.2	14.3	14.0	13.3	13.0	12.9
金融、保险、房地产及租赁业	19.9	19.9	19.7	19.7	20.3	20.6
专业和商业服务	11.5	11.5	11.7	11.8	12.2	12.5
教育服务、卫生保健和社会救助业	7.4	8.4	8.3	8.2	8.3	8.5
艺术、娱乐、休闲、住宿餐饮服务业	3.7	3.6	3.6	3.8	3.9	4.0
运输和仓储业	2.8	2.8	2.9	2.9	3.0	3.0
合计	77.6	79.2	78.6	78.4	79.6	80.3

资料来源：美国经济分析局。

1. 专业和商业服务业是最大的生产性服务业

专业和商业服务业分为三类：一是专业、科学和技术服务，二是公司和企业管理服务，三是行政和废物管理服务，专业、科学和技术服务进一步细分为三个行业。从表25-5可以看出，计算机系统设计和相关服务以及专业、科学和技术服务杂项两个细分行业增加值占GDP比重分别提高了0.3个百分点和0.4个百分点，公司和企业管理服务提高了0.2个百分点。2010~2016年，这三个细分行业增加值增速分别为7.0%、2.8%和5.1%，远远高于GDP增速，成为促进经济复苏的重要力量。需要指出，这三个行业的发展均和外部需求有关，也是美国服务业出口的中坚力量，如表25-6所示。

表25-5 专业和商业服务占GDP比重及变化（现价） 单位：%

		2007年	2016年	增减
专业、科学和技术服务业	法律服务	1.5	1.4	-0.1
	计算机系统设计和相关服务	1.2	1.5	0.3
	专业、科学和技术服务杂项	4.0	4.4	0.4
公司和企业管理服务业		1.8	2.0	0.2
行政和废物管理服务业		3.0	3.2	0.2
合计		11.5	12.5	1.0

资料来源：美国经济分析局。

表25-6 专业和商业服务细分行业增加值指数（2009年=100，不变价）

类别＼年份	计算机系统设计和相关服务	专业、科学和技术服务杂项	公司和企业管理服务业
2007	92.42	98.67	109.81
2008	97.91	106.71	109.25
2009	100.00	100.00	100.00

续表

类别 年份	计算机系统设计和相关服务	专业、科学和技术服务杂项	公司和企业管理服务业
2010	107.02	102.06	107.65
2011	116.69	105.09	112.36
2012	129.39	108.29	120.82
2013	130.82	109.22	127.17
2014	138.35	113.44	136.77
2015	153.05	118.35	140.08
2016	160.53	121.58	141.85

资料来源：美国经济分析局。

2. 人口老龄化导致医疗及护理服务快速增长

2016年门诊保健服务以及住院、看护和家庭护理设施增加值占GDP比重比2007年提高了0.8个百分点，达到了6.8%。与此同时，社会救助业也提高了0.1个百分点。2007年之前，美国门诊服务增加值在20世纪90年代是有增有减的，但2007年以来则出现直线上升的趋势，这说明人口老龄化和贫困成为拉动美国经济增长的另类动力，如表25-7、图25-10所示。

表25-7　教育服务、卫生保健和社会救助业占GDP比重（现价）　　单位：%

	2007年	2016年	增长
教育	1.0	1.1	0.1
门诊保健服务	3.1	3.6	0.5
住院、看护和家庭护理设施	2.9	3.2	0.3
社会救助	0.6	0.7	0.1
合计	7.6	8.6	1.0

资料来源：美国经济分析局。

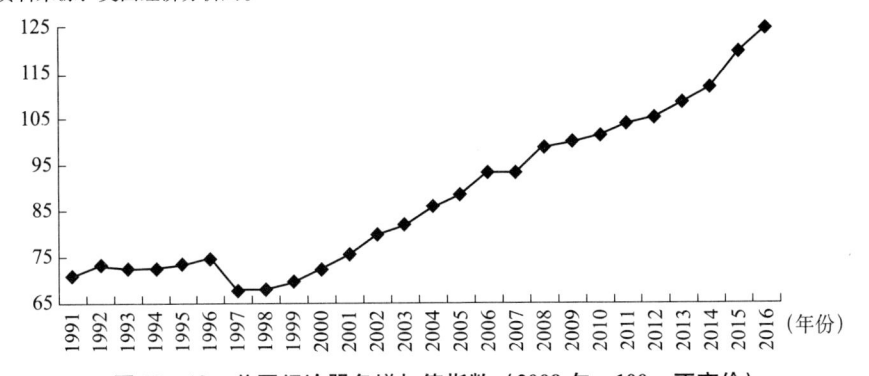

图25-10　美国门诊服务增加值指数（2009年=100，不变价）

资料来源：美国经济分析局。

3. 旅游业带动其他服务业快速发展

艺术、娱乐、休闲、住宿餐饮服务业与旅游相关，最近七年呈现快速增长趋势（见表25-8），在GDP中的比重也由2007年的3.7%提高到4%。

表25-8　2010~2016年旅游类服务业增加值增速（不变价）

	年均增速（%）
艺术、娱乐和相关活动	3.2
表演艺术、观赏体育、博物馆和相关活动	2.4
娱乐、博彩和休闲业	4.2
住宿	2.9
餐饮	2.4
平均	2.7

资料来源：美国经济分析局。

六、高科技贸易长期处于逆差状态

根据美国商务部普查局的统计口径，高新技术包括生物技术、生命科学、光电、信息及通信、电子、柔性制造、先进材料、航天、武器、核技术十大行业。2002年之前，美国高科技产品贸易处于顺差状态以来，之后则一直处于逆差状态，且总体上处于上升趋势，2017年达到1103.8亿美元，如图25-11所示。

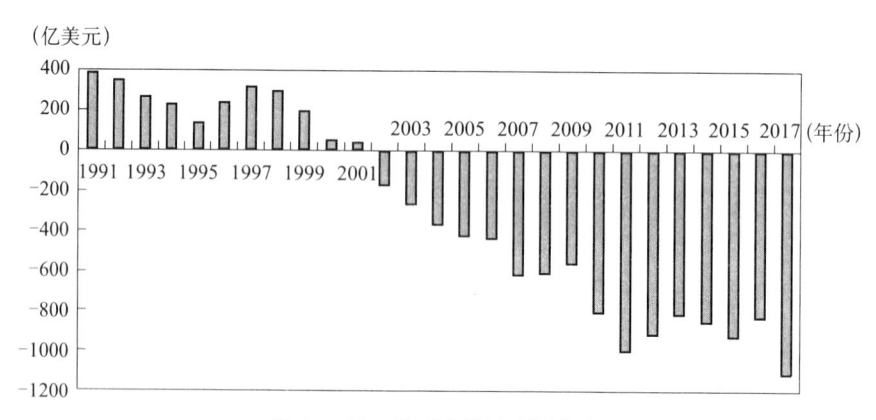

图25-11　美国高科技贸易盈余

资料来源：美国商务部。

2017年，美国航天、柔性制造、电子和武器四个行业对全球贸易顺差分别为824亿美元、64亿美元、49亿美元和32亿美元，先进材料基本平衡。核技术、生物技术、生命科学、光电、信息及通信这五个行业对全球的贸易逆差分别为1650亿美元、183亿美元、161亿美元、71亿美元和7亿美元，如表25-9所示。

从与中国的贸易来看，美国对中国的逆差主要集中在信息及通信、光电这两个行业，分别为1510亿美元、47亿美元，武器和先进材料均只有1亿美元的逆差。美国对中国的顺差主要体现在航天、电子、柔性制造、生命科学、生物技术这五大行业，分别为153亿美元、16亿美元、16亿美元、11亿美元、8亿美元。

表25-9　2017年美国及中美高科技贸易（现价）　　单位：亿美元

	美国对全球贸易			美国对中国贸易		
	出口	进口	顺差	出口	进口	顺差
航天	1319	496	824	163	10	153
柔性制造	201	137	64	30	13	16
电子	462	412	49	61	45	16
武器	41	9	32	0	1	-1
先进材料	28	28	0	3	4	-1
核技术	10	17	-7	2	0	2
生物技术	190	261	-71	10	2	8
生命科学	296	457	-161	37	26	11
光电	48	230	-183	6	53	-47
信息及通信	944	2594	-1650	45	1555	-1510
合计	3539	4643	-1104	357	1711	-1354

资料来源：美国商务部。

自2005年开始，美国对中国的高科技贸易逆差超过对全球的逆差。例如，2017年对中国的逆差为1354.1亿美元，而对全球的逆差为1103.8亿美元，换言之，美国对中国之外的经济体的高科技贸易顺差是250.3亿美元。这说明中国高科技水平的确在提高，并不意味着已经远远超过美国了。美国高科技行业存在逆差的原因主要有两方面：一是主动放弃中低端产品，二是生产全球化的结果。以IBM为例，2003年将个人电脑业务出售，而将主要精力放在高端产品和服务上，如高端服务器，当年国内某大型电脑公司试图研发四路服务器未果，而IBM已经开始研发32路服务器。再以苹果手机为例，中国处于全球生产的终端，必然在对美保持导致大量顺差的情况下对其他国家保持逆差。无论是个人电脑还是手机，都属于信息及通信产品，由此不难理解我国为何在这一高科技领域对美存在1510亿美元的顺差，如图25-12所示。

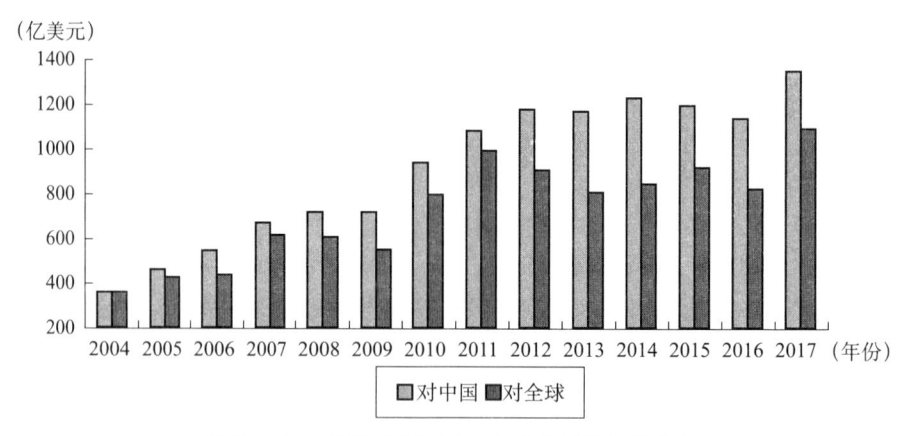

图 25-12　美国对中国及对全球高科技贸易逆差

资料来源：美国商务部。

七、对美国经济形势的基本判断

美国拥有广袤的土地，丰富的石油和天然气资源，农业的繁荣为国民经济的稳定发展奠定了坚实的基础，能源自给战略可以为经济发展提供充足和廉价的石油及电力，同时科技创新能力任何一个国家都暂时无法替代，美国经济仍然存在巨大的发展优势。但是，当前美国经济同样面临诸多问题，缺乏长期增长动力，特朗普挑起贸易战在影响全球经济复苏的同时对其自身的冲击也不可低估。

1. 当前美国经济面临的突出问题

（1）奥巴马在工业化政策上基本没有成功，特朗普新政加剧掣肘因素。再工业化政策无效的原因在于缺乏产业工人，持续了几十年的去工业化已导致大量工人流失，未来美国再工业化必然面临人力资本短缺的难题，特朗普限制移民的新政进一步加剧了这一矛盾。即便能够雇佣到足够的劳动力，但劳动力成本远远高于其他国家，企业也缺乏成本优势。

（2）内在经济发展动力明显不足，服务业发展存在依赖外需的迹象。从上文分析可以看出，美国不仅制造业增长乏力，服务业发展动力同样不足，依赖外需的迹象明显。专业和商业服务业是美国最重要的服务出口部门，该行业的发展与国外需求密切相关。艺术、娱乐、休闲、住宿餐饮服务业似乎以内需为主，但增量部分可能与国际旅游相关，即使最发达的金融业也需国外资金的支持。

（3）优势产业没有发挥主导作用，劣势产业继续下行。尽管高科技产业本来是美国重要的优势产业，但长期处于贸易逆差状态，且有不断扩大的趋势。与此同时，传统的劳动密集型制造业仍然没有恢复到十年前的水平。

（4）人口老龄化问题突出，财政负担可能进一步加重。虽然医疗服务的快速增长可以拉动经济增长，但说明老龄化问题日渐突出，为弥补养老金缺口而增加的财政支出将会进一步加大，这无疑为捉襟见肘的财政收入雪上加霜。

（5）家庭债务不断增加。截至2018年6月底，家庭抵押债务余额15.1万亿美元，已经超过2008年次贷危机爆发前的水平。

（6）美国的此轮经济复苏主要是量宽政策推动的，在货币政策正常化的过程中，金融、地产以及财富效应消费增长都将弱化。

2. 贸易战将对美国经济造成负面冲击

2006年的美国不负责任的次贷行为导致爆发全球金融危机，世界经济至今尚未走出金融危机的阴影。虽然美国成功地将危机转嫁给其他国家，但是，作为次贷危机的发源地，对其自身的影响更为直接和深远，从以上分析可以看出，美国至今仍然未摆脱金融危机的影响，即使不挑起贸易战，美国经济仍然存在减速的压力。十余年后的今天，特朗普挑起贸易战，可谓在经济战场的穷兵黩武，正如当年次贷危机一样，美国经济最终将遭受重创，同时对全球经济造成严重冲击，美国这一不负责任行径必将造成损人害己、全盘皆输局面。

（1）贸易战将直接打击风雨飘摇的美国传统制造业。特朗普贸易战首选钢铁和铝，众所周知，这是传统制造业必备的原材料或中间产品，贸易战尚未开始，美国国内钢铁和铝制品已率先涨价，这将直接提高几乎所有制造业的直接成本，从而进一步削弱制造业的竞争力。与此同时，基础设施建设离不开钢铁和铝，美国的基础设施建设计划同样受到严重冲击。

（2）打击中国先进制造业将抑制美国高科技产品发展。上文分析指出，美国在高科技领域对我国存在巨额贸易逆差，增加相关产品的进口关税只能直接提高高科技产品价格，从而抑制美国优势行业的发展。

（3）贸易战将加速美国通货膨胀，从而对宏观经济造成严重冲击。美国量化宽松货币政策没有导致高通货膨胀的原因之一是进口商品价格的下降，2012～2016年进口商品的价格逐年下滑，这为宏观经济的复苏创造了良好的环境。特朗普挑起的贸易战将直接提高进口商品价格，从而加速国内通货膨胀，抑制国内经济增长。

（4）贸易战将增加美国消费者的经济负担，民生和经济增长都将受到冲击。消费在经济中的比重在70%以上，价格的攀升必将抑制居民消费，并在一定程度上阻碍本轮经济复苏。需要指出的是，美国医疗卫生行业增加值占GDP的比重为6.8%，居民的民生负担已经很重，通货膨胀必然让美国民生雪上加霜。

需要强调的是，上述分析还没有考虑中国及其他国家反制措施的影响，如果考虑这一因素，影响将进一步深化。

八、对策建议

从以上分析可以看出，在传统制造业领域，美国不具备打贸易战的实力，因此，在钢铁和铝两个行业虚晃一枪之后转向专门针对中国的高科技领域。毋庸置疑，美国在高科技领域占据了制高点，但将非核心环节的生产转移到全球。截至2018年8月，美国失业率下降到3.9%，已经接近和达到充分就业，在此情况下，由于缺乏产业工人，贸易战也不可能让后者回流，正如不能将联想的工厂搬到美国。因此，美国并不具备长期打贸易战的实力，对此特朗普及其智囊团自然是清楚的。"项庄舞剑，意在沛公"，由于金融是资本有机构成最高的产业，通过少量的人员控制中国金融市场、通过金融手段控制中国高科技企业才是美国挑起贸易战的终极目标。在这一判断下，一方面，我国应做好打持久战的准备；另一方面，应高度重视金融与产业安全。

1. 加强货物贸易领域反制，做好其他领域反制预案

在货物贸易领域，可以考虑进一步加强反制措施。一是减少大豆、小麦和玉米进口，扩大自巴西、俄罗斯等国的进口；二是减少生物科技、生命科学等高科技领域的进口，扩大自欧洲和日本的进口；三是对油气进口采取欲擒先纵措施，当前可以进一步扩大从美国的进口规模，从而可以在必要的时候大幅减少进口。在贸易战升级的条件下，可以考虑服务贸易领域的反制措施。一是可减少专业和商业服务业的进口，积极培育本土企业；二是加强跨境旅游管制，从而打击对方的旅游以及相关的文化娱乐、住宿餐饮等服务业；三是充分发挥可以利用的金融资源，在直接打击美国金融业的同时，沉重打击房地产和建筑两个产业链条最长的行业。

2. 实施对等开放战略，增加我国谈判筹码

当前美国要求进一步开放我国金融、通信等行业，但是，这种开放并非对等的。我国大型银行上市的时候均无一例外地引进了国外战略投资者，但美国当局不仅阻碍中资银行或企业收购美国金融企业股份，同时对其他国家也并非完全开放的。从美国最大的银行摩根大通银行的股东结构来看，前十大股东均为美国公司，其他大型银行基本相同。与美国不同，德意志银行则采取开放的姿态，海航集团2017年已是该行第一大股东。2018年我国进一步放宽外资对金融企业的持股比例限制，但在国家选择上应采取对等战略，公开宣布对我国制裁的国家不在此列。

3. 调动多方力量参战，加强统一协调

其一，智库应从宏观上把握贸易战的发展方向，借鉴并发展应对贸易战的理论、政策和措施；其二，企业和行业协会应当发挥贴近市场的优势，提出更具有针对性和可操作性的意见和措施；其三，媒体应坚持正确的舆论导向，全面分析报道真实的美国经济和社会矛盾，积极宣传我国经济取得的成就；其四，通过联合国、G20、APEC 等国际组织及有关国际会议，增强话语权，坚决抵制逆全球化趋势；其五，政府发挥领导和协调作用，适时出台相关政策。在多方的努力下，我们不仅可以打赢贸易战，而且也能够迎来新的发展机遇。

4. 以贸易战为契机，加快改革步伐

"生于忧患，死于安乐"，我国应以贸易战为契机，加快改革步伐，从而全面实现高质量发展。一是进一步巩固农业的基础地位，采取有力措施，确保粮食安全；二是进一步优化科技政策，提高关键核心技术的研发和生产能力；三是进一步增强忧患意识，加快我国传统优势行业的升级改造，全面提升我国产业国际竞争力。

5. 警惕贸易战终极目的，高度重视金融和产业安全

笔者认为，通过高科技讹诈，促使中国开放金融市场，通过金融市场控制中国产业才是美国挑起贸易战的终极目的。具体的案例可能更能说明问题，以中国龙源电力集团股份有限公司为例，上文所述的摩根大通银行为该公司第二大股东；摩根大通银行的第五大股东 T. Rowe Price Associates, Inc. 是龙源电力的第四大股东；摩根大通银行的第三大股东贝莱德集团是第五大股东；龙源电力第六到第二十七大股东均为摩根大通银行的股东或与关联公司。由此可见，如果进一步开放金融市场，美国金融机构完全可能实现通过金融手段控制中国产业的目的。这一现象已初见端倪，如果进一步蔓延，中国的金融和产业安全将毫无保障，而不是中兴通信一家公司部分产品停产的问题，对此我国需要高度警惕！

评注：本文应全国人大代表、中国社会科学院学部委员程恩富老师之约，发表在 2018 年第三期《海派经济学》。

26. 美国银行股东背景及启示

党中央、国务院决定进一步扩大金融业对外开放，中国银行保险监督管理委员也出台了征求意见稿。为了提升我国金融业对外开放水平，需要全面了解国外金融机构。本文以美国前四大银行以及有关上市公司的最新财务报表数据为基础，对美国银行的大股东做了统计分析，发现如下现象：一是银行大股东高度重合，且主要为美国本土专业金融投资机构；二是银行大股东同样是保险、证券公司及金融技术服务公司的大股东；三是银行大股东之间交叉持股，股权网络复杂；四是银行大股东直接或间接控股龙头企业；五是银行大股东也是国际评级公司的大股东。针对上述问题，本文提出如下对策建议：一是以马克思经济理论为指导，加强对现代金融寡头的认识；二是总结我国金融对外开放经验，进一步提升金融业对外开放水平；三是坚持对等开放原则，防范国外金融寡头的负面影响；四是优化我国金融业及其他上市公司股东结构，鼓励长期投资资本增持龙头企业股票。

一、美国银行股东的统计分析

1. 银行大股东高度重合，且主要为美国本土专业金融投资机构

按市值划分，美国前四大银行依次为摩根大通银行、美国银行、花旗银行和富国银行。从表26-1可以看出，这四大银行的前十大股东高度重合，从理论上来讲，四家银行的前十大股东最多可以有40家，实际上只有17家。其中，先锋集团（The Vanguard Group Inc.）、道富基金管理公司（SSgA Funds Management Inc.）、贝莱德集团（BlackRock Inc.）、富达管理研究公司（Fidelity Management & Research Co.）和北方信托投资公司（Northern Trust Investments Inc.）这五家基金公司均为这四家银行的大股东，且持股比例基本一致。由巴菲特创办的伯克希尔—哈撒韦投资管理公司（Berkshire Hathaway Inc.（Investment Management））虽然不是摩根大通和花旗银行的大股东，但均为美国银行和富国银行的第一大股东。另外，普信金融（T. Rowe Price Associates Inc.）和惠灵顿管理集团（Wellington Management Co. LLP）是三家银行的大股东，还有三家基金公司是两家银行的大股东。

需要指出的是，这四家银行的17家大股东还有两个特点，一是全部是各类专业金融投资机构，二是除了挪威央行投资管理（Norges Bank Investment Management）公司之外全部为美国本土机构，而且挪威央行投资管理公司只持有美国银行1.1%的股份。欧洲的银行大股东不仅有基金公司，也有企业和员工集体，不仅有国内机构，也有国外投资者，例如，海航2017年成为德意志银行第一大股东。

表26-1 2017年美国四大银行17家大股东持股比例

序号	股东名称	摩根大通（%）	美国银行（%）	花旗银行（%）	富国银行（%）
1	The Vanguard Group Inc.	7.2	6.4	6.9	6.4
2	SSgA Funds Management Inc.	4.9	4.3	4.8	4.1
3	BlackRock Inc.	4.4	4.2	4.5	4.0
4	Fidelity Management & Research Co.	2.4	3.2	3.9	2.5
5	Northern Trust Investments Inc.	1.4	1.1	1.3	1.2
6	Berkshire Hathaway Inc.（Investment Management）		6.6		9.4
7	T. Rowe Price Associates Inc.	2.2		1.5	1.4
8	Wellington Management Co. LLP	1.7	1.8	1.7	
9	Capital Research & Management Co.（World Investors）	2.0			3.1
10	Massachusetts Financial Services Co.	1.3		1.3	
11	Dodge & Cox		1.4		1.5
12	Geode Capital Management LLC	1.1			
13	JPMorgan Investment Management Inc.		1.2		
14	Norges Bank Investment Management		1.1		
15	Harris Associates LP			1.6	
16	Invesco Advisers Inc.			1.4	
17	State Farm Investment Management Corp.				1.1

资料来源：Wind 数据库。

另外，美国其他大型银行股东结构与这四大银行基本一致，本文不再赘述。

2. 银行大股东同样是保险、证券公司及金融技术服务公司的大股东

先锋集团、贝莱德基金、道富公司这三家基金投资公司是美国所有大型银行的共同大股东，同样也是美国保险公司、证券公司以及金融技术服务类公司的大股东（见表26-2）。伯克希尔—哈撒韦公司和联合健康集团是美国同时也是全球排名第一和第二的两家保险公司，这两家公司的前三大股东均为先锋集团、贝莱德基金、道富公司。国际知名券商——高盛集团的前三大股东也不例外。这些基金投资公司还是金融技术服务类公司的大股东,以VISA卡为例,先锋集团、贝莱德基金是第一和第二大股东,道富公司是第五大股东,第三和第四分别是上文所述的富达管理研究公司和普信金融。由此不难发现,美国的主要基金公司的投资涉及整个金融产业链,而且银行大股东尤其是先锋集团和贝莱德基金,几乎占据了所有的金融机构的大股东位置。

表26-2 保险、证券及金融技术公司大股东持股比重

股东名称	保险		证券	金融技术
	伯克希尔—哈撒韦公司(%)	联合健康集团(%)	高盛集团(%)	VISA卡(%)
先锋集团	9.3	6.9	6.3	6.3
贝莱德集团	7.7	7.1	6.3	5.8
道富公司	6.3	4.7	6.2	3.8
合计	23.2	18.8	18.8	15.9

3. 银行大股东之间交叉持股,股权网络复杂

通过上文分析可以看出先锋集团和贝莱德是所有金融机构的两大股东,但这两家基金并不是独立的(见表26-3)。从2017年年报可以看出,PNC金融服务公司(21.35%)和先锋集团(5.56%)分别为贝莱德集团的第一和第二大股东,惠灵顿管理集团(3.24%)是第五大股东。从表面上来看,PNC金融服务公司是贝莱德集团的控制人,其实不然。从PNC金融服务公司的年报数据来看,它的前两大股东分别为先锋集团(6.95%)和惠灵顿管理集团(6.43%)。另外,先锋集团和惠灵顿管理集团之间也不是独立的。先锋集团1974年创立,其前身就是1929年成立的威灵顿基金,两大集团显然存在密不可分的联系。显然,先锋集团才是贝莱德集团的实际控制人。

表26-3 贝莱德集团和PNC金融服务公司大股东持股比重

股东名称	贝莱德集团(%)	PNC金融服务公司(%)
先锋集团	5.56	6.95
PNC金融服务公司	21.35	
惠灵顿管理集团	3.24	6.43

资料来源:Wind数据库。

另外,先锋集团和贝莱德集团拥有众多基金公司,旗下的基金同样也是众多银行和企业的小股东。同时,先锋集团和贝莱德集团控股的公司也是银行和企业的大股东,如上文所述伯克希尔—哈撒韦公司下属的投资管理基金又是美国银行和富国银行第一大股东。由此可以看出,银行股东之间存在着复杂股权网络。换

言之，银行的大股东控制着整个金融产业。

4. 银行大股东直接或间接控股龙头企业

在可以查询到的 98 家列入"2017 年全球 500 强企业"的美国企业中，先锋集团和贝莱德资本同时持股的企业共有 86 家，有 44 家持股比例之和在 10%~20%，且这 44 家企业前两大股东均为先锋集团和贝莱德集团。以美国五大科技公司为例，2018 年第一季度报表显示，先锋集团和贝莱德集团均为第一和第二大股东，持股比例均超过 5%，且第三大股东持股比例均不超过 5%，如表 26-4 所示。

表 26-4　美国五大科技公司前三大股东持股比例

	苹果（%）	Alphabet（%）	微软（%）	亚马逊（%）	Facebook（%）
先锋集团	7.09	6.26	7.62	5.88	5.98
贝莱德集团	6.48	5.44	6.50	5.20	5.14
第三大股东	4.85	3.86	3.78	3.53	4.12

资料来源：Wind 数据库。

对于传统行业的龙头企业，先锋集团和贝莱德集团同样采取控股措施，只不过略显隐蔽。以卡特彼勒为例，这家 1925 年成立于美国伊利诺伊州的公司是世界上最大的工程机械和矿山设备生产厂家、燃气发动机和工业用燃气轮机生产厂家之一，也是世界上最大的柴油机厂家之一。2017 年底，卡特彼勒前三大股东依次为道富公司、先锋集团和贝莱德集团，持股比例为 8.26%、7.25% 和 6.31%。从表面上来看，卡特彼勒的股权有所分散，其实不然。进一步分析发现，先锋集团和贝莱德集团分别是道富公司的第三和第四大股东，持股比例为 6.89% 和 5.92%。道富公司的第一大股东是普信金融，而普信金融的前两大股东同样是先锋集团和贝莱德集团，持股比例分别为 8.44% 和 6.98%。由此可见，虽然先锋集团不是卡特彼勒的第一大股东，但仍是该公司的实际控制人。

由此不难发现银行大股东控制龙头企业的两种模式，一是先锋集团与其控股的贝莱德集团直接控股；二是先锋集团和贝莱德集团控股金融机构，金融机构持有企业的股份，从而实现间接控股。

5. 银行大股东是国际评级公司的大股东

2018 年第一季度报表显示，穆迪公司前三大股东分比为伯克希尔—哈撒韦公司、先锋集团和贝莱德集团，持股比例分别为 12.86%、8.68% 和 5.69%；标普全球大股东为先锋集团、贝莱德集团和道富公司，持股比例分别为 7.93%、7.33% 和 4.55%。上文已经指出，伯克希尔—哈撒韦公司和道富公司的前两大股东都是先锋集团和贝莱德集团，由此我们不难发现这两大国际评级公司的实际控制人。在这种情况下，所谓的国际评级机构很难坚持独立、客观和公正原则。例如，1997年，穆迪突然宣布对日本最大证券公司山一证券进行降级，直接导致其股价暴跌，最后以破产倒闭告终。此后，美国美林证券宣布接管山一证券，以极其低廉的成本进入日本资本市场。

二、政策建议

1. 以马克思经济理论为指导，加强对现代金融寡头的认识

在经典的《政治经济学》教科书中对金融寡头有着清晰的描述：金融寡头在经济领域中的统治主要是通过参与制来实现的。首先，垄断资本集团掌握一些大银行或大企业作为"母公司"，通过它们收买并掌握其他公司的股票控制许多"子公司"；其次，再由"子公司"以同样方法控制更多的"孙公司"，如此逐级参与，层层控制，形成一个庞大的金融资本控制体系。这个体系的最上层就是为数极少的金融寡头。它们通过"参与制"，支配了大量的社会资本，从而扩张自己的经济实力……

列宁说，"金融寡头给现代资产阶级社会中所有一切经济机构和政治机构罩上一层依赖关系的密网"（《列宁选集》第2卷，第841页）。从上文的统计分析可以看出，现在的美国银行大股东完全符合金融寡头特征，马克思主义经济理论仍未过时，在当前形势下，迫切需要以马克思主义经济理论为指导，重新认识现代金融寡头。笔者的研究只不过是初步的统计分析，希望此文能起到抛砖引玉的作用。

2. 总结我国金融对外开放经验，进一步提升金融业对外开放水平

我国自加入世贸组织以来，确定了银行业对外开放的时间表，放开了外资金融机构入股中资银行的限制，大规模引入境外战略投资者。与美国四大银行前十大股东几乎没有国外投资者相比，我国银行业是高度开放的。2004年，汇丰银行持有交通银行19.9%的股份；2005年，美国银行持有中国建设银行8.5%的股权，此后四度增持，累投入约120亿美元，持股比例最高曾达19.14%；2006年，美国高盛集团持有中国最大银行——中国工商银行6.05%的股权。

但是，金融危机后，以美国为代表的金融机构纷纷减持银行股份。例如，自2009年以来，美国银行五次减持中国建设银行股份，并在2013年全部清仓，累计套现约280亿美元，若不算每年的派息分红，美国银行8年所获收益超过160亿美元。与美国银行步调一致，高盛集团同样分五次减持工商银行，并在2013年全部清仓工商银行，不到7年的时间实现了约300%的投资回报。

当前，我国正在主动加快扩大金融业对外开放步伐，为了提高金融业对外开放的质量、效率和稳定性，迫切需要总结 21 世纪以来的国内外经验和教训。

3. 坚持对等开放原则，防范国外金融寡头的负面影响

近期，中国银行保险监督管理委员会拟发布《中国银行保险监督管理委员会关于废止和修改部分规章的决定（征求意见稿）》，取消中资银行和金融资产管理公司外资持股比例限制，实施内外资一致的股权投资比例规则，持续推进外资投资便利化。这是我国主动扩大对外开放的一项重要措施，但在实施的过程中应坚持对等开放原则。上文已经指出，我国大型银行上市的时候均无一例外的引进了国外战略投资者，但美国当局不仅阻碍中资银行或企业收购美国金融企业股份，同时对其他国家也并非完全开放的，这一点与欧洲银行存在明显差异。因此，建议在实际操作过程中，在国家选择上应采取对等原则。

另外，在金融对外开放过程中应防范金融寡头冲击我国金融和产业安全。以中国龙源电力集团股份有限公司为例，上文所述的摩根大通银行为该公司第二大股东；普信金融是第四大股东；龙源电力第六到第二十七大股东均为摩根大通银行的股东或关联公司。同时，上文已经指出先锋集团又是上述金融机构的大股东。由此可见，如果完全开放金融市场，美国金融寡头完全可能实现通过金融手段控制中国产业的目的，由此带来的负面影响须高度警惕。

4. 优化我国金融业及其他上市公司股东结构，鼓励长期投资资本增持龙头企业股票

通过上文分析可以看出，美国金融机构乃至实体企业的大股东几乎全部是金融专业投资机构，而我国金融企业和绝大多数上市公司的大股东以实体企业为主。不可否认，我国这种股东结构有其优点，但从全球发展趋势来看，美国模式是主流。在金融全面开放的背景下，我国需要借鉴国际经验，培养一批可以与国际金融寡头抗衡的金融专业投资队伍，避免将众多的基金公司变成超级散户。另外，在金融业尚未全面开放之前，我国需要鼓励长期投资基金（如养老金），尽快增持低估值的国内金融企业和各行业龙头上市公司股票，以便增加我国金融机构与国际金融寡头竞争的筹码。

评注：2018 年"两会"期间，全国人大代表、中国社会科学院学部委员程恩富老师在校友群里让大家帮忙提供美国股东结构数据，我迅速查找了有关数据，在这些数据的基础上形成论文，之后本文发表于《经济要参》。

27. 国际评级机构存在的问题及治理措施

2016年3月2日，美国三大国际信用评级机构之一的穆迪将中国主权信用评级展望从"稳定"下调至"负面"，次日又将多家中国企业和金融机构评级下调至负面。3月31日，标普也步其后尘，下调中国和中国香港特别行政区评级。纵观三大评级机构评级历史可以看出，在经济处于快速上升周期时，它们刻意压低中国评级，导致中国海外融资成本上升；在经济处于转型期时，再度降低中国评级，存在做空中国的嫌疑。从横向来看，三大评级机构对大公司破产和历次金融危机没有做出过任何风险提示，在欧债危机中扮演了落井下石的角色，并不具有评级机构应有的预警功能。因此，我国应联合各国要求加强对国际评级机构的治理，同时破除评级迷信，降低对国际评级机构的依赖，积极扶持本土评级机构。

一、美国三大国际评级机构问题多多

1. 在经济处于快速上升周期中刻意压低新兴市场评级，对中国的评级完全经不起时间检验

2015年，国际清算银行一份研究报告指出，即便债务压力小于发达经济体，三大国际评级机构对新兴市场国家的评级明显低于发达国家。例如，日本债务占GDP比例超过200%，拥有A+评级；而韩国债务占GDP比例不到50%，评级却也只有AA−。2007年，新兴市场国家获得的评级通常比负债水平相近的发达国家政府低8~12个等级。随着新兴市场的蓬勃发展，这一差距有所缩小，但截至2015年也仅仅是缩小了两个等级。这一现象在对中国银行业的评级上尤为突出，事事证明这样的评级是荒谬的。

2003年，中国银行业正在谋求海外上市，标准普尔将中国11家商业银行的信用级别评为"垃圾等级"，并宣布中国主权信用评级为BBB级，即"适宜投资"的最低限。然而，2003年以来，中国经济步入快速发展通道，对世界经济发展的贡献有目共睹，与如此低的评级显然不符。

从花旗银行投资中国银行业的收益来看，将中国银行业评为"垃圾等级"则可能别有用心。2002年，花旗银行以约6亿元人民币成本入股浦发银行，2012年以约42亿元的价格出售了所有股份，不到十年实现了600%的收益。2006年花旗银行以约6.2亿美元入股广发银行，2016年以30亿美元的价格出售，这意味着过去10年花旗集团对广发银行的投资获得了超过20亿美元的利润，实现了大约400%的投资回报率。

2010年2月，惠誉下调中信银行和招商银行评级；2011年4月，惠誉又以未来3年中国银行业资产质量可能恶化为由，将违约评级的前景从稳定下调为负面。五年多年的时间过去了，中国银行业资产并没有出现恶化现象，反而让国外投资者赚得盆满钵盈。当时，中国人民银行行长周小川就指出该评级"很嫩很不专业"。事实胜于雄辩，之前惠誉下调中国评级要么是不专业，要么是别有用心。

2. 对大公司破产和历次金融危机没有做出任何风险提示，基本不具备评级机构的预警功能

美国安然公司破产前是世界上最大的电力、天然气以及电信公司之一，2001年11月28日，三大评级机构还把安然公司的信用等级保持在投资级别之上，但4天后公司财务欺诈曝光，随后破产倒闭。具有讽刺意味的是，一家未能获得美国"国家认可的评级机构"费城信用评级公司却在1个月之前把安然公司的信用等级降低到垃圾级。2002年，美国第二大长途电信营运商世通公司破产；2003年，号称牛奶帝国的意大利帕玛拉特公司破产。和安然公司一样，评级机构同样没有做出任何事前警告，只是在事后下调评级。这说明被官方认可的三大国际评级机构并不专业，这在东南亚危机和美国次贷危机中表现得更为淋漓尽致。

1997年之前，东南亚金融危机还在酝酿之时，三大评级机构无一发出预警。危机爆发后为挽救自己的声誉，又骤然大幅降低东亚许多国家的主权评级，加剧了市场恐慌，从而使金融危机恶化。2002年，IMF在工作文件中指出，"三大"机构对危机负有责任，因其"仓促下调评级，致使局面恶化"。

2002~2007年，三大评级机构将绝大多数的美国房贷抵押债券评为最高级别AAA，即使在雷曼兄弟倒闭前，三大评级机构依然给予其A级以上的评级。2008年9月15日，雷曼公司申请破产保护，第二天才仓促将其评级下调至D级，即破产级，这令投资者大为恐慌，无数投资者要求撤资，随后次贷危机全面爆发，这同当年的东南亚金融危机如出一辙。十几年的时间过去了，三大评级机构对金融危机的预警能力没有任何提高，水平没有任何长进。评级机构已沦落为资本集团牟利的工具，本应具备的预警功能早已丧失殆尽。

3. 切断高负债国家融资渠道，在欧债危机中落井下石

2008年次贷危机爆发后，冰岛政府尽全力应对危机。但是，同年10月8日，穆迪率先下调冰岛政府信用评级；2009年12月，三大评级机构又同时下调希腊主权信用评级，导致欧债危机正式爆发。此后，在欧盟采取积极措施治理财政问题从而促进经济增长的同时，三大机构轮番下调欧元区成员国主权信用等级。2012年7月，穆迪又下调了经济基本面较好的德国、荷兰和卢森堡三国的评级。在欧盟经济法规中，信用评级占据重要地位，国家、企业和金融机构一旦被评级机构降级，市场将按照行业惯例或政府法规大规模抛售其债务，任何政治实力都难以左右。同时，在国际金融市场上融资需要一定的信用等级标准，不同的等级融资成本差别较大，更为关键的是，信用等级一旦低于规定标准，国际融资渠道将被切断。

毋庸置疑，欧债危机主要由其自身原因造成。但是，起初的评级下调是导火索，不断下调评级则对危机产生了推波助澜的作用，要么切断了一国的融资渠道，要么大幅提高了融资成本。尽管遭受到三大评级机构的讹诈，但是欧元区经济并没有一蹶不振，2014年和2015年欧元区经济逐步复苏，GDP增速分别达到0.9%和1.6%，2016年2月失业率降至2011年以来最低水平。当年德国财政部指出，穆迪下调德国评级主要考虑的是短期风险，没有注意到德国长期的稳定前景。当前德国和欧元区的经济表现说明以前的评级是不合理的。

另外，法国参议院财政委员会主席让·阿尔蒂指出："2004年，我们就知道希腊政府在弄虚作假。如果信用评级机构能早些做出反应的话，希腊政府也许能够行动得更早一些。"这说明三大评级机构对欧洲债务危机并未及时预警。而在大多数投资者都已明确风险时，下调欧洲债务评级除了起到落井下石的作用之外并没有任何积极意义。

4. 违反公正原则，涉嫌讹诈和利益操纵

20世纪70年代之前，三大评级公司的主要收入来源于研究报告的销售收入。1975年获得"国家认可的评级机构"之后，主要收入则来源于向被评级客户收费，这导致评级机构难以遵守公开、公平和公正原则。以下几个典型案例能够说明三大评级机构涉嫌讹诈和利益操纵。

（1）强制评级，涉嫌讹诈。2003年，德国保险公司汉诺威（Hannover Re）本来不是穆迪的客户，穆迪主动表示愿意为汉诺威提供免费的评级服务，并希望未来能为其提供收费服务。由于该公司已经是其他两家评级公司的客户，因此，断然拒绝。于是，穆迪开始单方面为汉诺威评级，并连续两年给出了很低的级别并予以公布，但汉诺威仍坚持不付费。2004年，在其他评级公司都认为汉诺威财务状况良好的情况下，穆迪突然把该公司的债券级别降至"垃圾级"，结果引起抛售潮，几小时内就损失了近两亿美元。最终，汉诺威不得不成为穆迪的付费客户，这是评级机构讹诈行为的典型案例。

（2）股东背景复杂，涉嫌利益操控。有媒体调查发现，在穆迪的大股东中，有大型投资银行及基金公司。一方面，穆迪在给自己的股东评级时很难做到客观公正；另一方面，存在利益操纵的可能。例如，1997年，穆迪突然宣布对日本最大证券公司山一证券进行降级，直接导致其股价暴跌最后以破产倒闭告终。此后，美国美林证券宣布接管山一证券，以极其低廉的成本进入日本资本市场。

（3）国家意志明显，代表着美国的政治和经济利益。2003年，美国发动伊拉克战争遭到了德国的反对，同年3月，德国多家企业被接连降级。与此同时，澳大利亚支持美国对伊拉克战争，标普则上调了澳大利亚的外汇债务评级。另外，三大国际评级机构对欧债危机的推波助澜在客观上导致国际资本流向美国，对美国经济复苏产生了重要影响。这些案例说明，美国评级机构并不存在所谓的独立性。

5. 对不同国家的评级采取不同标准

与达沃斯全球竞争力报告不同，国际评级机构对评价指标、采用的算法以及评价模型都是不公开、不透明的，采取的标准也是不统一的，不仅对新兴市场国家如此，对欧洲国家同样如此。2010年，美国联邦赤字率攀升至GDP的10%，债务规模扩张到GDP的95%，对美国评级却没有任何丝毫影响，而赤字率低于美国的欧洲国家当年却轮番遭受国际评级机构的降级，有悖常理。

二、对国际评级机构的治理措施

从以上分析可以看出，三大评级公司在一些国家和地区经济处于虚假繁荣时不能及时预警，甚至火上浇油，在经济处于调整或困难时期，则落井下石，而且采取双重标准，歧视广大发展中国家。因此，国际社会必须加大对国际评级公司的治理和惩罚力度。

1. 推进监管立法，规范评级机构行为

对评级机构缺乏监管是导致国际评级机构兴风作浪的重要原因。在21世纪之前，美国评级机构总体处于行业自律的状态，直到2006年美国《信用评级机构改革法案》出台，才有了第一部监管法，但没有明确评级机构在其评级结果与事实明显不符时的民事责任承担。当发生次贷危机后，美国意识到了问题的严重性，才决定完善对评级机构的监管，2010年7月出台了《多德—弗兰克华尔街改革和个人消费者保护法案》,从根本上改变了评级机构在美国享有监管豁免的历史。世界各国应借鉴美国经验教训,加快对信用评级机构的监管立法工作,同时应当加强该领域的国际交流和政策法律协调,规范各国评级机构的行为。在G20等国际会议上,各国应联合起来,要求各国国际评级机构公开评价方法,统一评级标准。

2. 加大惩罚力度,增加评级机构的法律责任

尽管评级机构同会计师事务所一样被看作是资本市场的"守门人",但在承担法律责任上却天壤之别,出具评级报告没有任何质量要求,投资者也无法追究评级机构的责任。当"安然"事件爆发后,负责审计的全球五大会计师事务所——安达信会计师事务所立刻遭到了司法部门的调查,并很快在2002年倒闭,然而相关的评级机构至今仍逍遥法外。不过,这一局面有所改变。2016年2月3日,美国司法部宣布,评级公司标准普尔已经与司法部门达成相关和解协议,同意支付总额为13.75亿美元的罚金,用于了结该公司次贷危机前高估相关风险资产信用评级的指控。当天,标普还与加利福尼亚公共部门雇员退休基金就类似诉讼达成和解协议,向后者支付1.25亿美元。2016年3月31日,中国香港证券及期货事务上诉审裁处裁定,2011年穆迪投资者服务公司发布的一份评级报告引发对中资企业的担忧,导致数十家企业股价下跌,违反了中国香港证券期货条例,中国香港要求穆迪必须支付1100万港元罚款,这也是中国香港证监会自2011年开始监管评级机构以来首次采取行动。在信用评级监管法律出台之前,我国也可以依据相关法律,对国际评级机构的违法行为给中国造成的损失请求所在国给予严厉处罚和赔偿。

3. 破除评级迷信,降低对国际评级机构的依赖

信用评级的初衷是为了让投资者根据评级判断投资风险的大小,欧美许多法律都明确规定以信用评级作为投资依据,信用评级的可信度由此备受推崇,由此也产生了对评级机构的迷信,但无数事实证明国际评级机构并不完全可信。因此,各国投资者均需破除对信用评级的迷信,降低对国际评级机构的依赖。一是对国别风险的识别可以更多地参考国际组织、国内外专业研究机构及金融研究机构的判断,因为上述机构掌握更多的信息,也更少利益相关性;二是对上市公司的风险可以更多地参考会计师事务所出具的审计报告以及证券研究机构的报告。会计师事务所掌握的信息更为细致入微,研究机构的报告更为深入专业,参考价值远远高于评级机构;三是各国政府均应废除现行硬性要求必须取得国际评级机构评级的规定,国内信用评级完全可以不依赖国际评级机构。安然公司倒闭之前,我国一度曾出现如下舆论,为了提高审计的可信度,今后上市公司的审计工作只能由当时的五大国际会计师事务所审计,随着安然的破产和与之关联的安达信会计师事务所倒闭,这一舆论戛然而止。同样的道理,国内企业的信用由国外公司评定也不应是必须的。

4. 加强国际合作,打破美国评级机构的垄断格局

不论是欧盟国家还是韩国、巴西和俄罗斯以及东南亚国家,都曾饱受三大评级机构之苦,均有要求降低对美国评级机构的依赖、打破美国三大机构垄断格局的诉求。我国应积极响应上述国家和组织的要求,积极扶持本土评级机构,加强国际合作,培养独立公正的新型国际评级机构。

评注:本文2016年4月26日刊登于《经济预测分析》,4月22日以《国际评级机构扮演了什么角色》为标题发表于《上海证券报》。通过本文分析可以看出,国际评级机构和危机存在千丝万缕的联系。

28. 货币升值的理论分析和国际经验

巴拉萨—萨缪尔森效应说明，经历快速经济增长的国家往往同时经历着实际汇率的升值。在此理论框架下，本文从一些国家和地区的汇率政策及其影响分析，判断人民币汇率变动情况及升值压力，认为应允许实际汇率的缓慢升值，保持名义汇率的基本稳定，长期可以把名义汇率升值作为促进结构调整的重要手段；为降低升值的负面影响，我国应争取出口商品的国际定价权，加强与新兴市场和发展中经济体的合作、逐步推进人民币国际化。

一、货币升值与巴拉萨—萨缪尔森效应简介

通常我们直接观察到的都是名义汇率，直接标价法下汇率表示单位外币可以兑换本币的数量，间接标价法则与此相反。大多数国家包括我国使用的都是直接标价法。在其他条件不变的情况下（如两国相对价格水平不变），汇率上升表示本币贬值，反之则升值。但是，如果两国的相对价格水平出现差异，即通货膨胀率不一致，则名义汇率的波动未必能真正反映实际的币值变化，即从名义汇率来看，本币升值，但由于本国物价涨幅低于外国，本币实则相对于外币可能在贬值。这就需要引入实际汇率的概念。

实际汇率是经过名义汇率调整的一国与外国之间商品价格的比率，公式可表达为 $e = P_d/(E \times P_f)$，其中，P_d 和 P_f 分别表示国内和国外以本币计算的一揽子商品价格水平，E 是用直接表示法表示的名义汇率。e 变大，表示本币相对于外币在升值；反之，则贬值。如果名义汇率等于购买力平价（P_d/P_f），实际汇率 e 的理论值应为 1；超过 1 则本币高估，低于 1 则本币低估。考虑现实因素（如短期干扰因素导致的偏离），从长期来看，实际汇率 e 应该围绕 1 小幅波动。但从现实来看，名义汇率长期偏离购买力平价，实际汇率长期偏离 1（见图 28 – 1）。

日本、德国等发达国家以及韩国、新加坡、中国台湾等新兴经济体的经验表明，一国在经济快速发展阶段汇率往往远低于 1，随着经济增长过程中劳动生产

(日元/美元)

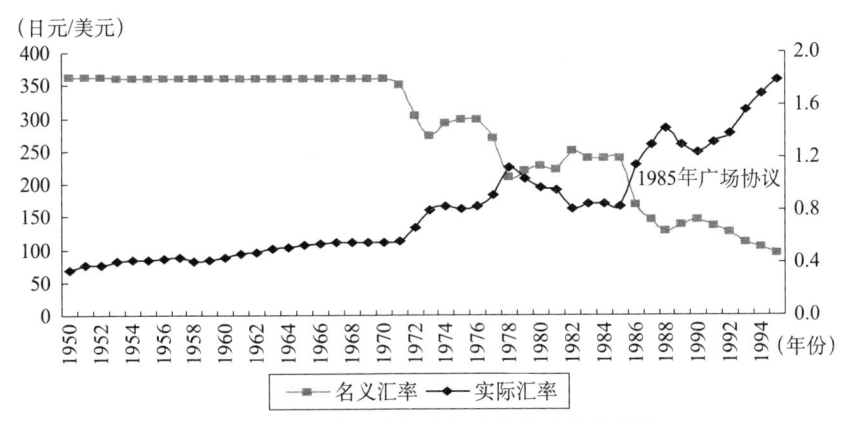

图 28-1　日本名义汇率与实际汇率变动情况

率的提高和人均收入增长，实际汇率逐渐接近甚至超过 1。从长期来看，名义汇率和实际汇率显示出的币值变化趋势是一致的，即名义汇率的下降通常伴随着实际汇率的走高。

巴拉萨—萨缪尔森效应（以下简称"巴萨效应"）从理论的角度解释了实际汇率的这种趋势性变化，对各国经济增长过程中劳动生产率提高与货币升值提供了一个合理的分析框架。概括起来有以下结论：首先，在一国劳动生产率提高的追赶过程中，人均收入提高，价格水平随之上升。换言之，经历快速经济增长的国家往往同时经历着实际汇率的升值；其次，非贸易部门和贸易部门的工资保持大体相当，不过，由于贸易部门劳动生产率的提高有助于该部门通胀率的下降，非贸易部门的价格涨幅高于贸易部门，即非贸易部门的提价能力更强；再次，贸易部门劳动生产率提高导致出口增加，贸易顺差上升引起外汇市场上本币需求增加、外币需求减少，从而名义汇率出现升值压力；最后，由于实际汇率的升值来自于劳动生产率的提高，因此，本币升值之后一般会保持贸易顺差。

二、巴萨效应的现实解释力及在我国的表现

巴萨效应这一理论假说产生于 1964 年，当时仍处于布雷顿森林体系。"二战"后各国名义汇率水平长期固定（布雷顿森林体系崩溃前两三年已有小幅调整），货币升值或升值的压力主要体现为实际汇率的走高。布雷顿森林体系崩溃后，大多数国家和地区名义汇率出现大幅调整，即大幅升值。国外学者对日本和德国汇率变动的统计检验也支持巴萨效应，在经济增长与实际汇率升值之间存在正相关关系；对韩国、中国台湾、中国香港和新加坡等经济体的检验也在一定程

度上支持巴萨效应。

20世纪90年代，有的国外学者对巴萨效应在部分发展中国家是否适用持保留态度，由于这些国家随着经济的发展实际汇率出现贬值，他们认为，巴萨效应可能仅适用于那些处于特定发展阶段的经济体；而那些通过初级产品出口来实现快速增长的经济体和源自计划经济体制的转轨经济体，巴萨效应是不适用的，其中一个原因就是，大量劳动力从劳动力剩余部门（如农村）流向快速发展的工业部门，削弱了通胀压力和实际汇率升值压力。同时，他们判断，当这些经济体进入更高的发展阶段、工业和贸易结构发生变化时，也可能会出现实际汇率的升值。

笔者分析了2006年188个国家人均国民收入与实际汇率的关系，两者相关系数高达0.91，而且收入越高的国家，人均收入对实际汇率的解释力越强，低收入国家则相对较弱。分析还表明，正是低收入国家较高比例的农村人口削弱了巴萨效应，即农村人口占总人口的比重与实际汇率呈负相关。对其他时间段的数据检验也得出类似的结论，如图28-2所示。

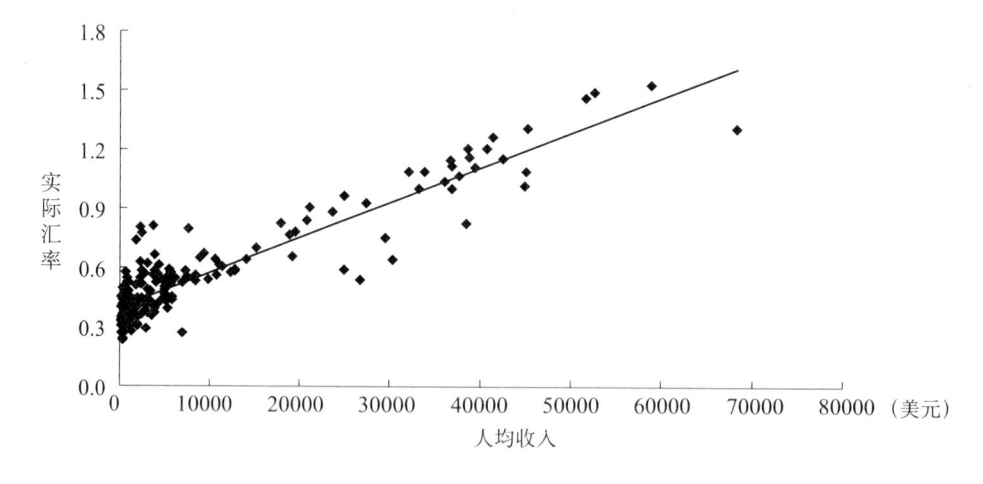

图28-2 2006年188个国家人均国民收入与实际汇率

中国的情况与部分发展中国家类似。20世纪90年代的数据显示，经济增长和劳动生产率的提高伴随着实际汇率贬值，而非升值，这与巴萨效应相反。笔者认为，原因主要有三点：首先，我国早期币值高估，随着贸易战略、发展战略的调整，主动实现贬值以促进出口。1952~1971年，人民币对美元汇率保持在1美元兑2.46元人民币的水平上；1973~1993年，人民币经历了先升值再贬值的阶段，由1972年的2.25升到1980的2.50，之后缓慢贬值到1993年的5.76。1994年汇改，人民币大幅贬值到8.62，实际汇率也因此迅速贬值。正是从1994年开始，中国改变了之前贸易顺差、逆差交替出现的状态，从此贸易顺差快速增长。其次，经济二元特征明显，劳动力处于无限供给状态，制造业部门工资上涨缓慢，扣除通胀因素，实际工资增长甚至为负，生产率提高尚可化解其他要素成本上升导致的价格上涨压力。最后，生产要素价格偏低，也没有充分考虑环境成本。

但是，近年国内经济形势发生巨大变化，采用新的数据测算，巴萨效应比较明显，人民币实际汇率存在较大升值压力。广义价格水平包括劳动力价格，而农民工成为就业人群中最为庞大的一个群体，其工资水平的变动对价格水平产生重大深远的影响，下面对农民工工资情况做一分析。

相关数据显示，2004年之前，农民工工资基本上常年不动，呈现出典型二元经济背景下劳动力无限供给、工资水平不变的状态。但是从2004年起，民工荒开始时常见诸报道，农民工工资持续上涨。对于中国是否已经出现劳动力短缺、民工荒是否局部或季节性问题，一直存在争议。但是，从粮食生产的用工成本快速上升来看，这一问题的答案已经比较清晰。由于农业用工成本的上升，粮食生产每天用工工资从1998~2003年的20元上升至2008年的50元，单位农产品的用工量在下降，这既反映了技术进步和劳动生产率的提高，同时也是对快速上升的人力成本的一种替代。2009年经济实现快速复苏和增长，从相关报道来看，至少从下半年开始，农民工工资同比仍在增长。基于以上数据，我们基本可以认定，农村劳动力成本由稳定向快速上升转变的刘易斯拐点已经在中国出现，但其稳定性需要进一步研究。在这种背景下，沿海地区劳动密集型产业民工荒的出现有其必然性，出口部门具有工资上涨的压力，实际汇率有上升的内在要求，如图28-3所示。

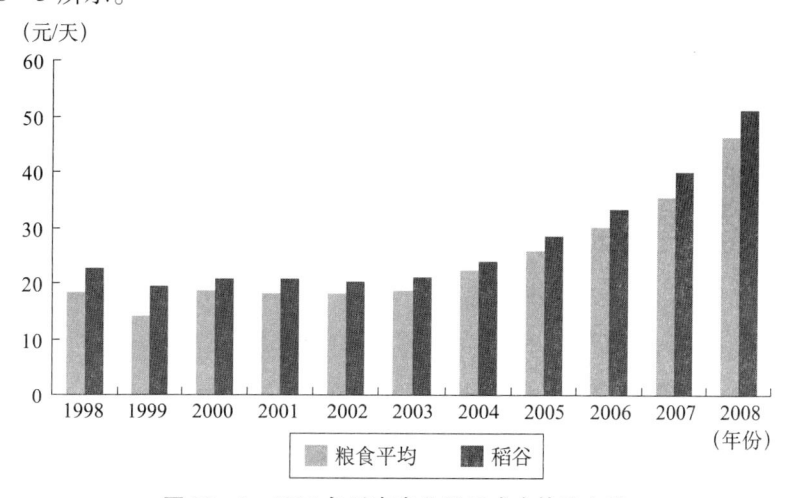

图28-3 2004年以来农业用工成本快速上升

近年来我国耐用消费品价格基本稳定，但与之相关的家庭服务及加工维修服务价格则不断大幅上涨。《中国经济景气月报》数据显示，农业生产服务价格2006年6月同比增长9.1%，在之后的两年时间里均以10%以上的速度上涨。这也从一个侧面说明非贸易品部门具有较强的提价能力，巴萨效应在我国是存在的。

三、货币升值的国际比较

面对当前存在的人民币升值压力，有必要基于理论分析和现实判断，对各国经济快速增长时期本币升值情况、升值时期的政策调整、经济转型与出口情况等进行分析，借鉴他国的成功经验和做法，在此基础上提出我国汇率政策的建议。

1. 日本和德国先后走向升值道路

日本、德国作为老牌资本主义国家，早在19世纪末就开始了工业化进程，"二战"战败，虽然经济遭到很大破坏，但技术、人才仍在，因此，战后快速发展，20世纪60年代均持续出现贸易顺差、外汇储备快速上升现象，本币升值压力巨大。

（1）日本努力化解升值压力，最终日元仍被动升值。战后经济重建时期，日本国内投资需求旺盛，带动了投资品的大量进口。为满足投资品进口需求的增长，日本政府采取了鼓励扩大出口的经济政策，出口的增长带来了充足的外汇，基本上维持了进口需求的增长，对外贸易基本保持平衡。这一时期，日本成功地保持了开放、平衡的经济增长路径。

随着劳动生产率的快速提升，从1968年开始，日本贸易品部门持续出现贸易顺差，外汇储备不断攀升，国际贸易摩擦激化，日本面临巨大的升值压力。20世纪60年代末到70年代初，日本经济学界主流的观点认为，日元不应升值，因为日本的经济还很脆弱，日元升值会损害国内的经济发展，支持日元升值的论点当时未受到重视。日本政府也不希望日元价值重估，除了采取经济措施缓解日元升值压力之外，日本大藏省与央行还极力劝说国内私人银行更多持有美元资产，以便国内货币当局减持美元资产。事后证明，行政干预无法阻挡市场行为，日元最终被迫升值。1971年8月，美国宣布实行以停止美元兑换黄金、征收10%进口附加税为主的新经济政策，日本随即放弃了保持22年的1美元兑360日元的固定比价，升值5.48%，从此转向实行浮动汇率制。

日元升值对无力适应新形势的纺织业、有色金属业等行业造成严重打击，日本采取了转产或向海外迁移的对策。更为重要的是，日本积极促进产业结构调整和升级,从依靠低成本劳动力和价格优势转向依靠技术革新带动劳动生产率和国际竞争力的提升。在20世纪70年代日元大幅升值中,日本经济总体上仍保持快速增长的势头。1981年日本国民生产总值(当年价)是1971年的4.95倍,如图28-4所示。

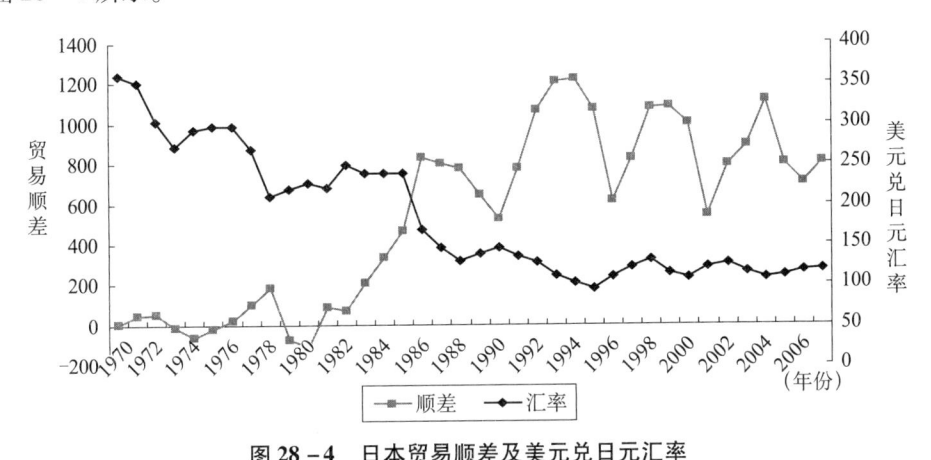

图28-4 日本贸易顺差及美元兑日元汇率

资料来源:IMF。

(2)德国马克升值有一定主动性,区域内贸易和货币联动机制在一定程度上降低了升值的负面影响。德国对外贸易从20世纪50年代开始就持续顺差,1960年德国对外贸易顺差达52亿马克。同时,大量外国资本涌入德国,资本净流入与经常项目顺差共同形成了马克升值的压力。1961年3月,德国马克升值5%,从此走上升值之路。德国第一次升值后,并没有根本缓解压力。1968~1969年,大量国际热钱再次涌入德国市场,1969年10月,马克再次升值9.3%。1971年初,德国在西方10国财长会议上,同意将马克对美元再度升值13.58%。

德国马克之所以连续升值,在于货币当局将物价稳定作为货币政策的首要目标,不会因为缓解马克升值压力而牺牲国内的物价稳定。尽管马克升值,但是德国的贸易顺差并没有因此减少,1960~1990年,德国的对外贸易始终保持顺差,而且顺差规模在1966年以后逐步扩大,经济增长也比较稳定。同时,与日本相比,德国也保持了相对较低的通货膨胀率,1972~1979年,德国通胀率平均为5%,而日本为9.6%。上述现象比较符合巴萨效应。

和日本不同的是,欧洲国家是德国出口的主要对象,区域内贸易占据重要地位,对美国虽然也有大量贸易顺差,但远不如日本贸易顺差那样集中。另外,欧洲区域内的货币联动机制在一定程度上降低了马克升值的负面影响。欧洲共同体国家于1972年达成协议,区域内各国货币之间汇率波动幅度保持在2.25%以内,汇率联动机制有利于区域内的贸易和投资活动，也让成员国分担了马克升值的压力，如图28-5所示。

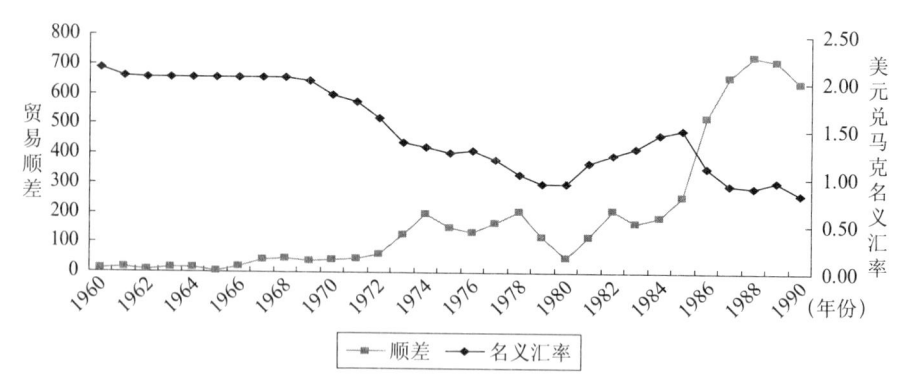

图28-5　德国贸易顺差与美元兑马克名义汇率

资料来源：IMF。

2. 韩国、中国台湾本币升值并没有抑制出口增长

按传统汇率理论，本币升值不利于出口贸易，进口则会相对增加。但自20世纪80年代中期以来，中国台湾与韩国本币升值时期则显示，进口的确大幅增加，但出口也保持相当高的增长率，巴萨效应是成立的。

（1）20世纪80年代台币大幅升值后出口仍然高速增长。1963年9月27日，中国台湾货币当局确定台币兑美元汇率为40台币/美元，这一固定汇率一直维持到1973年。这10年，正是台湾经济起飞时期，外贸出口大幅增加，经济高速增长。出口额从1963年的3.32亿美元增至1973年的44.83亿美元，增长12倍。

1973年和1974年，台币对美元分别较1972年升值4.58%和5.26%，之后由于第一次石油危机而中止；1978～1980年又逐年升值，1981～1985年因第二次石油危机出现贬值。1986～1987年台币又分别大幅升值12.25%和24.34%，1988～1989年升值幅度较小，分别为1.35%和7.64%。这期间，中国台湾外贸进出口均大幅增长并为20世纪80年代最大增长时期，1986～1988年，中国台湾出口年平均增长29.64%，进口年平均增长35.67%。

当然，中国台湾对外贸易进出口的增长受多种因素影响，在台币大幅升值期间，正是中国台湾开放市场、大幅降低关税的时期，关税税率从1984年的7.9%降至1988年的5.7%，这也是进口增加的重要原因。中国台湾的出口得以大幅增长，还得益于中国台湾同中国香港、中国大陆的出口贸易。但从中国台湾对美国的出口来看，台币升值最快的1986年和1987年，中国台湾对美国出口增长率由贬值的1985年的-0.6%提高到28.7%和24.6%，可见当时台币大幅升值并未对出口产生不利影响。

（2）韩元升值抑制了通胀，同时实现贸易顺差。1985年之前，韩国为支持出口一再采取本币贬值政策，但随着出口规模扩大，出口对象国的反倾销日益加强。另外，货币连续大幅贬值刺激物价上涨，由此带来诸多经济和社会问题，宏观经济进入恶性循环。在这种情况下，韩国采取了韩元升值政策。

1987~1988年，韩元对美元汇率上升了19.0%，外贸出口增速略低于1986年，但平均速度明显高于升值前6年的平均增速，贸易顺差则比出口增速最快的1986年大幅上升（见表28-1）。

研究表明，韩国原材料、技术设备甚至零件对进口的依赖程度较高，所以韩元升值降低了进口商品成本、突破了供给瓶颈，从而提高了生产能力和水平，在优化产业结构的同时促进了外贸与宏观经济的全面繁荣。与此同时还降低了国内商品价格，1986~1989年，批发物价年平均仅增0.56%，通货膨胀得到有效控制，经济进入良性循环。

表28-1 韩国相关经济指标

年份 类别	1981	1982	1983	1984	1985	1986	1987	1988	1989
经济增率（%）	6	7	11	8	7	11	11	11	7
进口增速（%）	6	4	10	8	1	18	20	14	17
出口增速（%）	16	8	14	8	4	27	22	12	-4
外贸盈余（亿美元）	-39	-19	-9	-3	6	56	99	134	48
汇率（韩元/美元）	681	731	776	806	870	881	823	731	671

资料来源：世界银行。

3. 新加坡富有弹性的汇率政策与周边国家形成鲜明对比

新加坡1965年独立后仍实行英镑本位制，通过英镑与美元间接挂钩。布雷顿森林体系解体后，新加坡在1973~1980年采用浮动汇率制。1981年以来，有管理的浮动汇率制成为新加坡的汇率制度，在随后的二十多年时间里，新元汇率始终保持稳中有升的态势。虽然货币管理当局偏好升值，甚至默许、容忍新元在正常时期内保持3%的升值幅度，以避免输入型通胀对本国价格水平产生实质性影响，但它仍保留了新元贬值的选择权。

新元在1981~1985年与1988~1997年分别升值了30%和50%，年均增长为5%和4.1%。在20世纪80年代中期和亚洲金融危机期间，新加坡经济疲软，新元贬值，但危机过后都会再次走向升值通道。本轮金融危机也表现出这样的特征。2008年次贷危机全面爆发后新元快速贬值，但2009年第二季度开始逐步升值，目前已调整到危机前的水平。由于新加坡采取了富有弹性的汇率制度，尽管先后经历石油危机、经济衰退、通货紧缩以及经济过热和亚洲金融危机的困扰，但经济发展仍表现良好。新加坡作为国际金融中心的地位不断加强，成为继伦敦、纽约和东京之后的第四大外汇交易中心。

研究表明，新加坡富有弹性的汇率制度对于规避金融危机和保持金融稳定发挥了重要作用。亚洲金融危机以前，东盟国家的经济结构基本相似，均实施出口导向型发展战略，一直保持着较高的增长速度，创造了令世界瞩目的东亚奇迹。然而，在汇率制度上，各国走上了不同的发展道路：泰国、菲律宾选择了盯住美元的汇率制，马来西亚崇尚自由浮动汇率制，新加坡、印度尼西亚则偏好于管理浮动汇率制。如果从汇率制度分类看，马来西亚、印度尼西亚、新加坡实行的是弹性较强的汇率制度，但实际上除新加坡以外，其他新兴市场国家并未让汇率真正浮动，当情况有利时，这些国家不愿本币升值，主要原因是担心竞争力下降和出口受挫；当情况不利时，这些国家又强烈抵制货币大幅贬值，因为这些国家的政府和私人部门债务大部分是以外币定值，贬值具有紧缩效应而导致经济衰退。

四、政策建议

1. 当前应保持名义汇率的基本稳定和实际汇率缓慢升值

根据巴萨效应，一国经济快速发展时期价格水平应是上升的。我国经济结构调整需要提高资源品价格和环境成本，进行收入分配制度等改革，这些政策会导致价格水平的上升，在名义汇率保持基本稳定的条件下可以实现实际汇率的升值，因此，在某种程度上可以看作本币升值的"替代政策"，缓解名义汇率升值的压力。但是，名义汇率升值却不能反过来替代这些政策，在当前世界经济低迷的背景下，不宜让名义汇率大幅升值。

需要指出的是，名义汇率大致稳定下的实际汇率的缓慢升值有助于产业升级。中国过去三十年的经济发展基本遵循了日、韩等亚洲经济体经历的产业追赶的标准发展模式。与日、韩等经济体相同，中国在全球经济中具有相对竞争优势的产品也经历了从最初以纺织业为代表劳动密集型的产业，再到资本密集、规模驱动的无差异的产业（如钢铁、石化等），目前则正处于最为关键的装备制造业追赶阶段。装备制造产业层级追赶的完成要依赖完全的自主创新，而自主创新是需要一定时间的，同时，作为后进者，这些产品的竞争力一定是来自于价格优势。目前我国该层级的产业追赶并未完成，该领域许多核心部件或技术没有自主知识产权。如果人民币一次性大幅升值，虽然可能达到均衡汇率水平，但会失去价格优势，某些产业的追赶面临中断的风险。另外，名义汇率水平的基本稳定更容易为各方所接受。

2. 从长期看，名义汇率升值可以作为促进结构调整的重要政策

从国际经验来看，名义汇率升值有利于结构调整和出口产品的升级。对我国而言也可以达到这种效果。首先，有利于劳动密集型产品国内市场的开拓，有利于内需的扩大和消费的增长；其次，本币升值使进口资本品以及机器设备变得相对便宜，有利于企业向资本密集型产业转移，向高附加值行业扩展；最后，本币升值可以加快企业走出去的步伐，一些不能适应本国新经济形势的产业，可以转移到具有比较优势的其他国家，从而充分利用国际资源。

3. 实现出口大国向出口强国转变，争取出口商品的国际定价权

尽管我国已是出口大国，但尚非出口强国，大部分商品在国际市场上是价格的被动接受者，在这种情况下，人民币升值会削弱我国商品的竞争力。然而新加坡的经验表明，一些出口商可以通过调高商品的出口价格以抵消升值带来的负面影响，这说明新加坡的某些出口产品拥有支配市场的力量，其商品的国际竞争力没有下降。因而，我国应实现出口大国向出口强国的转变，争取出口商品的国际定价权，积极化解人民币升值可能带来的不利影响。

4. 加强与新兴市场和发展中经济体的经济合作关系，逐步推进人民币国际化

上文指出，出口对象多元化是德国能承受本币升值压力的原因之一，中国台湾也受益于同中国香港和中国大陆的经济合作。当前，世界经济格局正在朝着多极化和有利于新兴市场和发展中经济体的方向发展，我们应顺应这一历史趋势，加强同这些国家的合作，促进国际贸易的多元化。同时，鼓励采用人民币作为贸易结算货币，在降低汇率风险的同时逐步推进人民币国际化进程。2010年1月1日，中国—东盟自由贸易区已正式成立，新疆、内蒙古、黑龙江等省区也成为我国向西向北开放的主战场，这些区域可以成为试点地区。

5. 加强研究，做好人民币升值的预案

当前人民币升值压力较大，我国应当借鉴国际经验，加强研究，做好人民币升值的多种预案，对汇率形成机制、制度设计、升值的时机、频率、幅度及可能的影响进行科学的论证，并研究其他配套的宏观经济政策，提高宏观经济政策的前瞻性和预见性，尽快化解人民币升值压力，减少国际贸易摩擦，促进产业结构和产品结构的升级。

评注：本文2010年2月8日刊登于《经济预测分析》，4月8日刊登于《经济要参》，旨在提供一种讨论货币升值的分析框架并给予实证研究。

29. 使用外汇储备对外投资应注意的问题

本文通过对新加坡在利用外汇储备对外投资方面成功经验的借鉴，对我国利用外汇储备的方式提出五条建议：一是积极扶持外汇投资公司；二是充分发挥现有金融机构对外投资的作用；三是对企业"走出去"给予必要的金融支持；四是设立海外产业投资基金；五是扩大国外先进技术进口。同时指出利用外汇储备需要注意的五个问题：一是要测算出适度外汇储备规模，保证其基本功能；二是对外投资应当参与公司的经营管理，不做纯粹的"资本家"；三是谨防对外投资"出口转内销"，严禁二次结汇；四是坚持循序渐进的原则，先参股后并购；五是加强研究，提高把握投资机会的能力。

截至 2007 年 6 月末，我国外汇储备余额已达 13326 亿美元，同比增长 41.6%，再次创出历史新高，而且还呈继续增加的趋势，这使持有外汇储备资产的直接成本和机会成本变得更为高昂，因而探索和拓展外汇储备使用渠道和方式显得尤为迫切。外汇储备在满足防范金融风险、稳定汇率所需要的流动性后，应该追求增值和投资收益，着眼于提升本国企业国际竞争力、优化产业结构，实现国家的战略意图。新加坡在外汇储备管理方面具有成功的经验，首先，本文对新加坡利用外汇储备的模式做一简要分析；其次，探讨我国外汇储备的利用模式；最后，指出利用外汇储备对外投资应注意的问题。

一、新加坡利用外汇储备的模式分析

1. 新加坡政府投资公司是法定的外汇储备管理机构

根据1970年颁布的《金融管理局法》，新加坡金融管理局（Monetary Authority of Singapore，MAS，1971 年依法成立）的一项重要职能就是管理官方外汇储备。1981 年之前，MAS 主要围绕汇率政策来管理外汇储备。其后，随着外汇储备日渐充裕，新加坡政府决定将外汇储备进行分档管理：一部分继续由金融管理局直接管理，目的在于满足汇率管理流动性的需要；另一部分则投资于长期外汇资产，目标是追求更高的收益。

为了实现两者的分离，根据《公司法》，新加坡在1981年5月设立了专门管理外汇储备投资的新加坡政府投资公司（Government of Singapore Investment Corp, GIC）。其目标，一是提高新加坡政府外汇储备的收益；二是提高外汇储备投资和运用的透明度及可监督性；三是参与国际金融市场活动，获取重要的国际金融资讯；四是培养训练金融专业人才，提升新加坡金融产业的国际竞争能力。

GIC下设三家子公司。一是新加坡政府投资有限责任公司，是GIC最大的业务部门，投资领域包括股票、固定收益证券和货币市场工具；二是新加坡政府房地产投资有限责任公司，主要职责是投资于新加坡之外的房地产以及房地产相关资产；三是新加坡政府特殊投资有限责任公司，其是管理着一个包括风险资本、私人证券基金在内的分散化全球投资组合。此外，该公司也有选择地对私人公司进行直接投资。第一家公司的经营目标主要满足盈利性目标，同时满足流动性要求，后两家公司的经营目标都是追求长期的投资回报。GIC所管理的资产超过1000亿美元，大约占新加坡外汇储备总额的80%。

2. 部分外汇储备委托淡马锡海外投资

需要特别指出的是，国内一直存在一种较为流行的看法，即建立淡马锡控股公司的目的是管理新加坡的外汇储备。但实际情况并非如此。淡马锡控股公司的成立早于GIC，它是1974年由新加坡财政部全资组建，接受政府的财政盈余（但不是外汇储备）进行投资的公司，它是工商业公司，而GIC是资产管理公司。淡马锡从3.54亿新元的初始资产，发展到1640亿新元规模，新加坡政府并无任何追加投资。为了实现外汇储备满足国家发展目标和战略意图，20世纪90年代新加坡政府将部分外汇委托给淡马锡投资，淡马锡控股公司利用这些外汇储备和自有外汇在海外投资。

二、我国利用外汇储备方式的探讨

通过上文分析可以看出，除了中央银行直接管理外汇储备以满足流动性需求之外，还有如下三种模式：一是成立专业资产管理机构实现外汇储备的投资收益，同时在一定程度上满足流动性；二是委托给具有丰富经验的专业投资公司管理；三是扶持企业对外直接投资，在发展壮大企业的同时减轻外汇储备压力。结合我国的具体情况，借鉴新加坡以及其他国家的经验，可以考虑综合利用如下模式。

1. 积极扶持外汇投资公司

尽管外汇投资公司入股黑石初战失利，但我们不可因噎废食，而应认真总结经验教训，以便今后健康发展。未来应积极培养国际化金融人才，借鉴国外的成功经验，不断提高企业管理水平，加强制度建设，明确公司的法律地位。

2. 充分发挥现有金融机构对外投资的作用

我国一些金融机构在长期的对外合作交流过程中积累了丰富经验，并具有健全的组织机构和经营网络，我们应充分发挥这一优势，加强它们"走出去"的金融业务。这些金融机构应当积极参股国外金融机构，给我国企业对外投资提供中长期贷款，从而实现国家战略意图。这种运作模式客观上需要雄厚的资金，因而有关部门应支持其增资扩股，可以参考汇金公司注资商业银行的模式，但笔者认为，在新的结汇模式下，新股东应以拥有外汇的企业和个人为主。

一些具备实力和条件的国内银行应该积极向国际大银行的方向前进。跨国并购自然是一条改变国内银行的业务构成和收入来源过于单一、进入国际金融市场的更加快捷便利的途径。但考虑到我国银行业的资金实力以及跨国经营经验不足等问题，近期比较稳妥的方案是对外资金融机构进行少量参股，以获得一个董事席位，从而学习外资金融机构的具体运作。这一做法有两个好处：一是降低了金融机构文化整合上的难度，二是可以向国外金融机构学习运作经验，并且得到股价上升的好处。

3. 对企业"走出去"给予必要的金融支持

淡马锡控股公司是作为企业"走出去"的，其运作模式可供我国企业参考。外汇投资公司以及国内金融机构对具有实力的企业给予必要的外汇支持，发挥企业"走出去"的主体作用。事实上，发达市场经济国家在"走出去"方面都有专门的金融支持机构，美国海外私人投资公司、德国投资与开发公司和日本国际协力银行都扮演了这种角色。借鉴发达国家的经验，我们今后也可以考虑成立支持"走出去"的专门金融机构。

4. 设立海外产业投资基金

产业投资基金是国际资本市场上的重要投资模式，为了充分利用国际市场和海外资源，我们应当考虑成立海外产业投资基金。资金可以来自于外汇投资公司、金融机构、社保机构，以及经常项目外汇收入较多的企业以及个人。由于我们缺乏海外产业投资基金运作经验，起初可以考虑以合资的方式进行。产业基金的投资方向应该体现国家发展的战略意图，满足国内产业升级的需要。

5. 扩大国外先进技术进口，近期治标、远期治本

长期以来我国执行"市场换技术"的外资政策，经验表明，这一政策在不同行业有得有失，有些领域我们失去了市场但没有换得关键和核心技术，而且直接导致了我国贸易顺差快速增长。一方面，它增加了我国的出口，如果按"属民"原则计算的话外商直接投资企业的出口不应计入我国出口;另一方面,它减少了我国的进口,外商直接投资企业对我国企业的销售按"属民"原则应算我国的进口,但按"属地"原则就算国内贸易,两者相结合导致我国贸易顺差急剧上升,外汇储备水涨船高。因而有必要通过扩大进口国外先进技术,可以缓解高额外汇储备压力;如果能像日本和韩国一样积极消化和吸收新技术,长期则可实现产业升级,促进经济增长方式的转变,减轻经济增长对外资的依赖程度,从而实现标本兼治。

三、利用外汇储备对外投资应注意的问题

1. 要测算出适度外汇储备规模,保证其基本功能

韩国在亚洲金融危机的教训之一是,当时并不是由于支付能力出现问题,而是出现了流动性危机。因而一定要测算出适度储备规模,只有超过这个规模的部分才可以用于中长期投资。为此,我们需要满足进口、偿债、外商直接投资企业收益汇回、企业海外投资和 QDII、外汇市场干预等用汇规模。在考虑外汇储备增值时,千万不能忽略了它的基本功能,而且要警惕世界经济形势逆转的可能。美国次级抵押贷款危机事件告诉我们这样一个事实,全球流动性过剩几乎可以在瞬间转化为流动性不足,当危机发生后,欧、美、日等国的央行无不投入巨资以解决流动性不足问题。外汇储备管理同样面临类似问题。

2. 应当参与国外公司的经营管理,不做纯粹的"资本家"

外汇投资公司入股黑石被套本身无可厚非,问题在于外汇投资公司购买的是没有表决权的股份,这成了纯粹的"资本家"。我们参与国际金融市场的目的之一是学习先进金融知识、了解市场最新动态、提升国家金融竞争能力,在没有表决权的情况下我们很难实现这一目的。因而,今后我们参股国外公司至少要谋求一个董事的席位,直接参与公司的重大决策,从而了解公司的经营状况,同时更为直接地学习发达国家的先进企业管理经验。

3. 谨防对外投资"出口转内销",严禁二次结汇

外汇投资公司以美元入股黑石,如果黑石再用这笔美元换成人民币收购或参股国内企业的话,这就构成了二次结汇,二次结汇的后果是不言而喻的。据报道,黑石和中国化工集团共同宣布,黑石将向中国化工的全资子公司蓝星集团进行战略投资,计划注资 6 亿美元认购蓝星集团 20% 的股份。如果认购成功,二次结汇必然发生。事实上,只要我们对外投资的企业对我国直接投资,这一现象是无法避免的,只是影响程度的不同。针对这一新情况,有关决策部门应尽快出台

相关管理办法。

4. 坚持循序渐进的原则,先参股后并购

国际投资理论和经验表明,由于对东道国市场、法律以及人文环境不熟悉,同时考虑到当地民众的抵触情绪,跨国投资首先采取购买部分股份、合资或合作经营的模式,时机成熟之后再采取控股或独资模式。目前我们跨国投资应以参股为主,不宜大规模并购。跨国并购的"七七定律"指出,70%的跨国并购没有实现预期的商业目的,其中70%的并购失败于并购后的文化整合,文化差异越大失败的可能性越大。据麦肯锡的研究,在全球大型的企业兼并案中,取得预期效果的比例低于50%,具体到中国,有67%的海外收购不成功。因而,目前我们应该采取循序渐进的方式,而不应操之过急。

5. 加强研究,提高把握投资机会的能力

由于全球石油、大宗商品以及股票处于高价位,因而我们在时机的选择上也需三思而行。应当加强对世界经济与金融周期的研究,以便把握好投资机会。以淡马锡为例,公司在1993~2003年的投资回报率只有3%,基于对世界经济发展趋势的研究,淡马锡2002年调整了发展策略,该公司把自己的发展与亚洲其他高速发展地区的经济捆绑起来,从而实现了新的飞跃。由此可见,优秀的研究是投资成功的关键。

评注:本文来自2007年9月14日《经济预测分析》,随后发表于《经济要参》。当时国家开发银行意欲扩大对外投资,该行计划局委托预测部进行专题研究,笔者认为,应慎重,此文由此形成,简写版得到陈元行长批示。

30. 当前跨国公司在华发展战略及其影响分析

2007年1月24日欧盟竞争委员会发布公告，因涉嫌建立电气设备价格垄断，西门子、施耐德、日立、三菱和东芝等11家著名跨国公司被处以总额达7.5亿欧元的罚款，这是自欧盟成立以来的第二大反垄断案。公告称，这些公司涉嫌联合垄断高压绝缘开关等产品价格，其手段包括操纵招标采购合同、固定价格、相互分配项目、分享市场和交流商业重要机密资料。为了确保消息不外露，相关公司在交流时还采用密码暗号。直到2004年3月，欧盟和几个国家的反垄断调查小组在这些公司举行会议时进行突击检查，这个垄断联盟才浮出水面。欧盟官员指出，这个世界范围的卡特尔从1988年持续到2004年，欺骗消费者长达16年之久。这一典型案例告诉我们，对跨国公司的发展战略应该有清醒的认识，才能有效地利用外资，促进我国经济又好又快的发展。首先，本文分析跨国公司的战略发展趋势；其次，分析对我国的影响；最后，提出政策建议。

一、跨国公司战略发展趋势

1. 研发战略联盟

战略联盟是指两个或多个企业之间为了实现一定的战略目的，在一定时期内进行的一种合作安排。联盟各方仍保持着本公司经营管理的独立性和完全自主的经营权，彼此之间通过达成各种股份或非股份的协议、契约，结成一个优势互补、风险共担的联合体。联盟具有自发、协调、非强制、非控制等特点。

跨国公司在华战略联盟主要表现形式是组建研发机构、形成研发战略联盟。自从1994年北方电讯投资成立了北京邮电大学——北方电讯研究中心以来，跨国公司在中国已经建立了500多家的研发机构。跨国公司在华组建研发联盟主要有如下动因：

（1）充分利用我国低成本高素质的人才。如在半导体方面，跨国公司在中国大学所投入的研发成本仅仅是美国等发达国家取得同样研究绩效所需支付的成本的1/10。

（2）技术创新的需要。由于中国在消费观念、市场结构和产品规范方面有别于跨国公司的母国，许多跨国公司研发机构主要是创新技术以适应中国市场。而且在需求多元化与技术进步的双重作用下产品周期日益缩短，跨国公司产品在母国难以及时更新换代，在中国建立研发联盟有利于他们利用我国现有的资源加快技术创新的进程，确保其产品在中国市场的竞争优势。

（3）开拓和巩固市场的需要。跨国公司的首要目标就是向中国市场进行渗透，事实证明，建立联盟是开拓市场的有效方式之一。由于跨国公司不熟悉市场环境、政府法律法规和消费行为，必须与当地企业和研究机构建立战略联盟，利用当地企业和研究机构对市场的熟悉、技术适用等优势更快地将产品推向中国市场。另外，跨国公司之间在市场上存在着激烈的竞争关系，这种竞争关系进一步加强了跨国公司在中国成立研发联盟的竞争。

2. 知识产权专利化、专利标准化战略

跨国公司取得技术成果之后，通过申请专利权对其关键和核心技术进行保护。为了持续保持技术优势，跨国公司在一些关键性技术领域精心设计了不同的专利防御体系，以弥补法律保护的不足。一是将基本专利与外围专利相结合，也就是将基本专利的相关技术或改进技术也进行专利申请，使它们共同构成某一产品或技术领域的"专利网"，让竞争对手或模仿者难以突破；二是将专利与技术秘密相结合，为了避免专利技术公开或到期后被竞争对手侵权或模仿，跨国公司往往在专利说明书中只列出最基本的技术内容，而将影响技术效果的工艺、最佳使用条件、优选配方等作为技术秘密予以保留。

如果说一项专利影响的只是一个企业，那么一个技术标准影响的则是整个产业。技术标准的实质是对市场的控制权，因而，跨国公司都在寻求将专利转变为标准，并进一步将自己的标准提升为国际标准，从而达到垄断国际市场的目的。以美国高通公司为例，尽管该公司不生产一部手机，但由于它拥有CDMA的技术标准，我国手机厂商每生产一部手机，都要将销售额的2.5%交给高通公司，作为选用CDMA标准并使用其相关专利的费用。正是因为它将拥有的1400多项技术全部申请专利，然后将这一套解决方案申请为国际通信标准，最终通过标准许可费用、产品专利费用、芯片三种形式获取收入，使高通公司成为一家出售知识产权的公司。

3. 股权控制战略

股权控制战略是跨国公司发展的重要战略，合资企业独资化和收购与兼并是股权控制的主要表现形式。

跨国公司在进入东道国初期，由于各种因素的限制以及出于自身安全的考虑，多会采取合资的方式，但发展到一定时期，便会倾向于独资或通过各种方式谋求在合资企业中的控股权，以期形成对东道国企业的股权控制，进而影响东道国对本国产业的实际控制力。从2000年起，独资企业在我国三资企业中占据了主导地位，合资和合作企业所占比重急剧下降，2006年两者投资额比重下降到30%左右。外资在我国进入模式的变化验证了海默的观点，即国际资本对与东道国创办合资企业不感兴趣，而更乐意创办独资企业，以保持其垄断优势。

收购兼并是目前跨国公司进行战略调整和业务重组的最重要手段。公司进行国际性收购，可以取得原材料以确保稳定的供应，获取适用技术，得到最新发明创造，利用廉价而有效率的劳动力。同时可以用被并购公司的品牌、声誉、设计、生产和管理资源，绕开东道国的保护性贸易壁垒和政策管制，与东道国竞争者在其本土展开竞争。

4. 品牌战略

现代管理学指出，品牌是企业的核心竞争力，是最重要的无形资产。跨国公司深谙其道，往往采取抢注的方式对其他国家的同类商品商标进行抢注，以阻止这些商品进入自己的市场范围。迄今为止，我国同仁堂、海信等知名商标或成长性较好的企业产品商标在境外遭遇抢注案件超过100起，涉及化妆品、饮料、家电、服装、文化等多个领域。另外，一些跨国公司为了更大范围地占有市场，往往对构成竞争关系的目标企业进行收购，收购后迅速放弃原有商标，以本企业商标取而代之。

5. 专注核心业务的专业化经营战略

司马迁的《货殖列传》以及现代管理学理论都指出，成功企业的首要特点是专注自己擅长的业务，跨国公司的经营战略恰好体现了这一特点。

专业化经营战略的主要措施有：①剥离，指跨国公司通过撤销、出售、互换、外包等多种形式，不断将非核心业务剥离出去；②并购，为强化核心业务而并购相关企业和部门；③分拆，指为强化经营力度而将一个公司分拆为两个或多个；④重组，为加强核心业务而重新整合业务和分公司。其余还有长期协议、战略联盟、许可等多种形式。

IBM将利润微薄的电脑业务出售给联想就是典型的案例。在剥离电脑业务之后，IBM就可以把所有的精力放在更具有核心竞争力的产品上，如高端服务器。在联想研制4路服务器失败的同时，IBM早已推广其16路服务器，并开始研发32路服务器。联想被迫放弃高端服务器的研发，其研究院的服务器研究部撤消，研究人员瞬间失业。联想放弃高端服务器的研发标志着我国企业在高端服务器领域的灭亡，而联想也只能专注于IT行业的低端——电脑业务。

6. 海纳百川的国际化人才竞争战略

企业的竞争是人才的竞争，随着跨国公司全球竞争的加剧，跨国公司的人才战略也发生了变化，网罗全球优秀人才已成为跨国公司重要的人才战略。无论是跨国公司的高层管理人员还是全球性优秀的科研人才，都已进入了跨国公司搜寻的视野当中。

（1）高管人员的国际化。过去，跨国公司为了加强对公司的控制，高层管理人员通常都是由母国产生，其海外公司也都是由母国委派。现在，管理层吸纳国际化人才已成为主流，在跨国公司的最高决策层已不乏其他国籍的优秀管理人才，在其海外子公司，随着跨国公司本土化战略的实施，运用当地的管理人才已成为主流。

（2）科研人才的国际化。近年来，跨国公司除通过优厚的待遇直接聘用各国（各地区）的高级专门人才外，还通过上述研发联盟与东道国争夺优秀科技人才。

（3）注重国际化人才选拔和培养。跨国公司不仅仅注重对世界各国优秀人才的使用，而且注重国际化人才的选拔与培养，以保证跨国公司人才战略的可持续性。许多跨国公司已经把目光放到我国高校的在校生，如成立联合培训中心、提供原版教材、设立奖学金等。

二、跨国公司发展战略对我国的影响

不可否认，跨国公司上述发展对我国经济的增长的确起到了一定的促进作用。这主要表现在三个方面：一是在一定条件上和一定范围内转让了一些技术；二是通过示范效应提高了我国企业的管理水平；三是通过竞争效应提高了我国一些企业的竞争能力，在激烈的竞争中产生了华为、中兴等具有国际竞争能力的高技术企业。但是经济学的基本常识告诉我们，追求利益最大化是外资的本质，跨国公司不可能以提高我国企业的技术水平为己任。相关研究表明，外资未能促进中国内生技术能力的培育。非但如此，跨国公司对我国自主创新战略的实施构成了障碍，其技术和市场垄断战略对我国产业发展构成严重的威胁。

1. 市场垄断

跨国公司独资化、并购、形成战略联盟等战略对我国最大的负面效应就是导致垄断。根据国务院发展研究中心的研究，在中国已开放的产业中，每个产业排名前5位的企业几乎都由外资控制，28个主要产业中外资在21个产业中拥有多数资产控制权。笔者认为，跨国公司对我国市场的垄断已相当严重。

不过，一些学者认为，目前还没有一个行业真正被跨国公司垄断，其主要论据是"不应当把一个行业所有外资企业加在一起作为一个市场竞争主体来判断。"但笔者认为，这种论断是缺乏经济学常识的。

2. 对我国自主创新的负面影响

（1）跨国公司研发联盟抑制了国内的研发行为。跨国公司与我国高校、企业、研究机构建立研发联盟，一般由跨国公司提供研究课题与研究方向，主要是为其产品适应中国市场做改进型的研究工作。这对于提高我国科研实力的促进作用有限。同时，跨国公司在华所建立的研发战略联盟都是在我国本来已具备较强研发能力的机构和企业，跨国公司通过在华研发机构独资化和控股化的模式，使我国企业和科研机构成为跨国公司的附庸。IT业巨擘思科总裁钱伯斯在成立上海研发中心时毫不掩饰地表示，"大学系统、教育系统，创业公司，都可以成为收购的对象"。可谓司马昭之心，路人皆知！

（2）跨国公司知识产权战略增大了我国进行自主创新的困难。为了避免产品被模仿，近年来跨国公司加强了利用知识产权等方式对其产品的保护，往往是"产品未到，专利先行"。以3G专利为例，跨国公司在华申请了大量专利。这对我国高科技产业的发展将带来十分不确定的影响，甚至有可能是致命的打击。

（3）跨国公司遏制了合资企业新产品和新技术的开发。2003年科技部调研室研究报告分析了跨国公司是如何在"合资陷阱中阻碍了中国汽车工业自主开发道路的发展"。报告认为，外方遏制合资企业开发新产品新技术的手段主要有三方面。第一，合资企业引进了外方的产品和技术，但带给中方的绝大部分是外方产品的生产许可权，而不需要产品开发活动。合资企业没有产品设计确认权，因此，合资企业难以对引进的产品技术进行任何修改和创新。第二，由于引进新产品的主导权被外方掌握，所以合资企业不可能进行违背合资外方母公司利益的创新活动。第三，在外方主导产品权的情况下，合资外方很难容许在合资企业中存在一个活跃的研发组织，中国企业与外方合资过程中，原国有企业的研发力量大量流失。

（4）跨国公司人才战略削弱了我国自主创新的人力基础。人才是创新之本，一方面，我国的科研人才本来就相当有限，而跨国公司通过在中国设立机构来吸引大批科研人才在其研发机构工作，这使我国的企业和科研机构处于一个非常不利的地位；另一方面，跨国公司设立研发机构，还从国有企业、科研院所挖掘人才和技术，这实际上是中国国有企业或科研院所向跨国公司逆向技术扩散，加剧了中国企业的技术依赖性和产业空心化。而在我国本来已经形成较强技术能力的一些产业领域，由于跨国公司在华投资对产品市场和人才市场的占有，使国内的研究工作失去依托而被迫取消或减弱。这对我国实施人才强国，建立创新型国家战略造成了不良影响。"罗其英雄，则敌国穷"，古今中外概莫能外。秦国在灭六国前，早已将六国人才网罗到自己国家；现在的美国同样以低廉的成本网罗了全球优秀人才。

三、政策建议

2006年，时任总书记胡锦涛在全国科学技术大会上的讲话指出，"真正的核心技术、关键技术是买不来的，必须依靠自主创新"。为了使我国企业在国际舞台上有充分的竞争力，顺应经济全球化的趋势，能够与跨国公司抗衡，我们必须走自主创新之路，同时要防范跨国公司的垄断行为。

1. 立法防范跨国公司垄断行为

为了本国产业（企业）不被跨国公司吞掉，许多发达国家纷纷制定相关法律法规进行外资并购风险防范。例如，德国的《反对限制竞争法》、美国的《克莱顿法》对于并购可能带来的垄断做了严格规定；欧盟根据"欧盟合并条例"控制对欧盟有影响的企业并购；日本政府也有《禁止垄断法》规范企业并购行为。目前，我国也应该尽快建立有关法律来反对"垄断性并购"，其中一个重要手段就是尽快出台《反垄断法》。

另外，当知识产权制度走向极端时，就会导致垄断过度、限制竞争，从而阻碍创新。实际上，WTO的《与贸易有关的知识产权协议》第8条第2款就明确规定："为了防止权利所有人滥用知识产权，或采用不合理的限制贸易或对技术的国际转让有不利影响的做法，可以采取适当的措施，但以这些措施符合本协议的规定为限"。因而，我们的反垄断法或知识产权法中应充分利用这一条款。

2. 提升企业的自主创新能力

（1）强化企业家和科技人员的创新精神。企业家是自主创新活动的主要倡导者、决策者和组织者，担当创新的重任，要通过企业制度创新培育企业家精神，造就一大批职业企业家，增加企业家追求创新的责任心、自觉性。科技人员是创新的载体，要激发科技人员的创新和创业精神，建立起技术入股、技术开发奖励等制度。

（2）建立产、学、研紧密合作机制，与跨国研发联盟抢占人才高地。科研机构、高校以及技术开发中心是技术创新的重要源泉。企业要与高等院校、科研院所建立紧密沟通渠道，使他们为企业的技术创新提供可靠的技术支持，并充分运用市场机制，扩大产、学、研的有效联合。因此，企业需要深化当前管理体制改革，积极寻求与科研机构、大学进行合作研究，从而解决企业长期人才缺乏的问题，充分利用外脑，提升其技术创新的潜力，同跨国公司抢占人才高地。

（3）增强引进技术的消化和吸收能力。战后日本企业的技术创新体系是建立在引进欧美先进技术基础上的。但日本企业并不是将这些引进的技术一般性地应用到生产中去制造产品，而是对引进的技术进行深层次开发，在技术成果转化为商品的过程中增强自主创新能力，建立自己的独特优势。这种做法值得我们借鉴。

（4）充分利用国际资源。跨国公司可以在我国设立研发机构，同样，我国也可以到国外设立研发机构，充分利用国际资源。例如，康佳在美国硅谷成立了康盛实验室，利用国外有利的技术资源进行国际化经营，这种模式也值得借鉴。另外，在同跨国公司在华研发联盟的合作中，应该尽可能争取主动权，变不利为有利，充分为我所用。

3. 充分发挥国家在自主创新中的重要作用

无论是发达国家还是新兴市场经济国家，政府在自主创新中都发挥着重要的作用。借鉴国际经验，我国在自主创新中应做好如下五个方面的工作：

（1）完善技术创新的法规，增强政策可操作性。发达国家大多制定了支持技术创新的专门法规，使政府支持行为有法可依。例如，美国的《技术创新法》《技术转让法》，法国的《技术创新与科研法》，日本的《科技基本法》等。依据法规，政府大多针对技术创新的特点制定了知识产权保护、税收优惠、引导风险投资、支持成果转化、保护性政府采购、鼓励中小企业发展等政策措施。

（2）加大研发投入力度。在推动以信息技术为代表的高新技术在制造业中的应用方面，美国一直采取国家扶持建立工程技术中心的有效措施，研究各种先进设计、制造、管理技术，并将研究成果推广、应用到制造业中。例如，20世纪90年代，美国能源部牵头组织制订"实施敏捷制造的技术"的五年计划（1994~1999年），每年投入1500亿美元，把制造业信息化技术列入"影响美国安全和经济繁荣"的22项技术加以研究开发，通过制造业信息化，美国重新夺回了在国际上制造业的霸主地位。我国政府对研发投入的力度不够，美国的这种做法值得我们学习。

（3）整合技术创新信息平台。在信息社会，信息平台对技术创新的重要性不言而喻。国外一般由中央（或联邦）政府机构组织搭建全国性的技术创新信息平台。尽管我国与技术创新相关的信息平台并不少，但存在着部门与地方分割问题，各自建网使得各网力量分散，规模小、相互之间缺乏联系，信息更替慢、内容陈旧。这就需要政府进行很好的顶层设计和资源整合，以形成覆盖面广、容量大、信息更替快、针对性强的创新服务信息网络，切实发挥基础信息平台作用。

（4）协调企业、高校、研究机构开发关键技术。国家关键技术的研究开发要求高、投入强度大，必须由政府来组织企业、高校和研究机构共同完成。政府的组织能够分担技术开发的风险，保证研究开发得到有力的政策支持；研究机构与企业的合作，则保证了研究开发的效率，成果更加符合市场的要求，加快了科技成果向现实生产力转化。国外主要做法有如下三种方式：一是政府直接资助研究开发机构与企业界合作；二是政府和企业、研究开发机构共同组成技术开发联合体或研究开发中心，如美国著名的半导体制造技术联合体，为美国在芯片领域战胜日本发挥了重要作用；三是政府通过实施专门计划促进研究机构与企业合作，如英国政府为提高英国制造业竞争力，于1995年推出的"创新制造计划"，总投资1亿英镑，支持研究机构与企业合作研究，以解决企业提出的技术问题。

（5）完善政府采购制度。西方政府已经将采购政策重点转向刺激技术的发展和新兴产业的成长方面。我国《政府采购法》也于2003年1月正式实施，该法第十条规定了本国产业优先原则，但具体实施办法至今仍未出台，国产标准、优惠措施和优先幅度等具体问题尚不明确。因此，提高可操作性、抓好政策落实是我们努力的方向。

4. 加强财政金融政策对自主创新的支持

金融是现代经济的血液，对促进我国企业的自主创新，金融政策发挥着重要的作用。深圳是我国自主创新的典范，在这个城市中，95%以上的高新技术企业得到过风险投资公司和贷款担保公司这两类公司的支持，金融对深圳企业的自主创新功不可没。

（1）健全风险投资机制。风险投资是一种将资金投向风险较大、具较高技术含量的新创企业以谋求高收益的特殊投资活动。由于具有这样的特性，风险投资成为小型高技术企业形成和发展初期的重要资金来源，并在一些发达国家和新兴国家得到了长足发展。近年来，风险投资活动在我国迅速发展，但我国风险投资机制尚不够健全，例如，创业投资缺乏必要的退出渠道。

（2）积极发展中小企业担保机构。中小企业是高新技术产业发展的重要力量，但中小企业缺少信用积累和抵押资产，其融资问题历来是一个世界性的难题。为此，一些国家探索通过建立中小企业担保机制的方式来扶持中小企业成长。实践证明，这一方式是相当有效的。

（3）贷款优惠政策。贷款优惠政策是政府通过政策性银行，以低于商业银行的利率向企业研发活动提供贷款。例如，日本政府规定，采用各种新技术制造出口船舶的厂商可向银行申请长期低息贷款，额度可达造价的20%，年利率仅为4%。

（4）通过税收政策激励创新。我国规模以上的工业企业研发投入平均仅占销售收入的3%左右，华为作为我国自主知识产权研发的标志性企业，这一比例也只有10%。为了鼓励更多的企业开展研发，建议对企业的研发投入进行税收减免或退征。

四、结束语

"殷鉴不远，在夏后之世"，发生在欧盟的三起恶性垄断案件给我们敲响了警钟；"国之利器，不可以示人"，市场换技术可能是一个美丽的童话；"天行健，君子以自强不息"，为了实现中华民族的伟大复兴我们唯有走自主创新之路。

评注：本文2007年3月27日刊登于《经济预测分析》，主要内容于同年7月转载于《科学决策》。本文反复强调自主创新，这些观点现在来看仍然是正确的。

31. 坚持独立自主发展道路，开创改革开放新局面

——新中国成立60年经济发展路径回顾及当前经济政策取向

从新中国成立之初到改革开放，在借鉴不同国家发展经验的同时，我国走出了独立自主的发展模式，迄今取得的经济成就为世人所瞩目。但是，我们也还面临诸多发展中存在的问题，解决这些问题有助于中国经济的长期平稳增长，实现经济社会全面的协调发展。

一、中国发展与改革的成功经验

1. 独立自主的发展模式

新中国将近60年的社会主义建设，尤其是改革开放30年来所取得的令人瞩目的成就，不仅大大提高了中国的国际地位，也为发展中国家发展经济、富国强民提供了可资借鉴的样本，更重要的是，这一迥异于西方发达国家和主流经济学的发展道路使各国摆脱传统思维，重新思考一国如何选择适合其国情的发展模式。

20世纪80年代，绝大多数拉美国家陷入了长达10余年的通货膨胀暴涨、债务危机爆发的经济困难。1989年，经济学家约翰·威廉姆森执笔写了《华盛顿共识》，其中涉及了三个重要的方面，宏观经济稳定、开放程度和市场经济。主要强调财政纪律和公共部门资源配置方式的改革，主张金融部门和贸易部门的自由化，主张对汇率、利率和外国投资放松政府管制，并强调国有企业的私有化和保护私人产权，其要旨仍在于自由化、私有化和市场化，是一种典型的经济自由主义共识。这一共识得到世界银行的支持，也基本为国际货币基金组织所接受。在20世纪90年代发展中国家几次爆发的金融危机中，IMF提供贷款援助也基本以这些私有化、市场化的改革为前提。

华盛顿共识并没有给拉美带来繁荣与增长。20世纪90年代，整个拉美地区

贫困人数上升到总人口数的44%。拉美占世界贸易的份额1970年为8%，1980年和1990年分别下降5%和3%。1982~1991年，拉美地区经济增长率只有1.8%，大大低于世界3.3%的平均增速，也低于非洲国家2.25%的增速。世界银行前首席经济学家斯蒂格利茨指出，拉美这10年的经济增速仅是20世纪60年代和70年代的一半。完全市场化导向和全面对外开放的结果是本土工业发展遭到彻底打击，政府控制国内经济和金融活动的能力大大削弱，经济安全、民族独立和国家主权受到侵蚀，与发达国家和高速增长的发展中国家经济差价越来越大。

苏联及东欧国家实施的休克疗法本质上与华盛顿共识并无二致。结果是持续多年的经济衰退、严重通胀，民众生活水平下降。后凯恩斯主义者批评了激进式改革中快速的市场化和私有化方案产生的种种问题。他们认为，中国经济改革最重要的特点是不一步放开价格和对国有企业实行私有化，而是逐步放开价格并在经济转轨过程中出现了大量的非国有经济，从而在经济生活中引入了竞争机制，产生硬性预算约束和足够的供给反应，逐步消除短缺，促使国有企业改变其行为方式，推动了经济增长。国内有学者则把中国渐进式改革的本质和基本经验概括为增量改革和体制外突破。

以农业这个传统行业来看，中国在人均地少的情况下，实现了农产品产量的诸多世界第一；同时，土地承包制度这一具有中国特色的制度安排，还在很大程度上使中国避免了像菲律宾等国出现的社会不稳定因素。同时与东欧诸多转轨国家相比，中国没有采取激进式的改革模式，从改革开放之初，就积极探索自己的发展道路，充分发挥群众的积极性和创造性，走出一条具有中国特色的社会主义建设之路。

2. 尊重农民首创精神，开创了具有中国特色的农业发展道路

众所周知，1979年安徽省小岗村掀起了自下而上的农村改革。改革得到了中央的认可，在1980年发布了《关于进一步加强和完善农业生产责任制的几个问题的通知》的75号文件后，又连续几年发出中央1号文件使大包干在全国迅速普及。大包干成为我国农村家庭联产承包责任制的最主要形式。

家庭联产承包责任制在短时间内明显提高了农业产量，与此同时，国家大幅度提高农副产品收购价，两者双管齐下，大大提高了农村购买力，这对缩小城乡产品剪刀差、繁荣市场起到了不可忽视的作用。同时，国家对农业生产资料的销售价格有计划地下调。这样1979年、1980年两年国家每年用于调价的开支达80亿~90亿元，国家财政收入可以正常增长的部分基本都用于农业，这是国民收入和国家财政分配的一个大调整。通过这一系列的调整，极大地激发了广大农民发展生产的积极性。

进入 20 世纪 90 年代乃至 21 世纪之后，从不变可比价格来看，农民从种地中获得的收益较 80 年代有所下降，外出务工收入逐渐成为广大农村重要的收入来源，同时这种务工也具有相当的不稳定性，随经济周期的波动而波动。但是在家庭联产承包责任制下，土地成为农民最后的保障，总体上我国农业生产保持了平稳增长。

与此形成鲜明对比的是菲律宾。在美国的影响下，菲律宾师从美国，认为农业和农村的现代化必须依靠资本的力量改造小农和农村。在菲律宾政府和知识精英的主导和支持下，西方农业跨国公司和本国资本家控制菲律宾农业和农村的金融保险、土地交易、农产品加工、流通、仓储、生产资料生产和销售、技术服务和基础设施等诸多领域。农民只能从事种植业和养殖业，大量自耕农和佃农在大公司的挤压下破产，被迫失去土地做资本家的农业工人。随着技术的进步，农业所需的农业工人越来越少，大量的失地和失业农民涌进了城市。菲律宾在经历了半个世纪的曲折之后，认识到了本国现代化道路的错误，从 20 世纪 60 年代中期开始，效仿日本、韩国和中国台湾，收购土地资本家的土地，分配给无地的农民和流民，这项改革至今还没有结束。

另外，从主要农产品的总产量和单产来看，我国农业也取得了长足发展。根据世界银行发布的数据，2006 年，我国总产量方面，谷物、肉类、籽棉、花生、油菜籽、水果都居世界第一，大豆和甘蔗分别居第三和第四。单产方面，除大豆外，所有作物单产都超过世界平均水平 40%~80%，大部分作物单产接近或超过发达国家，尤其是世界主粮小麦，比发达国家高出 50% 多（我国为 4.46 吨/公顷，发达国家为 2.92 吨/公顷）。

3. 初步建立较为完备的工业体系

（1）新中国成立初期工业化成果。借鉴苏联工业化建设的成功经验，在 1950~1952 年经济恢复以后，我国提出了第一个五年计划，明确了重工业优先发展的战略。要求发展电力、煤炭和石油工业，建立现代化的钢铁、有色金属等工业部门。当"一五"计划完成时，595 个大中型工程建成投产，初步铺开我国工业布局的骨架。毋庸讳言，"一五"计划及后来的几个五年过于重视工业，尤其是重工业的发展，相对轻视了轻工业和农业的发展，但总的来看，我国初步计划建立起较为完备的工业体系，为后来国民经济的发展奠定了较好的基础。

（2）权力下放促进中小企业崛起。从国内外有关学者的研究来看，尽管中国学习了苏联的经济制度模式，但是两者存在很大的差异，正是这种差异导致了两者后来截然迥异的发展和改革模式。中国中央计划经济体制 1956 年完全建成，

1958年中央与地方开始分权，地方对此做出积极反应，地方小工业迅速发展起来。但很快中央再次收权，进入20世纪70年代后，再次开始分权进程，原因主要是防范苏联入侵及第三次世界大战的爆发。尽管70年代中期再度收权，但是和苏联、东欧等社会主义国家相比，中国分权程度仍然很高。分权成果之一是地方小企业的兴起。三百多个县市建立了小钢厂，大约90%的县建立了农机修配厂。当时的农业机械化口号成了农村工业发展的催化剂，他们是改革开放之后乡镇企业的雏形。

乡镇企业主要生产轻工业产品，从规模上来说，属中小企业。他们较好地满足了广大人民对于生活资料的需求，自身也不断得到壮大和发展，后来又逐渐转型为股份合作制或股份制企业。而苏联、东欧等国实行的高度中央集权的大一统模式，基本上失去了从地方上滋长非国有成分经济的可能性。这表明，各国的改革实践、路径的差异，既有可能是人为选择的不同，也有可能是历史因素造成的，这决定了一国尤其是大国不能罔顾自身特点，照搬他国的发展模式。由于俄罗斯受益于油价的大幅上涨，经济增长较快，外汇储备迅速增加，但是与生活资料生产相关的轻工业一直相对较为薄弱，每年需从国外大量进口。

进入21世纪，中国的工业化进程掀开了新的一页。加入WTO以后，在国际产业转移的大背景下，投资于中国的外资量及企业数量又进一步增长，中国开始成为世界工厂和出口大国。

二、当前中国发展面临的挑战

1. 出口导向的增长模式

（1）出口产品严重依赖外来技术。对中国在世界出口份额中所占的比重越来越高，特别是中国出口的产品中富有较高技术含量的产品所占的比重越来越高。这主要体现在：第一，中国现在的高科技和工业产品的出口主要不是由中国的本土公司而是由在华的外资公司所主导；第二，中国的本土工业公司在产品设计、产品最重要的部件、最重要的制造设备方面，深深地依赖于美国、其他西方国家和日本等先进工业国家的进口；第三，中国的本土公司到现在为止，仍然采取很少的措施来吸收它们从国外买进来的那些比较高等的科技，并且缺少有效的途径将那些买进来的技术吸收并传播到中国的本土产业界。

（2）储备资产价值波动大，货币政策独立性受到冲击。东南亚国家充分发挥其比较优势，实现了经济的飞跃。我国的对外开放和出口导向在一定意义上来说是借鉴了东南亚国家的成功经验。但是，东南亚国家属小国经济，其外汇储备的积累对于美元汇率的走势基本不产生影响,而中国作为大国,积累起庞大的美元储备资产,必然会导致美元升值,这些储备资产价值也必然随美元汇率的变化而变化,储备资产价值波动大,稳定性与安全性不足。与此同时,外汇储备激增导致货币供应量的被动增加,货币政策独立性受到严重冲击。

2. 收入差距与城乡差距需要关注

当前,我国人均GDP已经达到2360美元,属于中等偏下收入国家。各国的经验表明,进入中等收入国家序列之后,如何解决收入分配的均衡问题,是一国经济持续发展的关键所在。收入分配问题解决不好,经济就很难保持较快的发展速度。巴西是典型的反面教材,巴西国土面积广阔、人口较多,矿产资源丰富,而且早在20世纪60年代就建立起较完备的工业体系。但在巴西的经济发展中,收入分配不平等是最突出的问题。从收入分配结构来看,1981~2003年,占总人口10%的最富裕和较富裕阶层拥有的收入份额基本保持在50%的水平,而占总人口90%的最贫穷和较贫穷阶层仅能分配50%的份额。巴西学者对收入分配不平等背后的深刻原因进行了研究。研究结论揭示:收入分配不平等来源于劳动收入的差异占了65%的比重,来源于非劳动收入和家庭结构方面的原因占了35%的比重。巴西学者对收入分配不平等背后的深刻原因进行了研究。研究结论揭示:收入分配不平等来源于劳动收入的差异占了65%的比重,来源于非劳动收入和家庭结构方面的原因占了35%的比重。来自劳动收入差异方面的原因中,30%产生于劳动市场的歧视和分割,42%产生于经验(5%)、教育(37%)方面的差距,28%来自其他原因。巴西收入分配不平等背后的深刻教训在于,要促进收入分配公平和合理化,政府必须致力于为国民提供平等的教育机会,尽可能实现起点的公平。

同时,城乡收入差距也需要关注。近年来,虽然农民收入保持了持续快速增长态势,但农民增收的基础仍比较薄弱,增收的渠道仍比较缺乏,促进农民持续增收的长效机制尚未完全建立。2007年农村居民人均收入实现了1985年的最高增幅,但这也是改革开放以来,城乡居民收入差距最大的一年。

3. 粮价偏低,外资向流通领域渗透

近几年粮食连续丰收,国家出台了一系列措施,但由于农资价格上涨过快,种粮农民效益并不高。当前我国小麦的绝对价位,不仅大大低于国际麦价,甚至较中国1996年的小麦价格水平还有一定差距。毫无疑问,中国已经成为全球粮价的洼地。粮价飞涨时期势必出现粮食走私或者变相走私,后者是指通过对粮食进行简单加工,出口粮食制成品,从而饶过有关规定或禁令。

四家拥有百年以上历史的跨国粮商:ADM(Archer Daniels Midland)、邦吉

（Bunge）、嘉吉（Cargill）和路易达孚（Louis Dreyfus），世界粮食交易量的80%都控制在这四大粮商手中，从而控制了粮食定价权。近两年，以"ABCD"为代表的国际粮食寡头在中国农业产业链中拓展的足迹已不仅仅限于油脂产业，开始同时横向和纵向扩张，他们的战略布点已从单一的生产压榨领域延展至包括饲料、养殖、贸易公司、粮库、铁路、船务等环节的一体化的粮油产—供—销网络。以嘉吉为例，嘉吉在中国拥有的占股公司多达27家，地理位置遍布整个中国沿海，业务涉及饲料、拌油、高果糖加工、玉米加工，化肥等整条农业产业链。

国际资本一直在中国的大豆、玉米、棉花等农产品的生产、加工以及相关的种子、畜牧等产业虎视眈眈，对与农业关联度很高的行业如化肥、食品加工、养殖、饲料生产等行业层层围剿，以此争取在中国粮食价格上的话语权。目前外资已经掌握中国的大豆定价权。目前我国最大的93家大豆压榨（炼油）厂中，60%都已经被外资控制。而任何一个国家农业领域最赚钱的环节都集中在加工领域。国际资本一直在加强对我国农业加工产业的并购步伐。事实上，我国之前对外资投资农业领域的鼓励政策，已经使国际资本在中国农业相关领域获得了足够的控制力。

4. 外资政策有待调整

中国在经济上的开放程度已远远超过了日本。2004年，中国进出口额相当于GDP的70%，而日本仅为24%；中国引进了606亿美元的外国直接投资，而日本，尽管其经济规模数倍于中国，实际获得的外国直接投资却只有201亿美元。和20世纪五六十年代经济开始起步的韩国相比，中国对外资的开放和利用程度也超过了韩国。日本和韩国在其经济高速成长的时期，尽管也经历了全球化，但对国际贸易、外来投资和国内经济活动，却实施了相当严格的限制。

日本限制外资持股的理由很简单，那就是既要引进利用外资，又要绝对防止外资控制企业经营权和领导权，不允许外资对日本经济的垄断。对于眼下的中国，外国各大公司所关心的已不是牟取短期利润，而是如何分割占领中国市场。中国的引资规模已列世界前茅，这里有持续高速增长的经济和不断开放的拥有13亿人口的巨大市场，这一点正构成对外资的最大吸引力。

美国在可能的经济危机到来之前，就通过立法禁止外国资本对美国实体经济进行收购。美国国会2007年通过的《外国投资与国家安全法》就是在于加强行政部门对在美企业收购的监督和控制，使外国公司对美国实体产业的收购难度大大增加。2009年4月美国财政部公布了《关于外国人兼并、收购的条例》，更为严厉地加强对外资收购美国实体产业的限制，这也是美国历史上最严格的限制外资的条例和法案。最近，法国表态不会同意外资"恶意"并购法国大银行，这意味着外资能否并购该国银行，首先需要证明不含恶意，这就给该国监管部门的运作留下了足够的空间，至少仅仅具备资金实力无法实现并购。在历次国际经济和金融危机中，以欧美为首的国际资本在一国资产价格暴跌后大肆对该国经济产业实现低价收购，从而实现对别国经济命脉的控制。现在，历来高调宣扬市场化和自由主义的美国通过立法实现对国内产业的保护，防止资本剩余的国家实现对美国经济进行抄底，我们该重新审视对于外资的政策了。

因此，无论是从经济高增长时期日韩对外资的态度，还是从处于次贷风波旋涡中心的欧美各国新出台的政策来看，显然一国对于其战略性行业和关键领域，对外资都是持保留甚至排斥态度的。中国要及时改变政策，在资本短缺的情况下制定的政策不能继续延续到资本过剩时代，在需要外资和不需要外资的情况下要有不同的政策。当前，中国头等重要的事情便是不能让国外资本控制具有战略意义的行业和环节。

5. 能源、环境压力日益增大

从国际上来看，发达国家在工业化过程中，人口只占15%，却消耗了世界60%以上的能源，特别是资源的获取几乎不受限制，由于其通过建立殖民地控制能源原材料产地，其需求的增加也没有引起价格的大幅上涨（20世纪70年代石油价格上涨与中东产油国的民族独立有关）。但是今后，我国将面临激烈的能源供给竞争，同时，我国面临的是资源国和发达国家的双重制约，这将迫使我国提高能效、加大节能力度。

三、对当前经济政策的启示

1. 继续推进经济发展模式的自主创新

上文已经指出，独立自主的发展模式是我国改革开放40年来的成功经验之一。事实上，作为世界第一人口大国，没有成熟的发展模式可以借鉴。因而，我们需要像促进技术的自主创新能力一样推进经济发展模式的自主创新。为此，需要进一步繁荣哲学和社会科学，全面落实科学发展观，加强对软科学的支持力度。

2. 以教育尤其是职业技术教育为突破口，缩小收入差距

如前所述，巴西教育方面存在的不公平是造成其收入差距过大的重要原因之一。而收入分配问题处理得较好的韩国，对教育非常重视。时任美国总统克林顿政府也认为，教育是降低贫富差距、促进经济繁荣的重要手段，所以在其任期之内颁布了 11 项教育法规、实施了 10 项教育发展计划,当时美国执行紧缩性财政政策,但教育仍得到了有力支持。我国具有重视教育的优良传统,但过分强调学历教育而轻视了职业技术教育,而高级技工的短缺已成为制约我国产业升级的重要因素之一,因而,需要以此为突破口,全面加强教育工作。

3. 大幅提高粮食收购价格,选择适合国情的农村发展模式

(1) 大幅提高粮食收购价格,调整农业对外开放模式。首先,大幅度提高粮食收购价格,调动农民种粮的积极性。如果考虑到由于经济不景气引起的农民工回乡潮,提高粮食收购价格就变得更为紧迫。其次,适度放开国内粮食及其加工品的出口。这既有利于提高粮食价格、增加外汇收入,还可以承担起大国对世界粮食供给的责任。最后,调整外商投资目录,限制和收紧外资进入农业及其上下游行业的投资。包括上游的种子、农药、化肥,中游的粮食种植,下游的粮食购销、储运、加工等行业,维护国家粮食安全。与此同时,在粮食生产的上下游,培植国有控股企业,发挥国有经济在稳定农业安全方面的主导作用。

(2) 选择符合国情的农村发展模式。对于中国这样一个农业人口占人口很大比重的国家,农业发展究竟走什么样的道路是必须要解决的问题,效法美国的菲律宾农业发展模式弊端已如前所述。而日本也是人口众多,人均耕地面积低于中国,日本的农业发展较为成功,它不是依靠资本改造和消灭小农,而是在土改的基础上,在限制大资本下乡的同时,扶持小农组织起来——建立以金融合作为核心的综合农协,变传统小农为组织化的现代小农,包括金融保险在内的农村经济都由农民协会主导发展,农民不仅分享种植业、养殖业的收益,几乎分享了农村金融保险、加工、流通储藏、市场资料生产供应、技术服务、农产品超市和土地"农转非"等诸多方面的绝大部分收益。日本通过限制城市资本流入农村,避免了优势极强的商业资本把农民从农产品加工、金融、流通、商业等诸多增加附加价值的产业领域里驱逐出来的可能性。同时,通过优惠政策和扶植,组织农民进入有快速提高劳动生产率空间的行业,实现较高的经济效率,获取高于农业生产的收益,以非农收益补贴农业生产的低收益。这才应该是人口大国,农业大国农业现代化的基本思路。

4. 合理使用外汇储备,变金融资产为实物资产

外汇储备运用的核心应该是如何将以货币形式存在的储备资产转化为以实物形式存在的实际财富,为中国现代化的长远发展积累坚实的财富基础。

(1) 回购中资企业在海外的股权。前些年,我国有不少大型国有企业在海外上市,现在可以通过运作外汇储备的机构将这些国企股权尽量收回。

(2) 参股国外企业,缩小技术差距。虽然有的国家规模较小,但是科技水平发达，产业创新能力很强，我们应抓住有利时机，积极参与到这些国家企业的生产经营管理中去。挪威的炼油设备世界领先，该国的石油公司在发展过程中形成了独特的技术创新理念和管理方法；瑞典拥有高质量的机械行业，机械产品具有精密、耐用和工艺水平高的特点。而这些国家经济保护主义和经济民族主义势力相对来说比较弱，国际开放程度非常高。通过在国际金融危机这样特定时期的战略收购，中国可以将以金融资产形式存在的外储转变为企业股权，通过相关的战略举动特别是通过对一些中国尚未掌握的技术设备实行收购来缩短中国和西方技术水平的差距。同时，对于一些原来限制高技术出口的国家，我国应利用这次经济调整，与之协商，争取其取消或放宽技术出口的限制。

（3）购买中国现代化进程急需的战略性资源，特别是能源和原材料等产品，这样的产品对于实现中国现代化具有重要意义。在金融危机期间，许多国家面临国际收支危机的同时，中国应该加强对中国具有重要意义的国家进行战略援助，将这些国家与中国实现战略利益对接，从而最大程度实现中国国家利益。

5. 参与重建国际金融体系，逐步推进人民币国际化

当前，次贷危机越演越烈，一些欧洲国家提出重建国际金融体系，我国也应该利用这一机遇增加在国际金融体系中的话语权。同时，也要意识到，虽然美元已经失去实体经济的支持，但是由于其科技、军事力量仍有巨大的优势，虽然美元的地位会不断下降，但是在相当长的时间内，美元作为主导货币的地位仍难以撼动。

尽管国际货币体系仍以美元为主导，欧元、日元虽然都具有较大的影响力，但是仍难与美元分庭抗礼。而人民币的国际化又是一个长期的过程。可以先从与周边国家的贸易开始，逐步实现人民币的国际化。当前我国在与越南等东南亚国家的贸易中，很多就采取人民币结算方式，中俄边贸也是如此。从最新发展来看，中俄两国将签署中俄银行间合作协议，同意中俄两国在相互结算中使用本国货币。这种结算模式可以推广到更多的双边贸易中去，为人民币国际化奠定坚实基础。

评注：本文为2009年纪念新中国成立60周年而作。十年过去了，上述论断仍然成立。在当前错综复杂的国际背景下，我国仍需坚持独立自主发展道路，不断开创改革开放新局面。

32. 新供给新需求 为世界经济增长提供新动力

在风雨巨变的国际经济环境下，2018年第一季度我国经济同比增长6.8%，在世界主要经济体中处于遥遥领先的地位，中国仍然是世界经济增长的稳定器。数据显示，第一季度中国经济增长出现了一系列新特征。一是供给侧结构性改革取得了明显成效，新供给正成为经济发展的主导力量，并为传统行业的发展提供了契机；二是人民对美好生活的向往激发了新需求，新供给新需求携手并进、交相生辉；三是新时代中国经济发展外溢效应日渐突出，高质量发展对世界经济的引领作用更加凸显。

随着供给侧结构性改革继续推进，创新驱动战略深入实施，创新引领作用不断强化，新供给产品和服务保持持续快速增长态势。2018年第一季度，新行业新产品迅速发展，高技术产业和装备制造业增加值同比分别增长11.9%和8.8%，其中集成电路产量同比增长15.2%，新能源汽车增长139.4%，工业机器人增长29.6%。从能源供给角度来看，核能、风力和太阳能发电同比分别增长11.6%、33.8%和33.5%。这些数据说明，我国新的增长动能正在形成，新供给不仅是促进经济增长的主要动力，还为传统行业的发展提供了新的机遇。

新供给持续发展的动力来源于人民日益增长的美好生活需要以及收入的持续提高。收入的持续提高催生了新的消费需求。

在解决吃"饱"问题之后，人们对吃"好"提出了新的需求，从而促进了新供给发展。其一，收入的提高增加了对深加工食品的需求；其二，对食品新鲜度的要求提升了以冷链为代表的设备生产，并促进了物流、仓储及配送水平的信息化；其三，收入提高增加了在外用餐以及外卖等享受型消费支出；其四，居民对食品安全的需求也进一步提升了农业生产水平，并催生了对各地绿色、特色食品的生产。同样，穿暖之后"穿美"的需求也在拉动纺织和服装等传统行业的升级。这些传统行业的升级改造无一不需要高技术产业和装备制造业的支撑。

美好生活并不局限于吃穿，人们对生活品质的提升培育了新的需求：化妆品类消费需求高速增加，健康需求快速增长，日益增长的文化教育需求刺激了该领域的投资，旅游需求进一步提升，现代通信和电子消费品的普及加快了网络零售的发展。再从生产和投资角度来看，2018年第一季度计算机、通信和其他电子设备制造业增加值同比增长12.5%，固定资产投资增长15.4%，均处于制造业行业之首。

从以上分析可以看出，中国供给侧结构性改革取得了骄人的成绩，形成了新供给和新需求相互支撑、交互辉映、协调发展的崭新局面，呈现出中国特色社会主义新时代的经济特征。需要指出的是，中国的供给侧结构性改革和消费需求升级的外溢效应日渐显现，新供给和新需求正成为世界经济增长的新动力、新引擎。

从供给侧来看，中国的产业升级和创新发展需要大量进口发达国家的机电和高新技术产品，这为发达国家的高端产品提供了广阔的市场。在此背景下，2018年第一季度高新技术产品进口同比增长24.7%，其中，集成电路和数控机床分别增长28.7%和47.4%，均呈现高速增长的态势，和全球贸易增速趋缓形成了鲜明对比。

从消费的角度来看，中国居民消费能力不断增强，消费水平不断升级，中国正在为世界各国提供庞大的消费市场。从2018年第一季度数据来看，水海产品进口同比增长32.2%，关乎健康的生物技术进口也增长了24.5%。换言之，中国消费升级不仅拉动了国外初级产品的生产，也对高新技术产品形成较大的拉动作用。

从"一带一路"建设情况来看，2018年第一季度，中国与沿线国家进出口总值1.86万亿元，增长12.9%，高出同期中国外贸整体增速3.5个百分点，占中国进出口总值的27.5%，比重提升0.9个百分点。展望未来，"一带一路"国际合作有望成为全球经济增长的新动力、新引擎。

"雄关漫道真如铁，而今迈步从头越。"在习近平新时代中国特色社会主义经济思想指引下，中国经济必将乘风破浪，为世界经济发展作出新贡献。

评注：本文2018年4月18日发表于《光明日报》。

参考文献

[1] M. P. Niemira, P. A. Klein. 金融与经济周期预测[M]. 邱东等译. 北京：中国统计出版社，1995.

[2] 戴维·K. 巴库斯，派崔克·J. 凯米. 经济周期历史性质的国际证据[J]. 美国经济评论，1992（4）.

[3] 刘树成. 中国经济波动的新轨迹[J]. 经济研究，2003（3）.

[4] 金玉国. 中国工业产值波动与利润波动的实证比较[J]. 财经研究，2000（11）.

[5] 赵长保，武志刚. 农民工工资收入问题分析[R]. 农业部农村经济研究中心报告，2007.

[6] 孙立坚，张盛兴. 对外依赖的经济和房地产泡沫[A]//Ross Garnaut，宋立刚. 中国市场化与经济增长[M]. 北京：社会科学文献出版社，2007.

[7] 列宁. 列宁选集2[M]. 北京：人民出版社，1995.

[8] 杨家荣. 苏联怎样利用西方经济危机[M]. 北京：世界知识出版社，1984.

[9] 伊曼纽尔·沃勒斯坦. 现代世界体系[M]. 罗荣渠等译. 北京：高等教育出版社，1998，2000.

[10] 贡德·弗兰克. 白银资本：重视经济全球化中的东方[M]. 刘北成译. 北京：中央编译出版社，2008.

[11] 保罗·肯尼迪. 大国的兴衰[M]. 陈景彪译. 北京：国际文化出版公司，2006.

[12] 克里斯·弗里曼，弗朗西斯科·卢桑. 光阴似箭：从工业革命到信息革命[M]. 沈宏亮译. 北京：中国人民大学出版社，2007.

[13] 范杜因. 创新随时间的波动[A]//外国经济学说研究会. 现代外国经济学论文选（第10辑）[M]. 北京：商务印书馆，1986.

［14］罗伯特·阿尔布里坦等．资本主义的发展阶段：繁荣、危机和全球化［M］．张余文译．北京：经济科学出版社，2003．

［15］恩格尔曼等．剑桥美国经济史［M］．高德步等译．北京：中国人民大学出版社，2008．

［16］《剑桥欧洲经济史》系列丛书［M］．北京：经济科学出版社，2002～2004．

［17］曼瑟·奥尔森．国家的兴衰：经济增长、滞胀和社会僵化［M］．李增刚译．上海：上海世纪出版集团，2005．

［18］肖炼．世界经济格局变化的动力学：兼论美国的地位和作用［M］．北京：世界知识出版社，1993．

［19］郭吴新．当代世界经济格局与中国［M］．武汉：湖北教育出版社，1997．

［20］谭崇台．发达国家发展初期与当今发展中国家经济发展比较研究［M］．武汉：武汉大学出版社，2008．

［21］王正毅．世界体系与国家兴衰［M］．北京：北京大学出版社，2006．

［22］陆德明．现代世界体系中的中国发展［M］．上海：上海人民出版社，2008．

［23］张元生，程建林，王远鸿．通货膨胀研究——分析与模型［M］．北京：中国物价出版社，1993．

［24］邱崇明．发展中国家（地区）通货膨胀比较研究［M］．北京：中国发展出版社，1998．

［25］速水佑次郎，神门善久．农业经济新论［N］．沈金虎，周应恒，张玉林等译．北京：农业出版社，2003．

［26］张红宇，赵长保．中国农村政策的基本框架［M］．北京：中国财政经济出版社，2009．

［27］谭淞．危机前后的中国经济［M］．北京：中国经济出版社，2011．

［28］李青原．探寻中国资本市场发展之路［M］．北京：中国金融出版社，2006．

［29］刘世锦等．陷阱还是高墙？中国面临的真实挑战和战略选择［M］．北京：中信出版社，2011．

［30］江时学．拉美发展模式研究［M］．北京：经济管理出版社，1996．